sendas
literarias 2
ESPAÑOL COMPLETO PARA HISPANOHABLANTES

aída walqui van-lier
Alisal High School
Salinas, California
Stanford University

ruth a. barraza
Salinas Union High School District
Salinas, California

mary ann dellinger
Virginia Military Institute
Lexington, VA

Prentice
Hall

Glenview, Illinois
Needham, Massachusetts
Upper Saddle River, New Jersey

Developmental Editor:
Rebecca Ortman

Production Editor:
Sarah Cogliano

Director of Foreign Language Training and Development:
Karen Ralston

Market Development Director:
Sarah Wojdak

Print Buyer:
Mary Beth Hennebury

Designer:
ColourMark

Art Editor:
Kris Swanson

Cover Design:
ColourMark

Illustrator:
Markus Maxim Dubrowski—MDesigns

Cover Image:
"Landscape at Ceret,"
Juan Gris

Compositor:
Graphic World, Inc.

Library of Congress Cataloging-in-Publication Data
Walqui-van Lier, Aída.
Sendas literarias 2 / Aída Walqui-van Lier, Ruth A. Barraza, Mary Ann Dellinger.
p.   cm.
ISBN 0-8384-0912-1
1. Spanish language—Readers.
I. Barraza, Ruth A. II. Title
PC4117.W234   2001
468.6—dc20   01-11182
                        CIP
                        AC

ISBN 0-8384-0912-1

4 5 6 7 8 9   04

A los estudiantes

La literatura es una ventana que nos permite mirar hacia el interior de nosotros mismos para llegar a comprendernos mejor y entender nuestros sentimientos, nuestras posiciones, nuestras actitudes, nuestras ideas y opiniones. Esta ventana se abre también hacia el exterior; a través de ella llegamos a percibir y conocer otros mundos diferentes y desconocidos, pero igualmente intrigantes y maravillosos.

En este libro presentamos obras literarias que muestran una diversidad de perspectivas y que reflejan el sentir y pensar de personajes de distintas culturas del mundo hispánico, pero que, al mismo tiempo, son personajes universales. Descubriremos que, como seres humanos, tenemos inquietudes, anhelos y aspiraciones comunes. A través de la literatura vamos, pues, a emprender un viaje que nos llevará a conocer esos mundos y personajes por diversos caminos de exploración, por las sendas literarias. Tendrás la oportunidad de discutir temas interesantes y relevantes para ti y para el ser humano en general, tales como la justicia, la solidaridad y las relaciones familiares. También podrás escribir sobre estos mismos temas, desarrollando tus propias destrezas de escritor(a) en la forma de composiciones, poemas, ensayos, cartas y otros tipos de escritos.

Esperamos que, a través de este libro, descubras el encanto del andar literario. Descubrirás, por ejemplo, que un cuento o un poema favorito no se lee sólo una vez, sino muchas veces, y que, en cada lectura, encuentras una dimensión de significado diferente. De la misma manera, tú, como autor(a) regresarás varias veces a tu obra antes de su publicación. Volver a nuestras obras favoritas, sean las nuestras o de otro(a) autor(a), es como emprender de nuevo el camino, la senda conocida que te conduce a casa.

¿Cómo aprendemos?

¿Has pensado alguna vez, por ejemplo, al considerar a un(a) compañero(a) que saca muy buenas calificaciones en la escuela, que los estudiantes son de dos tipos: aquellos que son «buenos estudiantes» y aquellos que no lo son? Pues no eres el único en sentir de esta manera. Sin embargo, ésta es una visión falsa y fatalista de las cosas. La verdad es que, si uno(a) tiene buenas estrategias de estudio, puede convertirse en un(a) excelente estudiante. Es decir, la diferencia entre «buenos» y «malos» alumnos se basa en la diferencia entre aquellos que saben qué procedimiento usar en el estudio y lo aplican, y aquellos que no saben qué hacer durante el estudio.

Es por esto que uno de los objetivos de este libro es el de lograr que desarrolles destrezas de estudio. Es decir, queremos que comiences a firmar tu autonomía como estudiante, que te sientas en control de tu aprendizaje y que cada vez que tengas que hacer un trabajo, cuentes con dos o tres modos alternativos de realizarlo.

La mejor manera de entender las cosas es explorándolas primero de manera individual y luego discutiéndolas con otros. Cada vez que consideramos un tema, hacemos una especie de conversación silenciosa con nosotros mismos, mediante la cual nuestro entendimiento previo dialoga con las nuevas ideas a considerarse. Lo que resulta de este diálogo es un nuevo y mejor entendimiento. Para lograr internalizar este diálogo, es buena idea ensayarlo muchas veces con otras personas. Por eso es que te pedimos que participes en las actividades colaborativas con seriedad y entusiasmo.

La meta de desarrollar tus habilidades de estudio se logrará entendiendo y practicando estrategias, «planes de ataque» académicos, para que tengas éxito al estudiar. Una vez que entiendas y utilices los procedimientos con otros compañeros, podrás utilizarlos individualmente. Podrás igualmente aplicarlos en el estudio de tus otros cursos.

Estamos convencidas de que tu viaje académico y literario estará lleno de grandes sorpresas, alegrías y satisfacciones. De vez en cuando, quizás te sea también un poco difícil. Pero al igual que al subir una colina, después de las dificultades del ascenso, la vista será mucho más amplia y espectacular. ¡Que tengas un maravilloso viaje por nuestras sendas literarias!

Agradecimiento

La primera edición de *Sendas literarias* surgió del empeño y la pericia de dos distinguidas profesionales, Aída Walqui van-Lier y Ruth A. Barraza. Gracias a su visión, sus destrezas pedagógicas y su dedicación a la población escolar hispanoparlante así como al proceso educativo, los maestros de español tuvimos nuestro primer texto para los estudiantes nativos al nivel secundario. A ellas, si se me permite la metáfora taurina, les quito la montera con profunda gratitud e infinito respeto.

A mis compañeros de Pueblo High Magnet School, especialmente a Darcy Jack y Yolanda García DeCruz, fuentes de perpetua inspiración, a la Dra. Lorraine Richardson, directora de la escuela, por las oportunidades que me ha brindado para aprender y avanzar en mi desarrollo profesional, y a mis maravillosos estudiantes de Pueblo a quienes ha sido un honor enseñar, mil gracias.

Por su arduo trabajo en la revisión del manuscrito en sus varias etapas y su voz de aliento, quiero agradecer a:

Lucy Linder
North High School
Phoenix, AZ

Jorge Taracido, PhD.
Rockhurst High School
Kansas City, MO

Gabriel M. Valdés
Foreign Language Program Planner,
School District of Palm Beach County
West Palm Beach, FL

María Treviño
Northside Independent School
District
San Antonio, TX

Esperanza Gómez
Office of Bilingual Education
Compton, CA

Clarissa Calderón
Turlock High School
Turlock, CA

Donald S. Place
McKinney High School
McKinney, TX

Naida Groves
Justin-Siena High School
Napa, CA

Irma Castillo
William Howard Taft High School
San Antonio, TX

Rebecca Anderson
Van Nuys High School
Van Nuys, CA

K.L Castella-Gutiérrez
Clark High School
Las Vegas, NV

Eva L. Goodwin-Noriega
Anaheim High School
Anaheim, CA

Alejandro Gómez
Valley High School
Sacramento, CA

Marilyn Barrueta
Yorktown High School
Arlington, VA

Sandra Scherf
La Jolla High School
La Jolla, CA

Finalmente quisiera reconocer el apoyo incondicional de mi familia. Gracias a mi hijo, William Antonio, y mi madre, Pearl Kane, por su cariño y comprensión, y a mi esposo, John, por su respaldo y eterna paciencia. A él le dedico esta segunda edición de *Sendas literarias*.

—Mary Ann Dellinger

Prefacio: Elementos de
Sendas literarias, segunda edición

Sendas literarias es una serie de literatura auténtica en dos tomos para los hispanoparlantes en los grados 8 a 12. Esta edición incluye secciones nuevas de gramática y vocabulario y viene acompañada de un cuaderno de ejercicios, una guía para el (la) profesor(a), un manual de asesoramiento y transparencias.

- *Sendas literarias* proporciona una gran cantidad de textos de literatura del mundo de habla hispana, permitiendo a los estudiantes encontrar su propia voz en los textos presentados.
- *Sendas literarias* ayuda a desarrollar las cuatro aptitudes del lenguaje a través de actividades creativas de trabajo individual, en parejas o en grupos.
- *Sendas literarias* construye sobre el conocimiento lingüístico y cultural que los estudiantes traen a la sala de clases y amplía sus apreciaciones del lenguaje y de la literatura.
- *Sendas literarias* proporciona oportunidades creativas sin paralelo al *ingresar* al texto, al *adentrarse* en el texto y al *ir más allá* del texto en cada paso del camino.

Alistémonos para leer (actividades de pre-lectura) da la bienvenida a los estudiantes al «ingresar» al texto y los prepara para la interacción con la lectura que viene a continuación.

- Al comienzo de cada lección, *Alistémonos para leer* ofrece una gran variedad de ejercicios que proporcionan un nuevo enfoque cada vez.
- Diseñado para familiarizar a los estudiantes con los temas de la historia, *Alistémonos para leer* se centra en un tema para crear una conexión entre la literatura y el estudiante.
- «Grandes 'rompehielos'. Las actividades de la sección *Alistémonos para leer* le darán confianza al estudiante y establecen un aprendizaje individual y cooperativo desde el comienzo».
  —Jorge Taracido

Leamos activamente (actividades de lectura) les involucra activamente a los estudiantes a medida que se «adentren» en cada lectura.

- Con actividades estructuradas para usar antes, durante y después de cada lectura, esta sección proporciona el andamiaje que les ayuda a los estudiantes a comprender y los impulsa a leer activamente.

- Al incluir una variedad de estrategias de lectura que van cambiando de lección a lección, se garantiza el interés constante y significativo del estudiante por la lectura.
- «*Sendas literarias* divide la lectura en trozos que ayudan a mantener al estudiante concentrado». —Rebecca Anderson.

Las lecturas incluyen una variedad de géneros de todos los rincones del mundo hispanoparlante y proporcionan al estudiante una gran variedad de literatura que amplía su sentido de comunidad.

- Las selecciones en *Sendas literarias* incluyen cuentos cortos, poesía, drama y artículos de actualidad, asegurando que los estudiantes conozcan todo tipo de literatura.
- Al organizar las selecciones por temas, *Sendas literarias* da a los estudiantes una línea clara de conexión entre una lectura y otra. Así, los estudiantes pasan sin esfuerzos por cada unidad, adquiriendo un discernimiento más profundo de sus propias experiencias de vida.
- «Las selecciones de lectura son excepcionales». —María Treviño.

Ampliemos nuestra comprensión (ejercicios de expansión y post-lectura) permite a los estudiantes extender el tema «más allá» de la lectura.

- Usando las selecciones de lectura como trampolín, las actividades de esta sección permiten a los estudiantes integrar fácilmente las habilidades de lectura con las habilidades necesarias para escribir, hablar y escuchar.
- La variedad de actividades incluidas en *Ampliemos nuestra comprensión* guía a los estudiantes con preguntas basadas en la comprensión y actividades de conexión con el texto, utilizando habilidades de evaluación de alto nivel y de pensamiento crítico.
- «El uso de una variedad de actividades es clave para mantener el interés de los estudiantes. Interés = Éxito». —Alejandro Gómez.

Conclusión de la unidad (actividades al final de la unidad) proporciona una oportunidad para que los estudiantes revisen todo el material presentado en la unidad.

- La sección *Conclusión de la unidad* utiliza una multitud de actividades que le permiten a cada estudiante reforzar su aprendizaje anterior.
- Cada *Conclusión de la unidad* comienza con un párrafo que reafirma el tema de la unidad para asegurar que los estudiantes den un paso atrás y vean la unidad como una entidad completa.

- «Las actividades incluidas en *Conclusión de la unidad* le ayudan al estudiante a juntar creativamente los conceptos y el vocabulario aprendido a través de la unidad». —Gabriel Valdés.

¡Nuevas secciones!

- *Vocabulario clave del texto* (lista de palabras difíciles, aparece antes de la lectura). En la sección *Alistémonos para leer* se encuentran breves recuadros de vocabulario que preparan a los estudiantes para la lectura sin agobiarlos.
  - La sección *Vocabulario clave del texto* enfatiza el vocabulario clave de la historia, aumentando la comprensión.
  - «Los recuadros de vocabulario en la sección de pre-lectura le ayudan mucho al estudiante y le anticipan el contenido de la historia». —Clarissa Calderón.

- *Exploremos el lenguaje* (lecciones de gramática en contexto). Esta sección revisa la gramática apropiada para las lecturas incluidas en cada lección.
  - *Exploremos el lenguaje* es una sección nueva en esta edición que enfoca las estructuras gramaticales en el contexto, abordando las aplicaciones gramaticales a medida que aparecen en las selecciones de lectura.
  - Como modelo para una mayor comprensión y claridad, se proporcionan ejemplos de cada punto gramatical con citas del mismo texto.
  - «Como la gramática generalmente no es un tema muy popular, las lecciones en contexto la disfrazan proporcionando una instrucción gramatical que mantiene el sabor de la lección». —Lucy Linder.

- *Creemos literatura* (ejercicios de escritura para crear una carpeta) fomenta la creatividad de los estudiantes, proporcionando una gran cantidad de ejercicios que son de alto interés y de un nivel de dificultad adecuado.
  - *Creemos literatura* es la sección final de cada lección y proporciona actividades de escritura detalladas y estructuradas para guiar al estudiante a través del proceso de escritura.
  - *Creemos literatura*, una característica única de **Sendas literarias,** les ayuda a los estudiantes a reunir una carpeta con trabajos de la cual puedan estar orgullosos.
  - «Excelente. **Sendas literarias** tiene una diversidad de ejercicios creativos que la hacen atractiva para las distintas fortalezas de los estudiantes». —Beverly Wills.

- La sección *Conozcamos al autor (a la autora)* proporciona una breve sinopsis de alto interés acerca de la vida del autor para sumergir a los estudiantes en el legado cultural de la selección.
  - Estas significativas biografías de los autores, distribuidas a lo largo del texto, les ayudan a los estudiantes a conectarse con el autor de una forma personal.
  - Al permitir que el estudiante vea la selección de lectura desde un nuevo ángulo, *Conozcamos al autor* es un agregado importante a la segunda edición de **Sendas literarias.**
  - «La introducción biográfica del autor agrega una importante dimensión a las selecciones de lectura». —Marilyn Barrueta.

- *Más horizontes creativos* (actividad culminante de escritura al final de la unidad) le permite al estudiante la revisión del material de la unidad y representa una oportunidad de practicar la escritura en forma más personal.
  - *Más horizontes creativos* proporciona actividades estructuradas de escritura creativa que reúnen los temas de la unidad.
  - Las actividades creativas y actuales promueven el interés de los estudiantes y fomentan la autoexpresión creando carpetas tangibles de trabajos.
  - «El énfasis en la reflexión proporciona oportunidades para un mayor desarrollo personal de parte del estudiante en el momento perfecto de su adolescencia». —Sandra Scherf.

Mapa literario

CANADÁ

ESTADOS UNIDOS

Washington D. C. ★

Océano Atlántico

Golfo de México

La Habana ★

CUBA ④ ⑨

HAITÍ

REPÚBLICA
DOMINICANA

Santo PUERTO
Domingo RICO ⑮

Mar del Caribe

MÉXICO ⑲

México ★

⑤ ⑥ ⑱

⑫ ⑯

GUATEMALA

Guatemala ★ ㉓

San Salvador ★
EL SALVADOR

BELICE

HONDURAS

Tegucigalpa ★

NICARAGUA

Managua ★

San José ★ Panamá ★
COSTA RICA

PANAMÁ

Panamá

Caracas ★

VENEZUELA

Bogotá ★
⑦ ⑧

COLOMBIA

Quito ★

Océano Pacífico

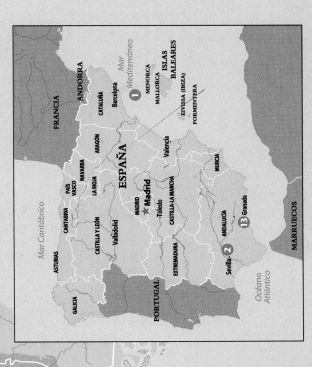

BRASIL

Brasilia

PERÚ

La Paz

BOLIVIA

PARAGUAY

Asunción

ARGENTINA

CHILE

Santiago

URUGUAY

Montevideo

Buenos Aires

Leyenda

1 *Ana María Matute* (Barcelona, España)
2 *Antonio Machado* (Sevilla, España)
3 *Pablo Neruda* (Parral, Chile)
4 *Nicolás Guillén* (Cuba)
5 *Sor Juana Inés de la Cruz* (Ciudad de México, México)
6 *Octavio Paz* (Ciudad de México, México)
7 *Hernando Téllez* (Bogotá, Colombia)
8 *Gabriel García Márquez* (Bogotá, Colombia)
9 *Ana Alomá Velilla* (Cuba)
10 *Mario Benedetti* (Uruguay)
11 *Rebecca Halty* (Montevideo, Uruguay)
12 *Sabine Ulibarrí* (Santa Fé, Nuevo México)
13 *Federico García Lorca* (Granada, España)
14 *Julio Ramón Ribeyro* (Lima, Perú)
15 *Antonia Darder* (Puerto Rico)
16 *Jim Sagel* (Nuevo México)
17 *Ángela Labarca* (Santiago, Chile)
18 *Laura Esquivel* (Ciudad de México, México)
19 *Gloria Velásquez* (México)
20 *Alfonsina Storni* (Buenos Aires, Argentina)
21 *Julio Cortázar* (Buenos Aires, Argentina)
22 *Jorge Luis Borges* (Buenos Aires, Argentina)
23 *Rigoberta Menchú* (Guatemala)

Tabla de contenido

UNIDAD 1 *Por los caminos del recuerdo*

UNIDAD 2   *La justicia social*

UNIDAD 3   *Imaginación y fantasía*

UNIDAD 4 *Las mujeres en primer plano*

UNIDAD 5   *La casa de Bernarda Alba*

UNIDAD 1

Por los caminos del recuerdo

Por los caminos del recuerdo revivimos memorias de tiempos pasados. Algunas de estas memorias hacen florecer sonrisas en nuestros labios, otras en cambio nos ponen melancólicos. Las selecciones de esta unidad nos presentan memorias que han servido de inspiración a diversos autores.

«Reminiscencia arqueológica del Angelus de Millet», Salvador Dalí (1933–35). Oil on panel. 12½ × 15½ inches. Collection of the Salvador Dalí Museum, St. Petersburg, Florida. Copyright 1999 Salvador Dalí Museum, Inc.

Un oso y un amor

A LISTÉMONOS PARA LEER

En el siguiente cuento el escritor mexicano-americano Sabine Ulibarrí nos describe el ambiente en que transcurrieron sus años de adolescencia, en Tierra Amarilla, Nuevo México, rodeado de una realidad muy diferente de la actual.

En esta tarde de mi vida
todas las imágenes
de los días se perciben
lejanas de memorias
vagabundas:

Marejadas de nostalgias
provocan recuerdos
que sin descuido
penetran rompiendo
la monotonía
de esta tarde mía.

—MARÍA R. GONZÁLEZ

A. **Escritito.** De vez en cuando a las personas les gusta recordar sus experiencias amorosas. Unos cuentan sobre el gran amor de sus vidas, otros relatan su primer amor, otros hablan sobre un amor fracasado.

- Recuerda una de estas historias, o una tuya propia.
- Escribe en tu cuaderno por cinco minutos, relatando sus aspectos más importantes.

B. **Ramillete de ideas.** El cuento que vas a leer se titula «Un oso y un amor».

- Copia el siguiente diagrama en tu cuaderno.
- Trabajando con un(a) compañero(a), escriban las ideas de lo que se imaginan que va a tratar este cuento.

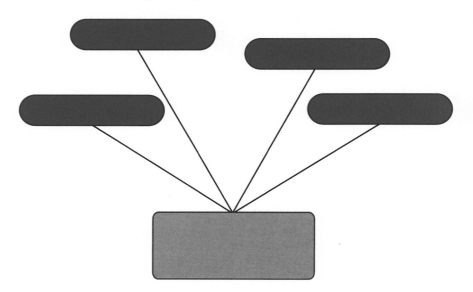

VOCABULARIO CLAVE DEL TEXTO

Familiarízate con el vocabulario clave del texto según las indicaciones de tu maestro(a).

alarido	apogeo	bifurcarse	carpa
fugaz	lozano	marejada	soez

LEAMOS ACTIVAMENTE

C. **Preguntas de enfoque.** A medida que leas el cuento, piensa en las siguientes preguntas:

1. ¿En qué lugar se desarrolla la acción?

2. ¿Cuándo, aproximadamente, tienen lugar los hechos?

D. **Lectura.** Lee el cuento combinando la lectura en voz alta con la lectura silenciosa.

Un oso y un amor

Sabine Ulibarrí

Era ya fines de junio. Ya había terminado el ahijadero y la trasquila.
El ganado iba ya subiendo la sierra. Abrán apuntando, dirigiendo.
Yo, adelante con seis burros cargados. De aquí en adelante la vida
sería lenta y tranquila.

Hallé un sitio adecuado. Descargué los burros. Puse la carpa.
Corté ramas para las camas. Me puse a hacer de comer para cuando
llegara Abrán. Ya las primeras ovejas estaban llegando. De vez en

«Las ovejas,» Salvador Dalí (1942). Watercolor conversion of painting by Schenck. 9 × 13½ inches.
Collection of the Salvador Dalí Museum, St. Petersburg, Florida. Copyright 1999 Salvador Dalí Museum,
Inc.

cuando salía a detenerlas, a remolinarlas, para que fueran conociendo su primer rodeo.

El pasto alto, fresco y lozano. Los tembletes altos y blancos, sus hojas agitadas temblando una canción de vida y alegría. Los olores y las flores. El agua helada y cristalina del arroyo. Todo era paz y armonía. Por eso los dioses viven en la sierra. La sierra es una fiesta eterna.

Las ollitas hervían. Las ovejas pacían o dormían. Yo contemplaba la belleza y la grandeza de la naturaleza.

De pronto oí voces y risas conocidas. Lancé un alarido. Eran mis amigos de Tierra Amarilla. Abelito Sánchez, acompañado de Clorinda Chávez y Shirley Cantel. Los cuatro estábamos en tercer año de secundaria. Teníamos quince años.

Desensillamos y persogamos sus caballos. Y nos pusimos a gozar el momento. Había tanto que decir. Preguntas. Bromas. Tanta risa que reanudar. Ahora al recordarlo me estremezco. ¡Qué hermoso era aquello! Éramos jóvenes. Sabíamos querer y cantar. Sin licor, sin drogas, sin atrevimientos soeces.

Cuando llegó Abrán comimos. Yo tenía un sabroso y oloroso costillar de corderito asado sobre las brasas. Ellos habían traído golosinas que no se acostumbran en la sierra. La alegría y la buena comida, la amistad y el sitio idílico convirtieron aquello en un festín para recordar siempre.

Shirley Cantel y yo crecimos juntos. Desde niños fuimos a la escuela juntos. Yo cargaba con sus libros. Más tarde íbamos a traer las vacas todas las tardes. Jugábamos en las caballerizas o en las pilas de heno. Teníamos carreras de caballo. En las representaciones dramáticas en la escuela ella y yo hacíamos los papeles importantes. Siempre competimos a ver quién sacaba las mejores notas. Nunca se nos ocurrió que estuviéramos enamorados. Este año pasado, por primera vez, lo descubrimos, no sé cómo. Ahora la cosa andaba en serio. Verla hoy fue como una ilusión de gloria.

Shirley tenía una paloma blanca que llamaba mucho la atención. Siempre la sacaba cuando montaba a caballo. La paloma se le posaba en un hombro, o se posaba en la crin o las ancas del caballo. Llegó a conocerme y a quererme a mí también. A veces la paloma andaba conmigo. Volaba y volvía. La paloma era otro puente sentimental entre nosotros dos. Hoy me conoció. De inmediato se posó en mi hombro. Su cucurucú sensual en mi oído era un mensaje de amor de su dueña.

Era gringa Shirley pero hablaba el español igual que yo. Esto era lo ordinario en Tierra Amarilla. Casi todos los gringos de entonces hablaban español. Éramos una sola sociedad. Nos llevábamos muy bien.

Chistes y bromas. Risas y más risas. Coqueteos fugaces. Preguntas intencionadas. Contestaciones inesperadas. La fiesta en su apogeo.

De pronto el ganado se asusta. Se azota de un lado a otro. Se viene sobre nosotros como en olas. Balidos de terror. Algo está espantando al ganado.

Cojo el rifle. Le digo a Shirley —Ven conmigo. Vamos de la mano. Al doblar un arbusto nos encontramos con un oso. Ha derribado una oveja. Le ha abierto las entrañas. Tiene el hocico ensangrentado. Estamos muy cerca.

Ordinariamente el oso huye cuando se encuentra con el hombre. Hay excepciones: cuando hay cachorros, cuando está herido, cuando ha probado sangre. Entonces se pone bravo. Hasta un perro se pone bravo cuando está comiendo.

Éste era un oso joven. Tendría dos o tres años. Éstos son más atrevidos y más peligrosos. Le interrumpimos la comida. Se enfureció. Se nos vino encima.

Los demás se habían acercado. Estaban contemplando el drama. El oso se nos acercaba lentamente. Se paraba, sacudía la cabeza y gruñía. Nosotros reculábamos poco a poco. Hasta que topamos con un árbol caído. No había remedio. Tendríamos que confrontarnos con el bicho.

Nadie hizo por ayudarme. Nadie dijo nada. Las muchachas calladas. Nada de histeria. Quizás si hubiera estado solo habría estado muerto de miedo. Pero allí estaba mi novia a mi lado. Su vida dependía de mí. Los otros me estaban mirando.

Nunca me he sentido tan dueño de mí mismo. Nunca tan hombre, nunca tan macho. Me sentí primitivo, defendiendo a mi mujer. Ella y los demás tenían confianza en mí.

Alcé el rifle. Apunté. Firme, seguro. Disparé. El balazo entró por la boca abierta y salió por la nuca. El balazo retumbó por la sierra. El oso cayó muerto a nuestros pies. Shirley me abrazó. Quise morirme de felicidad.

Desollé al animal yo mismo. Sentí su sangre caliente en mis manos, y en mis brazos. Me sentí conquistador.

En una ocasión le había regalado a Shirley un anillo que mi madre me había dado a mí. En otra una caja de bombones. En esta ocasión le regalé la piel de un oso que ella conoció en un momento espantoso. Cuando se fue se llevó la piel bien atada en los tientos de la silla.

Pasaron los años. Yo me fui a una universidad, ella a otra. Eso nos separó. Después vino una guerra que nos separó más. Cuando un río se bifurca en dos, no hay manera que esos dos ríos se vuelvan a juntar.

No la he vuelto a ver desde esos días. De vez en vez alguien me dice algo de ella. Sé que se casó, que tiene familia y que vive muy lejos de aquí. Yo me acuerdo con todo cariño de vez en vez de la hermosa juventud que compartí con ella.

Recientemente un viejo amigo me dijo que la vio allá donde vive y conoció a su familia. Me dijo que en el suelo, delante de la chimenea, tiene ella una piel de oso. También ella se acuerda.

Conozcamos al autor

Sabine Ulibarrí

La obra de Ulibarrí destaca entre el tesoro literario chicano por su lirismo y su temática. Basado en los recuerdos de su vida en su Nuevo México natal, su obra creativa se centra en las tradiciones familiares y comunitarias hispanas en el sudoeste de los Estados Unidos.

A diferencia de muchos escritores chicanos, Ulibarrí no se ha interesado por los problemas políticos ni los asuntos sociales de los hispanos nuevomexicanos. Sus temas reflejan la armonía y tranquilidad de un lugar donde personas de diferentes culturas y lenguas convivían en paz y solidaridad. Escritos originalmente en español, sus cuentos se publican normalmente en versiones bilingües.

APUNTES LITERARIOS

EL AMBIENTE

Cuando nos referimos al ambiente de una novela, cuento, poema u obra de teatro, consideramos dos aspectos:

1. el lugar geográfico en que la obra se desarrolla y las características del paisaje;

2. el tiempo transcurrido, las características de la época en que la acción se desarrolla y el orden de presentación utilizado por el (la) autor(a). A diferencia de las obras narrativas tradicionales en que el tiempo era lineal y sucesivo, a partir de este siglo se comenzaron a utilizar diversas maneras de manejar el tiempo.

AMPLIEMOS NUESTRA COMPRENSIÓN

E. **Análisis del ambiente.** Trabajando con un(a) compañero(a):

- Relean las preguntas de enfoque (ejercicio C).
- Contéstenlas oralmente, tratando de describir el ambiente del cuento lo más detalladamente posible.

F. **Retablo.** Tu maestro(a) te entregará una hoja en blanco.

- Dóblala de manera que quede como si dos puertas del mismo tamaño se pudieran abrir para revelar media página.
- Cierra las dos puertas y decora la parte exterior. En ellas deberás indicar el nombre del cuento y del autor.
- Abre la puerta izquierda, y en cualquier dirección que te parezca, escribe el título: Palabras que describen el ambiente.
- En la parte interior de la puerta derecha, y nuevamente donde lo consideres más apropiado, escribe el siguiente título: Frases que me gustaron.
- Relee el cuento y selecciona expresiones para llenar la parte interior de las dos puertas.
- En el espacio del centro, ilustra una escena del cuento.
- Sigue el modelo a continuación.

Retablo abierto

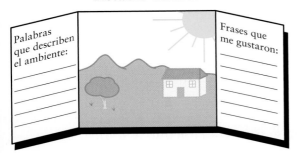

Retablo cerrado

G. **Cuadro de comparación y contraste.** Trabajando con un equipo de cuatro compañeros, copien el siguiente cuadro en su cuaderno y completen la información apropiada.

	Tiempo al que se refiere el cuento	Actualmente
¿Cómo son las relaciones entre los jóvenes?		
¿Cómo se divierten los jóvenes?		
¿Quiénes hablan español?		

H. **Ensayo de comparación y contraste.** Compara las condiciones de vida que se presentan en el cuento con tus propias circunstancias.

- Además de hacer generalizaciones, provee ejemplos específicos que apoyen tus ideas.
- Utiliza el cuadro anterior como un punto de partida, al cual le puedes agregar otros datos pertinentes.

EXPLOREMOS EL LENGUAJE

REPASO: La conjugación de los verbos regulares e irregulares

La conjugación de un verbo se forma añadiendo a su raíz las terminaciones correspondientes.

Existen en español, como en muchos idiomas, verbos regulares y verbos irregulares. Todos los verbos, tanto regulares como irregulares, tienen infinitivo y pertenecen a una conjugación, sea primera, segunda o tercera. Sin embargo:

Los verbos regulares por lo general conservan la misma raíz y toman terminaciones de su conjugación.

Los verbos irregulares puden sufrir cambios en su raíz y toman terminaciones particulares.

Los verbos del español se agrupan en tres categorías:

primera conjugación (el infinitivo termina en **-ar**)
Ejemplos: enamorar, cazar, recordar

segunda conjugación (el infinitivo termina en **-er**)
Ejemplos: ver, hacer, conocer

tercera conjugación (el infinitivo termina en **-ir**)
Ejemplos: sentir, convertir, decir

Cada una de las tres conjugaciones tiene unas terminaciones especiales. Estas terminaciones se cambian según el sujeto y el tiempo.

Considera estas citas de «Un oso y un amor».

■ Verbos regulares:
«Yo contemplaba la belleza y la grandeza de la naturaleza.»
El verbo **contemplar** es un verbo regular porque mantiene su raíz y toma las terminaciones de su conjugación. La cita original aparece en el pasado, pero si cambiamos el tiempo del verbo al presente o al futuro, la raíz se mantiene.

Presente: contemplo
Futuro: contemplaré

- Es el mismo caso del verbo **vivir**:

    «Por eso los dioses viven en la sierra.»

    Pasado: vivieron, vivían

    Futuro: vivirán

Observa ahora los cambios efectuados a la raíz de los verbos irregulares **convertir** y **poner** en los tiempos del pasado.

- «La alegría y la buena comida, la amistad y el sitio idílico convirtieron aquello en un festín para recordar siempre.»

- «Y nos pusimos a gozar el momento.»

I. **Descubrimiento lingüístico.**   Utilizando el escritito del ejercicio *A*:

- Escríbelo de nuevo poniendo todos los verbos en el presente.

- Escríbelo otra vez poniendo todos los verbos en el futuro.

- Subraya los verbos irregulares.

CREEMOS LITERATURA

J. **Una narrativa personal.**   Escribe una narrativa personal acerca de un hecho memorable de tu vida similar a «Un oso y un amor». Tu narrativa debe centrarse en un lugar que contenga muchos recuerdos agradables para ti: memorias de lugares, personas y un hecho en particular. Estructura tu narrativa según el siguiente esquema:

- **Introducción:** Enfoca el ambiente, lugar y tiempo. Describe la época de año, el ambiente climático y el paisaje, fijándote en los primeros tres párrafos de «Un oso y un amor» como ejemplo.

- **Cuerpo:** Describe el evento, empezando con una frase que introduzca el tema además de romper con la descripción de fondo. Lee de nuevo los párrafos tres y cuatro del cuento como guía.

■ **Conclusión:** Después de describir el acontecimiento en detalle con amplias descripciones de las acciones, tus pensamientos y tus emociones, concluye con alguna referencia que enlace el acontecimiento del pasado con los tiempos actuales. Ulibarrí utiliza esta técnica en los últimos tres párrafos de su cuento —su conclusión— en la cual nos describe qué les pasó a él, a Shirley y al oso.

K. **Aquí y ahora.** Escribe la historia «Un oso y un amor» cambiando los elementos del ambiente. En vez de situar el relato en la Tierra Amarilla en tiempos antes de la Segunda Guerra Mundial, sitúalo en un centro urbano en nuestros tiempos. Antes de escribir, considera los siguientes factores.

■ ¿De qué peligro logrará salvar el autor a su novia?

■ ¿Qué ocurrirá?

■ ¿Cuál será el nuevo título?

Yo voy soñando caminos

ALISTÉMONOS PARA LEER

«Yo voy soñando caminos» es un bellísimo poema del escritor Antonio Machado en el que comparte con nosotros, sus lectores, profundos sentimientos y recuerdos de días pasados.

A. Piensa, anota y comparte.

A medida que crecemos pasamos por una serie de experiencias que dejan una huella profunda en nuestras vidas.

- Anota tres experiencias que hayas tenido y que conservas muy vívidas en tu memoria.
- Escoge una de las tres y escribe sobre ella durante cinco minutos.
- Al terminar comparte tus anotaciones con tu compañero(a).

VOCABULARIO CLAVE DEL TEXTO

Familiarízate con el vocabulario clave del texto según las indicaciones de tu maestro(a).

encina	enturbiarse	meditar
plañir	sendero	sombrío

LEAMOS ACTIVAMENTE

Uno de los géneros que presenta más retos a los lectores es la poesía. Un poema no comunica exactamente lo mismo a todos los lectores, ni debe hacerlo. Esperamos que a través de las siguientes actividades lograrás sentirte más cómodo(a) cuando leas poesía.

Al leer en voz alta los poemas de esta unidad, trata de expresar los sentimientos que te comunica cada uno de ellos.

B. Cuadro de tres columnas.

- Copia el siguiente cuadro (pág. 18) en tu cuaderno.
- Al terminar la lectura, completa la primera columna anotando las ideas que el poema te sugiere.
- Formula dos preguntas que te podrían ayudar a entender mejor el poema.

Mi interpretación	Interpretación del grupo	Reflexión
Preguntas:	**Respuestas:**	

C. **Lectura del (de la) maestro(a).**

- Tu maestro(a) leerá el poema en voz alta.
- Escucha atentamente y trata de apreciar la cadencia, es decir, la musicalidad del poema.

D. **Lectura silenciosa.** Lee silenciosamente el poema.

E. **Lectura a tres voces.**

- En grupos preparen la lectura dramatizada a tres voces.
- Los versos están subrayados en distintos colores para indicar lo que debe leer cada voz. El leer el poema de esta forma te ayudará a comprenderlo mejor.

Yo voy soñando caminos...

Antonio Machado

Yo voy soñando caminos
de la tarde. ¡Las colinas
doradas, los verdes pinos,
las polvorientas encinas!...
¿A dónde el camino irá?

«Idilio campero», Pedro Figari

Yo voy cantando, viajero
a lo largo del sendero...
—La tarde cayendo está—.
«En el corazón tenía
la espina de una pasión;
logré arrancármela un día;
ya no siento el corazón.»
Y todo el campo un momento
se queda, mudo y sombrío,
meditando. Suena el viento
en los álamos del río.
La tarde más se oscurece;
y el camino que serpea
y débilmente blanquea,
se enturbia y desaparece.
Mi cantar vuelve a plañir
«Aguda espina dorada,
quién te pudiera sentir
en el corazón clavada.»

Conozcamos al autor

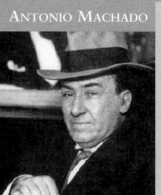

ANTONIO MACHADO

Antonio Machado nació en Sevilla (España) en 1875 y murió en 1939 en el sur de Francia, donde se exilió durante el último año de la Guerra Civil española. Criado en la capital española, cursó estudios de francés en la Universidad de Madrid y vivió unos años en París. Cuando se trasladó de nuevo a España, fue nombrado profesor de francés en Soria donde se enamoró de una joven, el amor de su vida. Se casó con ella, pero la joven murió pocos años después. Fue una tragedia que el poeta nunca pudo superar.

Los poemarios de Machado incluyen *Soledades, galerías y otros poemas, Campos de Castilla* y *Nuevas canciones*. Su poesía es a la vez sencilla e intensa, y abarca temas muy diversos desde un punto de vista algunas veces patriótico y otras veces espiritual.

Antonio Machado pertenece a la Generación del 98, un grupo de literatos cuyas obras definen en gran parte la literatura española de principios del siglo XX.

APUNTES LITERARIOS

METÁFORA Y SÍMIL

Para transmitirnos sus experiencias y emociones personales, los poetas se valen de recursos o figuras literarias como la metáfora y el símil.

Metáfora. Una metáfora identifica dos objetos diferentes que guardan alguna semejanza entre sí. Por ejemplo, Verlaine nos habla de «la cabellera de oro» de su amada para indicar que sus cabellos y el oro son del mismo color. Una metáfora consta de dos términos: un término **real** (el que se compara) y un término **evocado** o **metafórico** (aquél con el que se compara). En este caso el término real es el cabello de la amada y el evocado es el oro. En algunas metáforas se suprime el término real, que va sobreentendido: «el oro que adorna tu cabeza».

Símil. Un símil es una comparación en que se emplean las palabras **como, cual, parece** o **semejante a.** Por ejemplo, hay un símil en la expresión: «Vagaba solitario como una nube».

AMPLIEMOS NUESTRA COMPRENSIÓN

F. Cuadro de tres columnas.

- En sus grupos lean lo que escribió cada uno en el ejercicio *B* y traten de contestar las preguntas.
- Discutan el significado del poema y lleguen a un acuerdo. Anoten sus conclusiones en la columna del centro.
- Luego, trabajando individualmente, llenen la tercera columna. Debes anotar de qué forma cambió tu interpretación y por qué cambió.

G. Piensa, dibuja y comparte.   Un símbolo es una persona, lugar, objeto, color u otra cosa que representa algo. En este poema el poeta ha utilizado un símbolo para representar su vida. La ha representado como un camino.

- Piensa en un símbolo que represente tu vida y dibújalo.
- Al terminar, muestra tu dibujo a un(a) compañero(a) y explícale lo que representa.
- Escribe una metáfora utilizando el símbolo que dibujaste. Identifica los dos términos de tu metáfora y explica su significado.

H. Taller de composición: Poema.   Escribe un poema sobre tu vida usando la metáfora que anotaste en el ejercicio G.

EXPLOREMOS EL LENGUAJE

EL GERUNDIO

El gerundio, como el infinitivo, es una forma impersonal del verbo.

> El infinitivo se forma con la raíz del verbo y las terminaciones **-ar, -er** o **-ir.**
> *Ejemplos:* soñar, desaparecer, plañir

> El gerundio se forma añadiendo **-ando** o **-iendo** a la raíz del verbo.
> *Ejemplos:* caminando, desapareciendo, plañiendo

I. **Análisis lingüístico.** Estudia los siguientes versos de «Yo voy soñando caminos» donde están escritos en negrita los infinitivos y los gerundios. Después completa las reglas de uso con las palabras **infinitivo** y **gerundio.**

> «Yo voy **cantando**»
>
> «Y todo el campo... **meditando**»
>
> «Mi cantar vuelve a **plañir**»
>
> «quién te pudiera **sentir** en el corazón clavada»

1. El _____ es un adverbio porque funciona como los adverbios en la función de complemento circunstancial.

2. El _____ es el nombre del verbo. También es sustantivo porque puede ser sujeto, complemento directo, etcétera.

CREEMOS LITERATURA

J. **Poema de sentimientos.** Lee de nuevo la metáfora y el poema del ejercicio *H* del texto. ¿Qué sientes cuando contemplas tu vida? Vas a escribir un poema sobre estos sentimientos siguiendo el siguiente patrón:

Estoy (nombra el sentimiento)

ni (nombra una cosa que no define el sentimiento)

ni (nombra otra cosa que no define el sentimiento)

ni (nombra una tercera cosa que no define el sentimiento, pero que se puede comparar)

sino (define el sentimiento)

(el sentimiento) porque (añade una explicación)

(el sentimiento) porque (añade otra explicación)

(el sentimiento) porque (añade una última explicación)

MODELO: *Estoy contenta,*

    ni disgustada,

    ni decaída,

    ni eufórica,

    sino satisfecha.

    Contenta porque hemos

      vuelto a la escuela.

    Contenta porque estoy

      con mis compañeros.

    Contenta porque es un

      nuevo año.

Si no quieres escribir sobre los sentimientos que surgieron de tu metáfora y tu poema, escoge otro sentimiento para redactar tu poema como se ha hecho en el modelo.

K. Carta de agradecimiento. Escribe una carta a un(a) maestro(a) que te haya ayudado en el camino de la vida.

- Escribe sobre los recuerdos que guardas de su clase.

- Después agradécele a tu maestro(a) lo que hizo para que tus reminiscencias de él (ella) sean tan agradables.

- Una vez que tu maestro(a) haya corregido el borrador, mándale una copia de tu versión final a esa persona tan especial.

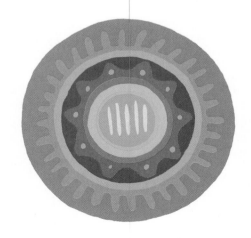

LECCIÓN 3

Cuatro poemas

Alistémonos para leer

Los poetas de las siguientes selecciones miran hacia el pasado y plasman sus recuerdos en sus poesías. Además del amor, las rememoraciones incluyen la nostalgia por la patria de la cual se vive ausente y por seres queridos muy lejanos.

A. Visualización.
Piensa en un lugar de tu niñez o de años recientes por el que guardas un cariño especial.

- Cierra los ojos y durante tres minutos imagínate allí.
- Después rellena el siguiente cuadro.

Veo	Huelo	Toco	Oigo	Saboreo

VOCABULARIO CLAVE DEL TEXTO

Familiarízate con el vocabulario clave del texto según las instrucciones de tu maestro(a).

cándido   hálito   lánguido   lerdo

pretil   prodigioso   tiritar   turbión

LEAMOS ACTIVAMENTE

B. Trabajo de equipo. Tu maestro(a) asignará a cada equipo uno de los siguientes poemas. Sigan el procedimiento indicado.

1. Lean el poema silenciosamente y, trabajando individualmente, anoten en sus cuadernos lo que éste les comunica. También anoten dos preguntas cuyas respuestas les gustaría conocer.

2. Lean el poema en voz alta. Tomen turnos para que todos lean una parte.

Poema XX

PABLO NERUDA

Puedo escribir los versos más tristes esta noche.

Escribir, por ejemplo: «La noche está estrellada,

y tiritan, azules, los astros, a lo lejos».

El viento de la noche gira en el cielo y canta.

Puedo escribir los versos más tristes esta noche.

Yo la quise, y a veces ella también me quiso.

En las noches como ésta la tuve entre mis brazos.

La besé tantas veces bajo el cielo infinito.

Ella me quiso, a veces yo también la quería.

Cómo no haber amado sus grandes ojos fijos.

Puedo escribir los versos más tristes esta noche.

Pensar que no la tengo. Sentir que la he perdido.

Oír la noche inmensa, más inmensa sin ella.

Y el verso cae al alma como al pasto el rocío.

Qué importa que mi amor no pudiera guardarla.

La noche está estrellada y ella no está conmigo.

Eso es todo. A lo lejos alguien canta. A lo lejos.

Mi alma no se contenta con haberla perdido.

Como para acercarla, mi mirada la busca.

Mi corazón la busca, y ella no está conmigo.

La misma noche que hace blanquear los mismos árboles.

Nosotros, los de entonces, ya no somos los mismos.

Ya no la quiero, es cierto, pero cuánto la quise.

Mi voz buscaba el viento para tocar su oído.

De otro. Será de otro. Como antes de mis besos,
su voz, su cuerpo claro. Sus ojos infinitos.
Ya no la quiero, es cierto, pero tal vez la quiero.
Es tan corto el amor, y es tan largo el olvido.
Porque en noches como ésta la tuve entre mis brazos,
mi alma no se contenta con haberla perdido.
Aunque éste sea el último dolor que ella me causa,
y éstos sean los últimos versos que yo le escribo.

UNIDAD 1

Never More

Paul Verlaine

¡Oh, recuerdos, recuerdos! ¿qué me queréis? Volaba
un turbión de hojas secas, ponía el sol un brillo
de oro viejo en el bosque húmedo y amarillo,
y la fugaz llovizna de otoño sollozaba.

Íbamos los dos solos: su cabellera de oro
volaba loca al viento, cual nuestra fantasía.
—¿Cuál fue el día más bello de tu vida?
decía junto a mí, con su acento angélico y sonoro.

Respondió a su pregunta mi sonrisa discreta;
después, devotamente, con gesto de poeta,
besé su mano blanca de dedos afilados.

¡Ah, qué fragancia tienen nuestras primeras rosas
y qué bien suena, como músicas deliciosas,
el primer sí que brota de unos labios amados!

¿Recuerdas?

MANUEL MAGALLANES MOURE

¿Recuerdas? Una linda mañana de verano.
La playa sola. Un vuelo de alas grandes y lerdas.
Sol y viento. Florida la mar azul. ¿Recuerdas?
Mi mano suavemente oprimía tu mano.

Después, a un tiempo mismo, nuestras lentas miradas
posáronse en la sombra de un barco que surgía
sobre el cansado límite de la azul lejanía
recortando en el cielo sus velas desplegadas.

Cierro ahora los ojos, la realidad se aleja,
y la visión de aquella mañana luminosa
en el cristal oscuro de mi alma se refleja.

Veo la playa, el mar, el velero lejano,
y es tan viva, tan viva la ilusión prodigiosa,
que a tientas, como un ciego, vuelvo a buscar tu mano.

Es una tarde clara

Antonio Machado

El limonero lánguido suspende
una pálida rama polvorienta,
sobre el encanto de la fuente limpia,
y allá en el fondo sueñan
los frutos de oro...

Es una tarde clara,
casi de primavera,
tibia tarde de marzo,
que el hálito de abril cercano lleva;
y estoy solo, en el patio silencioso,
buscando una ilusión cándida y vieja;
alguna sombra sobre el blanco muro,
algún recuerdo, en el pretil de piedra
de la fuente dormido, o, en el aire,
algún vagar de túnica ligera.

En el ambiente de la tarde flota
ese aroma de ausencia
que dice al alma luminosa: nunca,
y al corazón: espera.

Ese aroma que evoca los fantasmas
de las fragancias vírgenes y muertas.

Sí, te recuerdo, tarde alegre y clara,
casi de primavera,
tarde sin flores, cuando me traías
el buen perfume de la hierbabuena
y de la buena albahaca
que tenía mi madre en sus macetas.

Que tú me viste hundir mis manos puras
en el agua serena,
para alcanzar los frutos encantados
que hoy en el fondo de la fuente sueñan...

Sí, te conozco, tarde alegre y clara,
casi de primavera.

C. **Síntesis.** Contesta las siguientes preguntas.

1. Si «Poema XX» estuviera escrito en la parte interior de una tarjeta de felicitación, ¿qué dibujo habría en la portada?

2. Inventa un título nuevo para «¿Recuerdas?» Explica tu respuesta.

3. Si «Never More» fuera una película, ¿cómo serían los protagonistas? Explica tu respuesta.

4. Si «Es una tarde clara» fuera una canción, ¿qué tipo de melodía tendría?

APUNTES LITERARIOS

LA POESÍA

Poesía lírica. La poesía lírica es la expresión de los sentimientos más íntimos del poeta. Algunos elementos básicos de la poesía son: rima, ritmo, imágenes, figuras literarias y tono.

Tono. Cuando se habla del tono de una poesía nos referimos a la impresión general o sentimiento que ésta produce en los lectores. Algunos poemas pueden hacerte sentir alegre, otros pueden producir un sentimiento de tristeza o nostalgia y así por el estilo.

Rima. La rima es la repetición de los mismos sonidos al final de dos o más versos, después de la última vocal acentuada. Por ejemplo, en el poema «¿Recuerdas?» de Manuel Magallanes Mouré, las palabras **verano, mano** y **lejano** riman. Esta rima se conoce con nombre de **rima consonante** o **perfecta.** Existe también **la rima asonante** en que sólo son iguales las vocales. En el poema «Es una tarde clara» de Antonio Machado encontramos este tipo de rima en las palabras **sueñan, primavera** y **lleva.** ¿Puedes encontrar otros ejemplos en los poemas de esta unidad? Anótalos en tu cuaderno.

Imágenes. Para comunicarnos sus sentimientos y compartir sus experiencias del mundo con nosotros, los poetas crean imágenes. Las imágenes son palabras o expresiones que apelan a los sentidos —la vista, el oído, el olfato, el tacto, el gusto— y nos hacen imaginar algo de una manera muy vívida. Machado, por ejemplo, nos habla de «las colinas doradas». Paul Verlaine nos dice que «la fugaz llovizna de otoño sollozaba». Después de leer de nuevo los poemas, señala aquellas imágenes que te llamen particularmente la atención.

AMPLIEMOS NUESTRA COMPRENSIÓN

D. Afiche colaborativo.   Comparte con tus compañeros las anotaciones que hiciste en tu cuaderno acerca del poema. De mutuo acuerdo, preparen un afiche en el cual incluyan:

- las vivencias que el poeta está recordando;
- las imágenes más vívidas y algunas figuras literarias que les hayan gustado;
- el tono o sentimiento que predomina en el poema.

Utilicen algunos dibujos que les parezcan apropiados para expresar sus ideas.

E. Presentaciones en grupo.   Preparen una presentación en grupo para la clase que consista en:

1. la lectura dramatizada o recitación del poema, compartida por los miembros del equipo;
2. una explicación, también compartida, de los diversos componentes del afiche.

F. Trabajo individual. Después de haber prestado atención a las presentaciones de tus compañeros de clase decide:

1. ¿Qué poema te gustó más y por qué?

2. ¿Cuál afiche y presentación te parecieron los más efectivos y por qué?

Escribe un párrafo en respuesta a cada pregunta.

EXPLOREMOS EL LENGUAJE

EL PARTICIPIO

En las Lecciones 1 y 2 de esta unidad, hemos visto dos tipos de formas verbales impersonales: el infinitivo y el gerundio. El tercer tipo de verbo impersonal es el participio.

El participio se forma añadiendo **-ado** o **-ido** a la raíz del verbo.
Ejemplos: buscado, entristecido, olvidado

El participio funciona como un adjetivo porque describe un sustantivo.
Ejemplos: «la noche está estrellada y ella no está conmigo»
«...sobre el cansado límite de la azul lejanía...»

G. Listas. Formula las siguientes listas utilizando un sustantivo con un participio según el modelo. Debes completar cada lista con tres frases más. Aprovéchate del cuadro de sentidos que completaste en el ejercicio *A*.

1. ambientes románticos:

   MODELO: *noche estrellada*

2. lugares románticos:

   MODELO: *playa abandonada*

H. Una historia de amor. Vas a escribir la historia del amor que dio lugar a uno de los poemas de esta lección. Escoge entre «Poema XX», «Never More» y «¿Recuerdas?». ¿Cómo era la amada que inspiró tanto al poeta para que escribiera unos versos tan hermosos a su recuerdo? ¿Cómo terminó su romance? ¿Qué hizo la amada después? En tu redacción, tendrás que contestar a las seis preguntas básicas: ¿quién?, ¿qué/cuál?, ¿cómo?, ¿dónde?, ¿cuándo? y sobre todo ¿por qué?

I. Un folleto turístico. Piensa en un sitio del cual tú guardas felices recuerdos. Ahora vas a diseñar un folleto turístico del lugar. Tu folleto debe incluir:

- un dibujo o fotografía en la portada;
- dentro del folleto información sobre el clima, los sitios de interés turístico y los modos de transporte público;
- en el dorso algunas direcciones electrónicas como las de las aerolíneas nacionales, oficinas de turismo, etcétera. Inventa unas direcciones electrónicas apropiadas si no existen.

«Caminando con su paraguas azul», Victor Lewis Ferrer

La botella de chicha

ALISTÉMONOS PARA LEER

El escritor peruano Julio Ramón Ribeyro capta en el siguiente cuento una graciosa situación familiar en la cual las expectativas tienen mucho más importancia que la realidad. La chicha es una bebida que proviene del maíz; los indígenas la dejan fermentar para utilizarla como bebida.

A. Piensa, anota y comparte. ¿Te has encontrado alguna vez en una circunstancia en la que necesitabas dinero desesperadamente? ¿Qué hiciste para conseguirlo?

- Toma cinco minutos para describir en tu cuaderno la situación y lo que hiciste.
- Luego, comparte tu anécdota con un(a) compañero(a).

VOCABULARIO CLAVE DEL TEXTO

Familiarízate con el vocabulario clave del texto según las instrucciones de tu maestro(a).

pesquisa
pignorar
consternación
insinuar
penumbra

LEAMOS ACTIVAMENTE

B. Enseñanza recíproca. Leyendo con un(a) compañero(a), sigan las instrucciones del (de la) maestro(a) para llevar a cabo la lectura de las dos primeras páginas del cuento.

C. Lectura silenciosa. Completa la lectura del cuento individualmente.

La botella de chicha

JULIO RAMÓN RIBEYRO

En una ocasión tuve necesidad de una pequeña suma de dinero y como me era imposible procurármela por las vías ordinarias, decidí hacer una pesquisa por la despensa de mi casa, con la esperanza de encontrar algún objeto vendible o pignorable. Luego de remover una serie de trastos viejos, divisé, acostada en un almohadón, como una criatura en su cuna, una vieja botella de chicha. Se trataba de una chicha que hacía más de quince años recibiéramos de una hacienda del norte y que mis padres guardaban celosamente para utilizarla en un importante suceso familiar. Mi padre me había dicho que la abriría cuando yo «me recibiera de bachiller». Mi madre, por otra parte, había hecho la misma promesa a mi hermana, para el día «que se casara». Pero ni mi hermana se había casado ni yo había elegido aún qué profesión iba a estudiar, por lo cual la chicha continuaba durmiendo el sueño de los justos y cobrando aquel inapreciable valor que dan a este género de bebidas los descansos prolongados.

Sin vacilar, cogí la botella del pico y la conduje a mi habitación. Luego de un paciente trabajo logré cortar el alambre y extraer el corcho, que salió despedido como por el ánima de una escopeta. Bebí un dedito para probar su sabor y me hubiera acabado toda la botella si es que no la necesitara para un negocio mejor. Luego de verter su contenido en una pequeña pipa de barro, me dirigí a la calle con la pipa bajo el brazo. Pero a mitad del camino un escrúpulo me asaltó. Había dejado la botella vacía abandonada sobre la mesa y lo menos que podía hacer era restituirla a su antiguo

«Cafe Tupinamba», Caroline Durieux

lugar para disimular en parte las trazas de mi delito. Regresé a casa y para tranquilizar aún más mi conciencia, llené la botella vacía con una buena medida de vinagre, la alambré, la encorché y la acosté en su almohadón.

Con la pipa de barro, me dirigí a la chichería de don Eduardo.

—Fíjate lo que tengo —dije mostrándole el recipiente—. Una chicha de jora de veinte años. Sólo quiero por ella treinta soles. Está regalada.

Don Eduardo se echó a reír.

—¡A mí!, ¡a mí! —exclamó señalándose el pecho—. ¡A mí con ese cuento! Todos los días vienen a ofrecerme chicha y no sólo de veinte años atrás. ¡No me fío de esas historias! ¡Cómo si las fuera a creer!

—Pero yo no te voy a engañar. Pruébala y verás.

—¿Probarla? ¿Para qué? Si probara todo lo que traen a vender terminaría el día borracho, y lo que es peor, mal emborrachado. ¡Anda, vete de aquí! Puede ser que en otro lado tengas más suerte.

Durante media hora recorrí todas la chicherías y bares de la cuadra. En muchos de ellos ni siquiera me dejaron hablar. Mi última decisión fue ofrecer mi producto en las casas particulares pero mis ofertas, por lo general, no pasaron de la servidumbre. El único señor que se avino a recibirme, me preguntó si yo era el mismo que el mes pasado le vendiera un viejo burdeos y como yo, cándidamente, le replicara que sí, fui cubierto de insultos y de amenazas e invitado a desaparecer en la forma menos cordial.

Humillado por este incidente, resolví regresar a mi casa. En el camino pensé que la única recompensa, luego de empresa tan vana, sería beberme la botella de chicha. Pero luego consideré que mi conducta sería egoísta, que no podía privar a mi familia de su pequeño tesoro solamente por satisfacer un capricho pasajero, y que lo más cuerdo sería verter la chicha en su botella y esperar, para beberla, a que mi hermana se casara o que a mí pudieran llamarme bachiller.

Cuando llegué a casa había oscurecido y me sorprendió ver algunos carros en la puerta y muchas luces en las ventanas. No bien había ingresado a la cocina cuando sentí una voz que me interpelaba en la penumbra. Apenas tuve tiempo de ocultar la pipa de barro tras una pila de periódicos.

«Naturaleza muerta», Luis Vargas

—¿Eres tú el que anda por allí? —preguntó mi madre, encendiendo la luz—. ¡Esperándote como locos! ¡Ha llegado Raúl! ¿Te das cuenta? ¡Anda a saludarlo! ¡Tantos años que no ves a tu hermano! ¡Corre! que ha preguntado por ti.

Cuando ingresé a la sala quedé horrorizado. Sobre la mesa central estaba la botella de chicha aún sin descorchar. Apenas pude abrazar a mi hermano y observar que le había brotado un ridículo mostacho. «Cuando tu hermano regrese», era otra de las circunstancias esperadas. Y mi hermano estaba allí y estaban también otras personas y la botella y minúsculas copas pues una bebida tan valiosa necesitaba administrarse como una medicina.

—Ahora que todos estamos reunidos —habló mi padre— vamos al fin a poder brindar con la vieja chicha —y agració a los invitados con una larga historia acerca de la botella, exagerando, como era de esperar, su antigüedad. A mitad de su discurso, los circunstantes se relamían los labios.

La botella se descorchó, las copas se llenaron, se lanzó una que otra improvisación y llegado el momento del brindis observé que las copas se dirigían a los labios rectamente, inocentemente, y regresaban vacías a la mesa, entre grandes exclamaciones de placer.

—¡Excelente bebida!

—¡Nunca he tomado algo semejante!

—¿Cómo me dijo? ¿Treinta años guardada?

—¡Es digna de un cardenal!

—¡Yo que soy experto en bebidas, le aseguro, don Bonifacio, que como ésta ninguna!

Y mi hermano, conmovido por tan grande homenaje, añadió:

—Yo les agradezco, mis queridos padres, por haberme reservado esta sorpresa con ocasión de mi llegada.

El único que, naturalmente, no bebió una gota, fui yo. Luego de acercármela a las narices y aspirar su nauseabundo olor a vinagre, la arrojé con disimulo en un florero.

Pero los concurrentes estaban excitados. Muchos de ellos dijeron que se habían quedado con la miel en los labios y no faltó uno más osado que insinuara a mi padre si no tenía por allí otra botellita escondida.

—¡Oh, no! —replicó—. ¡De estas cosas sólo una! Es mucho pedir.

Noté, entonces, una consternación tan sincera en los invitados, que me creí en la obligación de intervenir.

—Yo tengo por allí una pipa con chicha.

—¿Tú? —preguntó mi padre, sorprendido.

—Sí, una pipa pequeña. Un hombre vino a venderla... Dijo que era muy antigua.

—¡Bah! ¡Cuentos!

—Y yo se la compré por cinco soles.

—¿Por cinco soles? ¡No has debido pagar ni una peseta!

—A ver, la probaremos —dijo mi hermano—. Así veremos la diferencia.

—Sí, ¡que la traiga! —pidieron los invitados.

Mi padre, al ver tal expectativa, no tuvo más remedio que aceptar y yo me precipité a la cocina. Luego de extraer la pipa bajo el montón de periódicos, regresé a la sala con mi trofeo entre las manos.

—¡Aquí está! —exclamé, entregándosela a mi padre.

—¡Hum! —dijo él, observando la pipa con desconfianza—. Estas pipas son de última fabricación. Si no me equivoco, yo compré una parecida hace poco —y acercó la nariz al recipiente—. ¡Qué olor! ¡No! ¡Esto es una broma! ¿Dónde has comprado esto, muchacho? ¡Te han engañado! ¡Qué tontería! Debías haber consultado —y para justificar su actitud hizo circular la botija entre los concurrentes, quienes ordenadamente la olían y después de hacer una mueca de repugnancia, la pasaban a su vecino.

—¡Vinagre!

—¡Me descompone el estómago!

—Pero ¿es que esto se puede tomar?

—¡Es para morirse!

Y como las expresiones aumentaban de tono, mi padre sintió renacer en sí su función moralizadora de jefe de familia y, tomando la pipa con una mano y a mí de una oreja con la otra, se dirigió a la puerta de la calle.

—Ya te lo decía. ¡Te has dejado engañar como un bellaco! ¡Verás lo que se hace con esto!

Abrió la puerta y, con gran impulso, arrojó la pipa a la calle, por encima del muro. Un ruido de botija rota estalló en un segundo. Recibiendo un coscorrón en la cabeza, fui enviado a dar una vuelta por el jardín y mientras mi padre se frotaba las manos, satisfecho de su proceder, observé que en la acera pública, nuestra chicha, nuestra magnífica chicha norteña, guardada con tanto esmero durante quince años, respetada en tantos pequeños y tentadores compromisos, yacía extendida en una roja y dolorosa mancha. Un automóvil la pisó alargándola en dos huellas; una hoja de otoño naufragó en su superficie; un perro se acercó, la olió y la meó.

D. Secuencia de hechos. Ordena los hechos en secuencia.

1. Raúl, el hermano del narrador, vuelve a casa después de una larga ausencia.

2. Después de probar un sorbito de chicha, la vierte en otro recipiente llenando el envase original con vinagre.

3. El padre tira la chicha original a la calle con desprecio.

4. Todos concuerdan en que la chicha original es nada más que vinagre.

5. El narrador se encuentra con un problema económico.

6. Encuentra una botella de chicha guardada entre los cachivaches familiares almacenados.

7. El narrador saca la pipa que contiene la chicha para ofrecérsela a los reunidos.

8. Recorre todas las chicherías y los bares del barrio en busca de un comprador.

9. Los invitados prueban lo que creen ser la chicha.

Conozcamos al autor

JULIO RAMÓN RIBEYRO

Julio Ramón Ribeyro es considerado uno de los escritores peruanos más influyentes del siglo XX. Nacido en Lima en 1929, pasó felizmente su infancia en el seno de una familia unida sin apuros económicos ni afectivos. Aunque sus padres habían escogido una carrera de derecho para su hijo, al joven Ribeyro le atraían las letras y pronto se incorporó a un círculo de escritores populares cuyas obras se compartían en lugares bohemios de la capital andina. Disgustado con la fama que pronto fue suya, Ribeyro se trasladó a Europa, pasando de un país a otro hasta establecerse definitivamente en Francia.

Ribeyro es conocido principalmente como cuentista aunque también escribió dos novelas: *Crónica de San Gabriel* y *Los geniecillos dominicales*. Entre sus cuentos más famosos se encuentran «Los gallinazos sin plumas», «Cuentos de circunstancias» y «La palabra del mudo».

Julio Ramón Ribeyro murió el 4 de diciembre de 1994, unos días después de recibir el prestigioso Premio Juan Rulfo.

AMPLIEMOS NUESTRA COMPRENSIÓN

E. Diálogos colaborativos.

- Trabajando en equipos de cuatro compañeros, escriban uno de los siguientes diálogos que les asignará el (la) maestro(a).

- Recuerden que cada alumno(a) deberá mantener su propio libreto.

- Luego de escribirlos, tu maestro(a) les pedirá que pasen a representar su fragmento de manera dramatizada, frente a la clase.

- Ustedes pueden agregar nuevos personajes a los presentados en el cuento, siempre y cuando los diálogos tengan sentido y sean fieles a la historia.

Los diálogos que deberán ser desarrollados son:

1. el que tuvo lugar cuando un hacendado del norte de Lima le regaló la botella de chicha a los padres del protagonista;

2. cuando el joven trata de vender la botella de chicha;

3. cuando el hermano llega de visita;

4. cuando el protagonista ofrece a su familia la botella de chicha original.

Cuando escriban el diálogo, tengan presente las siguientes reglas de ortografía:

1. Se empieza un párrafo nuevo cada vez que habla uno de los interlocutores.

2. Se utiliza la raya para indicar el comienzo de las palabras de cada interlocutor.

3. En español nunca se utilizan comillas para marcar el comienzo o el final de las palabras de cada interlocutor como se hace en inglés.

EXPLOREMOS EL LENGUAJE

LA INTERJECCIÓN

Las interjecciones expresan diferentes estados de ánimo, tales como sorpresa, burla, queja o asombro.

Pueden ser nombres, adjetivos, adverbios o verbos, pero siempre se escriben entre signos de admiración (¡-!).

Considera estas interjecciones del texto «La botella de chicha».

¡Oh no!
¡Bah!
¡Hum!
¡Corre!
¡Cuentos!

F. Pareo de interjecciones.

- Empareja la interjección de la columna *A* con su uso en la columna *B*.
- Con un(a) compañero(a), formula otra lista de interjecciones que usamos en nuestra conversación cotidiana.

	Columna A		Columna B
1.	¡Hola!	a.	expresa aprobación de una persona o un hecho
2.	¡Uf!	b.	sirve para saludar
3.	¡Bravo!	c.	puede expresar alegría, burla o desprecio
4.	¡Ojalá!	d.	expresa cansancio o frustración
5.	¡Ah!	e.	expresa un deseo

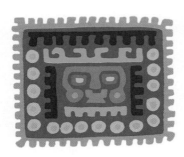

CREEMOS LITERATURA

G. **Ensayo argumentativo.** Escribe un ensayo en el cual des tu opinión respecto a la situación presentada en el cuento.

- Debes indicar las razones por las cuales tomaste esa posición.
- No olvides que el ensayo académico consta de cinco párrafos.

H. **Cambio de un elemento.** Cambia la botella de chicha por algún objeto de valor que se podría encontrar en tu casa. Después:

- escribe el cuento de nuevo;
- utiliza las respuestas correctas del ejercicio *D* para repasar la secuencia de hechos en «La botella de chicha» y así ayudarte a poner los eventos de tu relato en secuencia lógica.

Confieso que he vivido

Alistémonos para leer

El siguiente fragmento del libro Confieso que he vivido, *del gran poeta chileno Pablo Neruda, nos remonta a sus años de infancia llenos de coloridas vivencias.*

A. **Entrevista en tres etapas.** Todos nosotros guardamos recuerdos de nuestra niñez.

- Piensa en un incidente de tu infancia del que guardas felices memorias.
- Intenta recordar las personas, el lugar y las emociones que asocias con ese acontecimiento.
- Conversa con tus compañeros de grupo siguiendo los procedimientos que les indicará tu maestro(a).

VOCABULARIO CLAVE DEL TEXTO

Familiarízate con el vocabulario clave del texto según las indicaciones de tu maestro(a).

ensimismado	voracidad	predilección
liceo	sigilosamente	

LEAMOS ACTIVAMENTE

B. **Cuadro para tomar notas.**

- Copia el siguiente cuadro en tu cuaderno.
- Utilízalo para tomar notas acerca de la lectura «Confieso que he vivido».

Hecho	Otros participantes	Emociones que Neruda asocia con el suceso

C. **Lectura silenciosa.** Lee la lectura individualmente.

Confieso que he vivido

PABLO NERUDA

MI PRIMER POEMA

Ahora voy a contarles alguna historia de pájaros. En el lago Budi perseguían a los cisnes con ferocidad. Se acercaban a ellos sigilosamente en los botes y luego rápido, rápido, remaban... Los cisnes, como los albatros, emprenden difícilmente el vuelo, deben correr patinando sobre el agua. Levantan con dificultad sus grandes alas. Los alcanzaban y a garrotazos terminaban con ellos.

«San Antonio de Oriente», José Antonio Velásquez

Me trajeron un cisne medio muerto. Era una de esas maravillosas aves que no he vuelto a ver en el mundo, el cisne cuello negro. Una nave de nieve con el esbelto cuello como metido en una estrecha media de seda negra. El pico anaranjado y los ojos rojos.

Esto fue cerca del mar, en Puerto Saavedra, Imperial del Sur.

Me lo entregaron casi muerto. Bañé sus heridas y le empujé pedacitos de pan y de pescado a la garganta. Todo lo devolvía. Sin embargo, fue reponiéndose de sus lastimaduras, comenzó a comprender que yo era su amigo. Y yo comencé a comprender que la nostalgia lo mataba. Entonces, cargando el pesado pájaro en mis brazos por las calles, lo llevaba al río. Él nadaba un poco, cerca de mí. Yo quería que pescara y le indicaba las piedrecitas del fondo, las arenas por donde se deslizaban los plateados peces del sur. Pero él miraba con ojos tristes la distancia.

Así cada día, por más de veinte, lo llevé al río y lo traje a mi casa. El cisne era casi tan grande como yo. Una tarde estuvo más ensimismado, nadó cerca de mí, pero no se distrajo con las musarañas con que yo quería enseñarle de nuevo a pescar. Se estuvo muy quieto y lo tomé de nuevo en brazos para llevármelo a casa. Entonces, cuando lo tenía a la altura de mi pecho, sentí que se desenrollaba una cinta, algo como un brazo negro me rozaba la cara. Era su largo y ondulante cuello que caía. Así aprendí que los cisnes no cantan cuando mueren.

El verano es abrasador en Cautín. Quema el cielo y el trigo. La tierra quiere recuperarse de su letargo. Las casas no están preparadas para el verano, como no lo estuvieron para el invierno. Yo me voy por el campo y ando, ando. Me pierdo en el cerro Nielol. Estoy solo, tengo el bolsillo lleno de escarabajos. En una caja llevo una araña peluda recién cazada. Arriba no se ve el cielo. La selva está siempre húmeda, me resbalo; de repente grita un pájaro, es el grito fantasmal del chucao. Crece desde mis pies una advertencia aterradora. Apenas se distinguen como gotas de sangre los copihues. Soy sólo un ser minúsculo bajo los helechos gigantes. Junto a mi boca vuela una torcaza con un ruido seco de alas. Más arriba otros pájaros se ríen de mí con risa ronca. Encuentro difícilmente el camino. Ya es tarde.

Mi padre no ha llegado. Llegará a las tres o a las cuatro de la mañana. Me voy arriba, a mi pieza. Leo a Salgari. Se descarga la lluvia como una catarata. En un minuto la noche y la lluvia cubren el mundo. Allí estoy solo y en mi cuaderno de aritmética escribo versos. A la mañana siguiente me levanto muy temprano. Las ciruelas están verdes. Salto los cerros. Llevo un paquetito con sal. Me subo a un árbol, me instalo cómodamente, muerdo con cuidado una ciruela y le saco un pedacito, luego la empapo con la sal. Me la como. Así hasta cien ciruelas. Ya lo sé que es demasiado.

Como se nos ha incendiado la casa, esta nueva es misteriosa. Subo al cerco y miro a los vecinos. No hay nadie. Levanto unos palos. Nada más que unas miserables arañas chicas. En el fondo del sitio está el excusado. Los árboles junto a él tienen orugas. Los almendros muestran su fruta forrada en felpa blanca. Sé cómo cazar los moscardones sin hacerles daño, con un pañuelo. Los mantengo prisioneros un rato y los levanto a mis oídos. ¡Qué precioso zumbido!

Qué soledad la de un pequeño niño poeta, vestido de negro, en la frontera espaciosa y terrible. La vida y los libros poco a poco me van dejando entrever misterios abrumadores.

No puedo olvidarme de lo que leí anoche: la fruta del pan salvó a Sandokan y a sus compañeros en una lejana Malasia.

No me gustó Buffalo Bill porque mata a los indios. ¡Pero qué buen corredor de caballo! ¡Qué hermosas las praderas y las tiendas cónicas de los pieles rojas!

Muchas veces me he preguntado cuándo escribí mi primer poema, cuándo nació en mí la poesía.

Trataré de recordarlo. Muy atrás en mi infancia y habiendo apenas aprendido a escribir, sentí una vez una intensa emoción y tracé unas cuantas palabras semirrimadas, pero extrañas a mí, diferentes del lenguaje diario. Las puse en limpio en un papel, preso de una ansiedad profunda, de un sentimiento hasta entonces desconocido, especie de angustia y de tristeza. Era un poema dedicado a mi madre, es decir, a la que conocí por tal, a la angelical madrastra cuya suave sombra protegió toda mi infancia. Completamente incapaz de juzgar mi primera producción, se la llevé a mis padres. Ellos estaban en el comedor, sumergidos en una de esas conversaciones en voz baja que dividen más que un río el mundo de los niños y el de los adultos. Les alargué el papel con las líneas, tembloroso aún con la primera visita de la inspiración. Mi padre, distraídamente, lo tomó en sus manos, distraídamente lo leyó, distraídamente me lo devolvió, diciéndome:

—¿De dónde lo copiaste?

Y siguió conversando en voz baja con mi madre de sus importantes y remotos asuntos.

Me parece recordar que así nació mi primer poema y que así recibí la primera muestra distraída de la crítica literaria.

Mientras tanto avanzaba en el mundo del conocimiento, en el desordenado río de los libros como un navegante solitario. Mi avidez de lectura no descansaba de día ni de noche. En la costa, en el pequeño Puerto Saavedra, encontré una biblioteca municipal y un viejo poeta, don Augusto Winter, que se admiraba de mi voracidad literaria. —¿Ya los leyó?—, me decía, pasándome un nuevo Vargas Vila, un Ibsen, un Rocambole. Como un avestruz, yo tragaba sin discriminar.

Por ese tiempo llegó a Temuco una señora alta, con vestidos muy largos y zapatos de taco bajo. Era la nueva directora del liceo de niñas. Venía de nuestra ciudad austral, de las nieves de Magallanes. Se llamaba Gabriela Mistral.

Yo la miraba pasar por las calles de mi pueblo con sus ropones talares, y le tenía miedo. Pero, cuando me llevaron a visitarla, la encontré buenamoza. En su rostro tostado en que la sangre india predominaba como en un bello cántaro araucano, sus dientes blanquísimos se mostraban en una sonrisa plena y generosa que iluminaba la habitación.

Yo era demasiado joven para ser su amigo, y demasiado tímido y ensimismado. La vi muy pocas veces. Lo bastante para que cada vez saliera con algunos libros que me regalaba. Eran siempre novelas rusas que ella consideraba como lo más extraordinario de la literatura mundial. Puedo decir que, Gabriela me embarcó en esa seria y terrible visión de los novelistas rusos y que Tolstoi, Dostoievski, Chejov, entraron en mi más profunda predilección. Siguen acompañándome.

D. ¿Cierto o falso?

Indica si los siguientes comentarios son ciertos o falsos según el relato «Confieso que he vivido».

1. Pablo Neruda adquirió su amor a la literatura de sus padres.

2. Neruda considera su comunión con la naturaleza parte de su sensibilidad poética.

3. De niño, a Neruda le gustaban sobre todo las leyendas chilenas.

4. Gabriela Mistral, Pablo Neruda y el bibliotecario don Augusto Winter tenían un talento en común.

Conozcamos al autor

PABLO NERUDA

Pablo Neruda, nacido Neftalí Ricardo Reyes, nació en Parral, Chile, en 1904. Pasó su infancia en una lejana provincia del sur, alejado del movimiento cultural y político de Santiago. Uno de sus maestros fue Gabriela Mistral, cuyas inquietudes intelectuales y culturales compartiría el poeta durante toda su vida. En 1921 Neruda se trasladó a la capital chilena para estudiar francés, pero dejó sus estudios para dedicarse plenamente a la poesía. Tres años después publicó *Veinte poemas de amor y una canción desesperada*. El poemario fue un gran éxito, convirtiendo al joven en un poeta destacado del país.

La obra de Neruda abarca diversos temas desde el amor, la política, —¡hasta el tomate!— y pronto alcanzó reconocimiento mundial. Recibió numerosos honores que incluyen el Premio Nobel de Literatura en 1971. Se identificó con las víctimas de la guerra, la tiranía y la injusticia social; cuestiones políticas que le preocupaban tanto como escritor y figura política como persona.

Neruda fue perseguido en Chile por sus ideas marxistas que se oponían al gobierno chileno de aquel entonces y tuvo que vivir a escondidas durante una época. Murió en 1973 poco después del golpe de estado que puso fin a la presidencia social-democrática de Salvador Allende.

AMPLIEMOS NUESTRA COMPRENSIÓN

E. Reflexión literaria. Responde a las siguientes preguntas usando oraciones completas.

1. ¿Cómo influyeron los adultos en la vida de Neruda?

2. ¿Qué te dice la narrativa autobiográfica sobre los principios y valores de Neruda? Explica tu respuesta.

3. ¿Qué palabras descriptivas usarías para describir a Neruda?

F. Cuadro de toma de notas. Diseña tu propio cuadro de toma de notas donde colocarás la información esencial de tres de las anécdotas mencionadas por Neruda.

G. Tarjeta de memorias. Vas a hacer una tarjeta para un(a) amigo(a) o miembro de tu familia que comparte un feliz recuerdo contigo.

- Dobla en cuatro una hoja de papel en blanco de modo que formes una tarjeta.

- En una de las caras exteriores haz un diseño, e inscribe entre signos de interrogación la palabra **¿Recuerdas?**

- En el interior escribe una nota a un(a) familiar o amigo(a) recordándole una experiencia que compartieron en el pasado y que tú estás recordando.

EXPLOREMOS EL LENGUAJE

LAS ORACIONES INTERROGATIVAS Y EXCLAMATIVAS

¿Sabes lo que significa **interrogar**? Si no, búscalo en un diccionario de la clase o en la biblioteca. Después puedes adivinar lo que es una oración interrogativa. Las usamos todos los días, ¿no es así? Una oración exclamativa expresa emoción, ya sea felicidad, tristeza, sorpresa o miedo. La interjección es una frase exclamativa.

H. **Búsqueda de oraciones.**

- Copia dos oraciones interrogativas y dos exclamativas del relato «Confieso que he vivido».

- Estudia las cuatro oraciones y contesta las siguientes preguntas.

1. ¿Cómo se empieza una oración interrogativa? ¿Cómo se termina?

2. ¿Qué signos de puntuación lleva una oración exclamativa?

3. ¿Qué observas acerca de la acentuación en estos tipos de oraciones?

CREEMOS LITERATURA

I. **Página de Pablo Neruda en la red.** Vas a crear una página sobre Pablo Neruda para publicar en la red electrónica. Tu página debe incluir lo siguiente:

- datos biográficos;
- obras importantes;
- enlaces con otras páginas.

Si tu escuela cuenta con un programa para formular páginas electrónicas, utilízalo para este proyecto. Si no, simplemente producirás un manuscrito, bien a mano o con computadora inventando los enlaces apropiados.

¡Ojo! No olvides subrayar los enlaces, tal como aparecerían en una página electrónica.

J. **Un poema Clerihew.** Escribe un poema acerca de una mascota que has tenido o cualquier otro tema que quieras. Redacta tu poema de cuatro versos según el siguiente patrón:

Versos 1 y 2: Nombra el sujeto de tu poema e incluye algún dato sobre él (ella).

Versos 3 y 4: Añade más información sintetizada para que tu poema cuente una anécdota. Los versos impares pueden rimar, al igual que los pares, o solamente el segundo y el cuarto verso pueden rimar.

> **MODELO:** *Mi periquita Pepa*
> *cantaba de maravilla*
> *me sonreía desde su percha*
> *entre barrilla y barrilla.*

CONCLUSIÓN DE LA UNIDAD

*En sus líricos recorridos **por los caminos del recuerdo,** la escritora y el autor nos invitan a entrar en lo más íntimo de su mundo literario, haciéndonos reflexionar sobre nuestra propia vida sea con júbilo, sosiego o triste resignación.*

SÍNTESIS Y CONEXIÓN DE CONCEPTOS

A. Cuadro de comparación y contraste.

- Escoge dos de los poemas presentados en esta unidad.
- Copia el siguiente cuadro de comparación y contraste en tu cuaderno y complétalo.
- Recuerda que cuando comparas dos poemas (o cuentos o dramas), dices en qué se parecen. Cuando contrastas dos obras, señalas las diferencias.

Elementos del poema	Poema:	Poema:
Tema (¿De qué trata el poema?)		
Figuras literarias (¿Usa el poeta metáforas o símiles? Escribe algunos.)		
Rima (¿Tiene rima el poema? Anota ejemplos de palabras que riman.)		
Tono (¿Qué sentimiento predomina en el poema?)		

B. **Carta a un personaje.** Todas las selecciones de esta unidad cuentan los recuerdos, divertidos unos, tristes otros, de distintos personajes.

- Escoge uno de los personajes de uno de los cuentos con el cual te identifiques de alguna manera y escríbele una carta.
- Coméntale sobre lo que le sucedió y explícale de qué manera te sientes identificado con él (ella).

MÁS HORIZONTES CREATIVOS

C. **Carta de presentación.** Ahora vas a redactar una carta que va a servir de presentación en tu portafolio.

Para empezar. Dirección: calle y número

Ciudad, estado, código postal

Fecha

Saludo: «Estimado lector:»

Párrafo 1. Empieza con: «Como autor(a) de este portafolio, me es grato dirigirme a usted por medio de esta carta.» Ahora añade tres oraciones sobre tu vida escolar. Por ejemplo: ¿En qué grado estás? ¿Eres buen estudiante? ¿Cuándo esperas graduarte?

Párrafo 2. Escribe cuatro oraciones sobre tu bilingüismo. Por ejemplo: ¿Cuánto tiempo llevas hablando/estudiando español? ¿y el inglés? ¿Qué idioma se habla en tu casa? ¿Prefieres hablar español o inglés? ¿Por qué?

Párrafo 3. Describe tres metas que tienes para el futuro.

Conclusión. «En espera de que mi portafolio sea de su agrado, le saluda atentamente», tu firma, nombre y apellido (impresos).

UNIDAD 2

La justicia social

A menudo los escritores se convierten en voceros de la comunidad para denunciar los actos de injusticia que se cometen en todos los niveles. A medida que vayas leyendo las selecciones de esta unidad analiza tus sentimientos acerca de las situaciones presentadas y reflexiona sobre tus ideas y sobre la posición que tomas frente a ellas.

«El verano», Antonio Ruiz

LECCIÓN 1

La muralla

Alistémonos para leer

«La muralla», del poeta cubano Nicolás Guillén, alude a la solidaridad que debe existir entre los seres humanos, por encima de las diferencias raciales.

A. Piensa, anota y comparte. Observa la foto que aparece en la página 70.

- Imagínate una situación específica en la cual esta muralla puede ser importante, bien sea en sentido positivo o negativo.
- Toma cinco minutos para escribir en tu cuaderno, describiendo tu situación imaginaria.
- Luego compártela oralmente con un(a) compañero(a).

VOCABULARIO CLAVE DEL TEXTO

Familiarízate con el vocabulario clave del texto según las indicaciones de tu maestro(a).

> sable
> mirto
> horizonte
> puñal

LEAMOS ACTIVAMENTE

B. Lectura silenciosa. Vas a leer un poema del escritor cubano Nicolás Guillén. A medida que lo vayas leyendo piensa en las siguientes preguntas.

1. ¿A qué muralla se refiere el poeta?
2. ¿En qué forma se relaciona la situación que describiste con las situaciones mencionadas en el poema?

C. Lectura en coro.

- La clase entera leerá los versos escritos en color morado.
- Los muchachos leerán los versos en color verde y las muchachas los versos en naranja.

«Ojo de luz», Oswaldo Viteri

La muralla

Nicolás Guillén

Para hacer esta muralla
tráiganme todas las manos:
los negros, sus manos negras,
los blancos, sus blancas manos.

Ay,
una muralla que vaya
desde la playa hasta el monte,
desde el monte hasta la playa, bien
allá sobre el horizonte.

—¡Tun, tun!
—¿Quién es?
Una rosa y un clavel…
—¡Abre la muralla!

—¡Tun, tun!
—¿Quién es?
El sable del coronel…
—Cierra la muralla.

—¡Tun, tun!
—¿Quién es?
La paloma y el laurel…
—¡Abre la muralla!

—¡Tun, tun!
—¿Quién es?
El alacrán y el ciempiés…
—¡Cierra la muralla!

Al corazón del amigo
abre la muralla,
al veneno y al puñal,
cierra la muralla,
al mirto y la yerbabuena,
abre la muralla;
al diente de la serpiente,
cierra la muralla;
al ruiseñor en la flor,
abre la muralla…

Alcemos una muralla
juntando todas las manos;
los negros, sus manos negras,
los blancos, sus blancas manos.

Una muralla que vaya
desde la playa hasta el monte,
desde el monte hasta la playa, bien
allá sobre el horizonte…

D. **Deducción basada en el texto.** ¿Estás de acuerdo con las siguientes afirmaciones? Indica tu respuesta y explica tu razonamiento.

1. Guillén tenía experiencias personales del racismo.
2. «La muralla» es un poema que puede ser apreciado en todas partes del mundo.
3. La naturaleza forma una parte importante de la vida diaria en Cuba.

Conozcamos al poeta

NICOLÁS GUILLÉN

Nicolás Guillén destaca entre los escritores latinoamericanos más conocidos mundialmente por su poesía afro-caribeña, la cual reúne temas de protesta con ritmos exóticos que reflejan la vida y espíritu de la raza negra hispana del Caribe. Como poeta nacional bajo la dictadura de Fidel Castro, Guillén dedicó gran parte de su obra a los temas socio-políticos que forman parte de la realidad cubana del siglo XX. La poesía de sus últimos años fue influida por el poeta español Federico García Lorca así como por sus viajes al extranjero. Sus versos trascienden las cuestiones nacionales de la isla abriéndose a una temática universal fuertemente arraigada en el compromiso social hacia toda la humanidad.

AMPLIEMOS NUESTRA COMPRENSIÓN

E. **Análisis del poema.** Contesta las siguientes preguntas usando oraciones completas.

1. ¿Cuándo propone Guillén que se abra la puerta?
2. ¿Cuándo es necesario cerrar la puerta?
3. ¿Cuál sería la función de la muralla?
4. ¿Por qué pide «manos negras y blancas manos»?

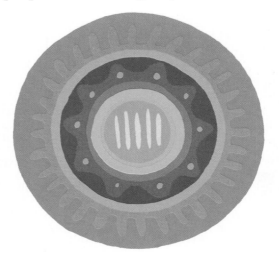

F. **La muralla del oprobio.** Con un(a) compañero(a) discutan cuáles creen ustedes que son algunos de los problemas que aquejan a la sociedad hoy en día.

- Escojan dos de los problemas que hayan discutido.
- El (La) maestro(a) les entregará una tarjeta a cada uno para que escriban, con letra grande y de manera sucinta, los dos problemas que escogieron.
- Cada tarjeta representará un ladrillo en la muralla del oprobio que se irá elaborando a través de toda esta unidad.
- Utilicen un lápiz para sombrear los bordes de la tarjeta para simular el cemento que une los ladrillos.

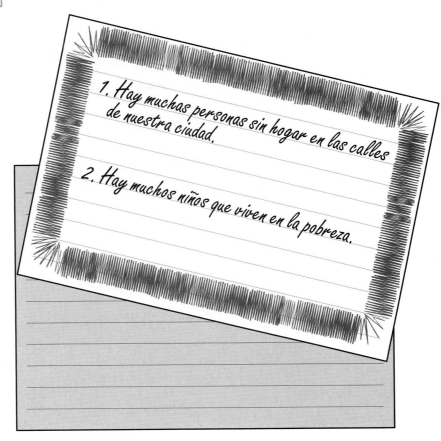

MODELO:

1. Hay muchas personas sin hogar en las calles de nuestra ciudad.

2. Hay muchos niños que viven en la pobreza.

EXPLOREMOS EL LENGUAJE

LAS FRASES Y LAS ORACIONES

Tanto las frases como las oraciones son unidades de comunicación.
Ambas empiezan con mayúscula y terminan con un punto. Las
oraciones y las frases terminan con un cambio de entonación
seguido de una pausa. Sin embargo, para que una unidad de
comunicación sea una oración, necesita **un sujeto** y **un predicado**.

Estudia estos ejemplos de «La muralla».

Oración	Frase
«¡Abre la muralla!»	«¡Tun, tun!»
La oración es una unidad de comunicación que consta de sujeto y predicado.	La frase es una unidad de comunicación que no tiene ni sujeto ni predicado.

La categorización de las oraciones. Las oraciones se categorizan según la actitud de la persona que habla (el hablante). En la Lección 5 de la Unidad 1 estudiamos las oraciones interrogativas y exclamativas. Para repasar:

- El hablante utiliza la **oración interrogativa** para **preguntar.**
  «¿Quién es?»
- Cuando el hablante expresa **emoción,** utiliza una **oración exclamativa.**
  «¡Cierra la muralla!»

Clasificamos otros tipos de oraciones de la siguiente manera:

- En una oración **enunciativa,** el hablante informa.
  «La muralla» alude a la solidaridad que debe existir entre los seres humanos por encima de las diferencias raciales.
- Se llama **oración exhortativa** cuando el hablante **ruega** u **ordena** algo.
  «Para hacer esta muralla tráiganme todas las manos.»
- Se expresa deseo en una oración **desiderativa.**
  «Alcemos una muralla juntando todas las manos.»

■ También existe la **oración dubitativa** en la que el hablante expresa **duda.**

> Tal vez encuentres este poema de nuevo en tus estudios de español.

G. **Aplicación.** Escribe cinco oraciones acerca de «La muralla» basándote en tu opinión personal del poema y según las indicaciones.

> **MODELO:** una oración desiderativa: *Ojalá los líderes mundiales se guiasen por el mensaje de Guillén.*

1. una oración enunciativa
2. una oración interrogativa
3. una oración exclamativa
4. una oración dubitativa

CREEMOS LITERATURA

H. **Artículo periodístico.** Después de construir tu «muralla del oprobio» (ejercicio *F*), escribe un artículo periodístico sobre la muralla.

■ Recuerda que el artículo periodístico tiene la forma de un triángulo invertido. (Ve la página 80.)

■ En el primer párrafo se informa de todos los elementos más importantes.

■ El segundo párrafo incluye detalles de importancia secundaria y el último se centra en detalles de interés, pero no imprescindibles.

■ Sigue el diagrama en la página 80.

¿Qué? ¿Quién? ¿Cuándo? ¿Cómo? ¿Dónde? ¿Por qué?

Información secundaria

Información interesante,
pero no necesaria

I. **Poema.**   Vas a escribir un poema acerca de un deseo que tengas para toda la humanidad.

- Para planear tu poema, piensa en algún problema universal que sufre la sociedad.
- Después resuelve el problema convirtiéndote en algo mágico que eliminará el problema.

Tu poema se organizará de la siguiente manera.

Estrofa 1: Lo que quisieras ser para remediar el problema.

Estrofa 2: Describe el problema que sería solucionado si fuera posible tu deseo.

> MODELO: *Quisiera ser vara de la justicia*
> *que quita la miseria, la injusticia y la crueldad;*
> *para igualar a las razas, las comunidades y las personas*
> *hasta la eternidad.*

Los gallinazos sin plumas

A LISTÉMONOS PARA LEER

En el cuento «Los gallinazos sin plumas», Julio Ramón Ribeyro presenta una desgarradora visión de uno de los oprobios más grandes que sufre la niñez latinoamericana. Este cuento apareció en el primer volumen de su colección La palabra del mudo.

A. Guía anticipatoria.

Vas a leer un cuento sobre una familia latinoamericana muy pobre.

- Antes de empezar la lectura, copia en tu cuaderno las dos columnas de la derecha de la siguiente guía anticipatoria.
- Lee con cuidado las afirmaciones de la columna de la izquierda y, trabajando individualmente, decide si estás de acuerdo o en desacuerdo con ellas y pon una X en la columna correspondiente.
- Luego, con un(a) compañero(a), discutan sus respuestas.

	De acuerdo	En desacuerdo
1. En Latinoamérica los niños no tienen que trabajar.		
2. Los gallinazos son gallinas muy grandes.		
3. En Latinoamérica el respeto de los menores hacia los mayores es tan fuerte que nunca se atreverían a enfrentárseles.		
4. En una familia hispana todos se aman y se cuidan mutuamente.		
5. Si la gente es pobre es porque es floja y no tiene deseos de trabajar.		

B. Cuadro de anticipación y contraste.

- Copia el siguiente cuadro en tu cuaderno.
- Trabajando con tu compañero(a), completen la primera columna.

¿Cómo es una familia tradicional?	¿Cómo es la familia del cuento?
El abuelo	Don Santos
Los nietos	Efraín y Enrique
Los animales domésticos	Pedro Pascual

VOCABULARIO CLAVE DEL TEXTO

Familiarízate con el vocabulario clave del texto según las instrucciones de tu maestro(a).

marrano   pericote   canillita   muladar

acequia   malecón   beata   noctámbulo

barranco

LEAMOS ACTIVAMENTE

C. **Lectura del (de la) maestro(a).**   Tu maestro(a) leerá en voz alta el primer párrafo del cuento.

- Escúchalo con atención y trata de imaginarte la escena que describe Julio Ramón Ribeyro.
- El comienzo del cuento es un poco difícil, pues Ribeyro utiliza muchos regionalismos.
- No trates de dilucidar el significado preciso y continúa leyendo, ya que pronto se aclararán las ideas principales.

D. **Lectura silenciosa.** Termina de leer la primera parte del cuento (páginas 85–88).

E. **Trabajo en parejas.** ¿Qué relación tiene el título de la obra con lo que acaban de leer?

- Discute la pregunta con tu compañero(a).
- Escriban en sus cuadernos una breve explicación.

F. **Lectura dramatizada.** Lee con tu compañero(a) la segunda parte del cuento (páginas 88–89). Uno de ustedes leerá la parte del narrador y el otro la de don Santos.

¡Ojo! Recuerden que en español, cada vez que habla un personaje, se utiliza una raya para introducir sus palabras.

G. **Trabajo en parejas.** Trabajando con tu compañero(a), comparen oralmente la manera en que don Santos trata a sus nietos y a Pascual, el marrano. ¿Qué razones creen ustedes que motivan este comportamiento?

H. **Lectura en voz alta.** Bajo la dirección del (de la) maestro(a), leerán en voz alta las siguientes dos secciones del cuento (páginas 89–94).

I. **Cuadro de anticipación y contraste.** Trabajando con un(a) compañero(a), comiencen a completar la columna de la derecha del cuadro de anticipación y contraste de ejercicio *B*.

- Ahora lean las quinta y sexta partes del cuento (páginas 94–97).
- Al terminar la lectura añadan otra información pertinente.

J. **Trabajo en equipo.** En grupos de cuatro, sugieran posibles desenlaces para este cuento. Luego tu maestro(a) pedirá que compartan con la clase diferentes opciones.

K. **Lectura silenciosa.** Termina de leer el cuento (páginas 98–102).

Los gallinazos sin plumas

JULIO RAMÓN RIBEYRO

PRIMERA PARTE

A las seis de la mañana la ciudad se levanta de puntillas y comienza a dar sus primeros pasos. Una fina niebla disuelve el perfil de los objetos y crea como una atmósfera encantada. Las personas que recorren la ciudad a esta hora parece que están hechas de otra sustancia, que pertenecen a un orden de vida fantasmal. Las beatas se arrastran penosamente hasta desaparecer en los pórticos de las iglesias. Los noctámbulos, macerados por la noche, regresan a sus casas envueltos en sus bufandas y en su melancolía. Los basureros inician por la avenida Pardo su paseo siniestro, armados de escobas y de carretas. A esta hora se ve también obreros caminando hacia el tranvía, policías bostezando contra los árboles, canillitas morados de frío, sirvientas sacando los cubos de basura. A esta hora, por último, como a una especie de misteriosa consigna, aparecen los gallinazos sin plumas.

A esta hora el viejo don Santos se pone la pierna de palo y sentándose en el colchón comienza a berrear:

—¡A levantarse! ¡Efraín, Enrique! ¡Ya es hora!

Los dos muchachos corren a la acequia del corralón frotándose los ojos lagañosos. Con la tranquilidad de la noche el agua se ha remansado y en su fondo transparente se ven crecer yerbas y deslizarse ágiles infusorios. Luego de enjuagarse la cara, coge cada cual su lata y se lanzan a la calle. Don Santos, mientras tanto, se

«Eco de un grito», David Álfaro Siqueiros. 1937. Enamel on wood, 48 × 36″ (121.9 × 91.4 cm). The Museum of Modern Art, New York. Gift of Edward M. M. Warburg. Photograph © 2000 The Museum of Modern Art, New York.

aproxima al chiquero y con su larga vara golpea el lomo de su cerdo que se revuelca entre los desperdicios.

—¡Todavía te falta un poco, marrano! Pero aguarda no más, que ya llegará tu turno.

Efraín y Enrique se demoran en el camino, trepándose a los árboles para arrancar moras o recogiendo piedras, de aquellas filudas que cortan el aire y hieren por la espalda. Siendo aún la hora celeste llegan a su dominio, una larga calle ornada de casas elegantes que desemboca en el malecón.

Ellos no son los únicos. En otros corralones, en otros suburbios alguien ha dado la voz de alarma y muchos se han levantado. Unos portan latas, otros cajas de cartón, a veces sólo basta un periódico viejo. Sin conocerse forman una especie de organización clandestina que tiene repartida toda la ciudad. Los hay que merodean por los edificios públicos, otros han elegido los parques o los muladares. Hasta los perros han adquirido sus hábitos, sus itinerarios, sabiamente aleccionados por la miseria.

Efraín y Enrique, después de un breve descanso, empiezan su trabajo. Cada uno escoge una acera de la calle. Los cubos de basura están alineados delante de las puertas. Hay que vaciarlos íntegramente y luego comenzar la exploración. Un cubo de basura es siempre una caja de sorpresas. Se encuentran latas de sardinas, zapatos viejos, pedazos de pan, pericotes muertos, algodones inmundos. A ellos sólo les interesan los restos de comida. En el fondo del chiquero, Pascual recibe cualquier cosa y tiene predilección por las verduras ligeramente descompuestas. La pequeña lata de cada uno se va llenando de tomates podridos, pedazos de sebo, extrañas salsas que no figuran en ningún manual de cocina. No es raro, sin embargo, hacer un hallazgo valioso. Un día Efraín encontró unos tirantes con los que fabricó una honda. Otra vez una pera casi buena que devoró en el acto. Enrique, en cambio, tiene suerte para las cajitas de remedios, los pomos brillantes, las escobillas de dientes usadas y otras cosas semejantes que colecciona con avidez.

Después de una rigurosa selección regresan la basura al cubo y se lanzan sobre el próximo. No conviene demorarse mucho porque el enemigo siempre está al acecho. A veces son sorprendidos por las sirvientas y tienen que huir dejando regado su botín. Pero, con más frecuencia, es el carro de la Baja Policía el que aparece y entonces la jornada está perdida.

Cuando el sol asoma sobre las lomas, la hora celeste llega a su fin. La niebla se ha disuelto, las beatas están sumidas en éxtasis, los noctámbulos duermen, los canillitas han repartido los diarios, los obreros trepan a los andamios. La luz desvanece el mundo mágico del alba. Los gallinazos sin plumas han regresado a su nido.

SEGUNDA PARTE

Don Santos los esperaba con el café preparado.

—A ver, ¿qué cosas me han traído?

Husmeaba entre las latas y si la provisión estaba buena hacía siempre el mismo comentario:

—Pascual tendrá banquete hoy día.

Pero la mayoría de las veces estallaba:

—¡Idiotas! ¿Qué han hecho hoy día? ¡Se han puesto a jugar seguramente! ¡Pascual se morirá de hambre!

Ellos huían hacia el emparrado, con las orejas ardiendo de los pescozones, mientras el viejo se arrastraba hasta el chiquero. Desde el fondo de su reducto el cerdo empezaba a gruñir. Don Santos le aventaba la comida.

—¡Mi pobre Pascual! Hoy día te quedarás con hambre por culpa de estos zamarros. Ellos no te engríen como yo. ¡Habrá que zurrarlos para que aprendan!

TERCERA PARTE

Al comenzar el invierno el cerdo estaba convertido en una especie de monstruo insaciable. Todo le parecía poco y don Santos se vengaba en sus nietos del hambre del animal. Los obligaba a levantarse más temprano, a invadir los terrenos ajenos en busca de más desperdicios. Por último los forzó a que se dirigieran hasta el muladar que estaba al borde del mar.

—Allí encontrarán más cosas. Será más fácil además porque todo está junto.

Un domingo, Efraín y Enrique llegaron al barranco. Los carros de la Baja Policía, siguiendo una huella de tierra, descargaban la basura sobre una pendiente de piedras. Visto desde el malecón, el muladar formaba una especie de acantilado oscuro y humeante, donde los gallinazos y los perros se desplazaban como hormigas. Desde lejos los muchachos arrojaron piedras para espantar a sus enemigos. Un perro se retiró aullando. Cuando estuvieron cerca sintieron un olor nauseabundo que penetró hasta sus pulmones. Los pies se les hundían en un alto de plumas, de excrementos, de materias descompuestas o quemadas. Enterrando las manos comenzaron la exploración. A veces, bajo un periódico amarillento, descubrían una carroña devorada a medias. En los acantilados

próximos los gallinazos espiaban impacientes y algunos se acercaban saltando de piedra en piedra, como si quisieran acorralarlos. Efraín gritaba para intimidarlos y sus gritos resonaban en el desfiladero y hacían desprenderse guijarros que rodaban hasta el mar. Después de una hora de trabajo regresaron al corralón con los cubos llenos.

—¡Bravo! —exclamó don Santos—. Habrá que repetir esto dos o tres veces por semana.

Desde entonces, los miércoles y los domingos, Efraín y Enrique hacían el trote hasta el muladar. Pronto formaron parte de la extraña fauna de esos lugares y los gallinazos, acostumbrados a su presencia, laboraban a su lado, graznando, aleteando, escarbando con sus picos amarillos, como ayudándolos a descubrir la pista de la preciosa suciedad.

Fue al regresar de una de esas excursiones que Efraín sintió un dolor en la planta del pie. Un vidrio le había causado una pequeña herida. Al día siguiente tenía el pie hinchado, no obstante lo cual prosiguió su trabajo. Cuando regresaron no podía casi caminar, pero don Santos no se percató de ello pues tenía visita. Acompañado de un hombre gordo que tenía las manos manchadas de sangre, observaba el chiquero.

—Dentro de veinte o treinta días vendré por acá —decía el hombre—. Para esa fecha creo que podrá estar a punto.

Cuando partió, don Santos echaba fuego por los ojos.

—¡A trabajar! ¡A trabajar! ¡De ahora en adelante habrá que aumentar la ración de Pascual! El negocio anda sobre rieles.

A la mañana siguiente, sin embargo, cuando don Santos despertó a sus nietos, Efraín no se pudo levantar.

—Tiene una herida en el pie —explicó Enrique—. Ayer se cortó con un vidrio.

Don Santos examinó el pie de su nieto. La infección había comenzado.

—¡Ésas son patrañas! Que se lave el pie en la acequia y que se envuelva con un trapo.

—¡Pero si le duele! —intervino Enrique—. No puede caminar bien.

Don Santos meditó un momento. Desde el chiquero llegaban los gruñidos de Pascual.

—¿Y a mí? —preguntó dándose un palmazo en la pierna de palo—. ¿Acaso no me duele la pierna? Y yo tengo setenta años y yo trabajo… ¡Hay que dejarse de mañas!

Efraín salió a la calle con su lata, apoyado en el hombro de su hermano. Media hora después regresaron con los cubos casi vacíos.

—¡No podía más! —dijo Enrique al abuelo—. Efraín está medio cojo.

Don Santos observó a sus nietos como si meditara una sentencia.

—Bien, bien —dijo rascándose la barba rala y cogiendo a Efraín del pescuezo lo arreó hacia el cuarto—. ¡Los enfermos a la cama! ¡A podrirse sobre el colchón! Y tú harás la tarea de tu hermano. ¡Vete ahora mismo al muladar!

Cuarta parte

Cerca del mediodía Enrique regresó con los cubos repletos. Lo seguía un extraño visitante: un perro escuálido y medio sarnoso.

—Lo encontré en el muladar —explicó Enrique— y me ha venido siguiendo.

Don Santos cogió la vara.

—¡Una boca más en el corralón!

Enrique levantó al perro contra su pecho y huyó hacia la puerta.

—¡No le hagas nada, abuelito! Le daré yo de mi comida.

Don Santos se acercó, hundiendo su pierna de palo en el lodo.

—¡Nada de perros aquí! ¡Ya tengo bastante con ustedes!

Enrique abrió la puerta de la calle.

—Si se va él, me voy yo también.

El abuelo se detuvo. Enrique aprovechó para insistir:

—No come casi nada…, mira lo flaco que está. Además, desde que Efraín está enfermo, me ayudará. Conoce bien el muladar y tiene buena nariz para la basura.

Don Santos reflexionó, mirando el cielo donde se condensaba la garúa. Sin decir nada soltó la vara, cogió los cubos y se fue rengueando hasta el chiquero.

Enrique sonrió de alegría y con su amigo aferrado al corazón corrió donde su hermano.

—¡Pascual, Pascual… Pascualito! —cantaba el abuelo.

—Tú te llamarás Pedro —dijo Enrique acariciando la cabeza de su perro e ingresó donde Efraín.

Su alegría se esfumó: Efraín inundado de sudor se revolcaba de dolor sobre el colchón. Tenía el pie hinchado, como si fuera de jebe y estuviera lleno de aire. Los dedos habían perdido casi su forma.

—Te he traído este regalo, mira —dijo mostrando al perro—. Se llama Pedro, es para ti, para que te acompañe… Cuando yo me vaya al muladar te lo dejaré y los dos jugarán todo el día. Le enseñarás a que te traiga piedras en la boca.

—¿Y el abuelo? —preguntó Efraín extendiendo su mano hacia el animal.

—El abuelo no dice nada —suspiró Enrique.

Ambos miraron hacia la puerta. La garúa había empezado a caer. La voz del abuelo llegaba:

—¡Pascual, Pascual... Pascualito!

Quinta parte

Esa misma noche salió luna llena. Ambos nietos se inquietaron, porque en esta época el abuelo se ponía intratable. Desde el atardecer lo vieron rondando por el corralón, hablando solo, dando de varillazos al emparrado. Por momentos se aproximaba al cuarto, echaba una mirada a su interior y al ver a sus nietos silenciosos, lanzaba un salivazo cargado de rencor. Pedro le tenía miedo y cada vez que lo veía se acurrucaba y quedaba inmóvil como una piedra.

—¡Mugre, nada más que mugre! —repitió toda la noche el abuelo, mirando la luna.

A la mañana siguiente Enrique amaneció resfriado. El viejo, que lo sintió estornudar en la madrugada, no dijo nada. En el fondo, sin embargo, presentía una catástrofe. Si Enrique se enfermaba, ¿quién se ocuparía de Pascual? La voracidad del cerdo crecía con su gordura. Gruñía por las tardes con el hocico enterrado en el fango. Del corralón de Nemesio, que vivía a una cuadra, se habían venido a quejar.

Al segundo día sucedió lo inevitable: Enrique no se pudo levantar. Había tosido toda la noche y la mañana lo sorprendió temblando, quemado por la fiebre.

—¿Tú también? —preguntó el abuelo.

Enrique señaló su pecho, que roncaba. El abuelo salió furioso del cuarto. Cinco minutos después regresó.

—¡Está muy mal engañarme de esa manera! —plañía—. Abusan de mí porque no puedo caminar. Saben bien que soy viejo, que soy cojo. ¡De otra manera los mandaría al diablo y me ocuparía yo solo de Pascual!

Efraín se despertó quejándose y Enrique comenzó a toser.

—¡Pero no importa! Yo me encargaré de él. ¡Ustedes son basura, nada más que basura! ¡Unos pobres gallinazos sin plumas! Ya verán cómo les saco ventaja. El abuelo está fuerte todavía. ¡Pero eso sí, hoy día no habrá comida para ustedes! ¡No habrá comida hasta que no puedan levantarse y trabajar!

A través del umbral lo vieron levantar las latas en vilo y volcarse en la calle. Media hora después regresó aplastado. Sin la ligereza de sus nietos el carro de la Baja Policía lo había ganado. Los perros, además, habían querido morderlo.

—¡Pedazos de mugre! ¡Ya saben, se quedarán sin comida hasta que no trabajen!

Al día siguiente trató de repetir la operación pero tuvo que renunciar. Su pierna de palo había perdido la costumbre de las pistas de asfalto, de las duras aceras y cada paso que daba era como un lanzazo en la ingle. A la hora celeste del tercer día quedó desplomado en su colchón, sin otro ánimo que para el insulto.

—¡Si se muere de hambre —gritaba— será por culpa de ustedes!

SEXTA PARTE

Desde entonces empezaron unos días angustiosos, interminables. Los tres pasaban el día encerrados en el cuarto, sin hablar, sufriendo una

«Animales», Rufino Tamayo. 1941. Oil on canvas, 30⅛ × 40″ (76.5 × 101.6 cm). The Museum of Modern Art, New York. Inter-American Fund. Photograph © 2000 The Museum of Modern Art, New York.

especie de reclusión forzosa. Efraín se revolcaba sin tregua, Enrique tosía, Pedro se levantaba y después de hacer un recorrido por el corralón, regresaba con una piedra en la boca, que depositaba en las manos de sus amos. Don Santos, a medio acostar, jugaba con su pierna de palo y les lanzaba miradas feroces. A mediodía se arrastraba hasta la esquina del terreno donde crecían verduras y preparaba su almuerzo que devoraba en secreto. A veces aventaba a la cama de sus nietos alguna lechuga o una zanahoria cruda, con el propósito de excitar su apetito creyendo así hacer más refinado su castigo.

Efraín ya no tenía fuerzas ni para quejarse. Solamente Enrique sentía crecer en su corazón un miedo extraño y al mirar los ojos del abuelo creía desconocerlos, como si ellos hubieran perdido su expresión humana. Por las noches, cuando la luna se levantaba, cogía a Pedro entre sus brazos y lo aplastaba tiernamente hasta hacerlo gemir. A esa hora el cerdo comenzaba a gruñir y el abuelo se quejaba como si lo estuvieran ahorcando. A veces se ceñía la pierna de palo y salía al corralón. A la luz de la luna Enrique lo veía ir diez veces del chiquero a la huerta, levantando los puños, atropellando lo que encontraba en su camino. Por último reingresaba al cuarto y quedaba mirándolos fijamente, como si quisiera hacerlos responsables del hambre de Pascual.

«Alegoría encantadora», Luis Solari

SÉPTIMA PARTE

La última noche de luna llena nadie pudo dormir. Pascual lanzaba verdaderos rugidos. Enrique había oído decir que los cerdos, cuando tenían hambre, se volvían locos como los hombres. El abuelo permaneció en vela, sin apagar siquiera el farol. Esta vez no salió al corralón ni maldijo entre dientes. Hundido en su colchón miraba fijamente la puerta. Parecía amasar dentro de sí una cólera muy vieja, jugar con ella, aprestarse a dispararla. Cuando el cielo comenzó a desteñirse sobre las lomas, abrió la boca, mantuvo su oscura oquedad vuelta hacia sus nietos y lanzó un rugido.

—¡Arriba, arriba, arriba! —los golpes comenzaron a llover—. ¡A levantarse haraganes! ¿Hasta cuándo vamos a estar así? ¡Esto se acabó! ¡De pie!…

Efraín se echó a llorar. Enrique se levantó, aplastándose contra la pared. Los ojos del abuelo parecían fascinarlo hasta volverlo insensible a los golpes. Veía la vara alzarse y abatirse sobre su cabeza, como si fuera una vara de cartón. Al fin pudo reaccionar.

—¡A Efraín no! ¡Él no tiene la culpa! ¡Déjame a mí solo, yo saldré, yo iré al muladar!

El abuelo se contuvo jadeante. Tardó mucho en recuperar el aliento.

—Ahora mismo… al muladar… lleva dos cubos, cuatro cubos…

Enrique se apartó, cogió los cubos y se alejó a la carrera. La fatiga del hambre y de la convalecencia lo hacían trastabillar. Cuando abrió la puerta del corralón, Pedro quiso seguirlo.

—Tú no. Quédate aquí cuidando a Efraín.

Y se lanzó a la calle respirando a pleno pulmón el aire de la mañana. En el camino comió yerbas, estuvo a punto de mascar la tierra. Todo lo veía a través de una niebla mágica. La debilidad lo hacía ligero, etéreo: volaba casi como un pájaro. En el muladar se sintió un gallinazo más entre los gallinazos. Cuando los cubos estuvieron rebosantes emprendió el regreso. Las beatas, los noctámbulos, los canillitas descalzos, todas las secreciones del alba comenzaban a dispersarse por la ciudad. Enrique, devuelto a su mundo, caminaba feliz entre ellos, en su mundo de perros y fantasmas, tocado por la hora celeste.

Al entrar al corralón sintió un aire opresor, resistente, que lo obligó a detenerse. Era como si allí, en el dintel, terminara un mundo y comenzara otro fabricado de barro, de rugidos, de absurdas penitencias. Lo sorprendente era, sin embargo, que esta vez reinaba en el corralón una calma cargada de malos presagios, como si toda la violencia estuviera en equilibrio, a punto de desplomarse. El abuelo, parado al borde del chiquero, miraba hacia el fondo. Parecía un árbol creciendo desde su pierna de palo. Enrique hizo ruido pero el abuelo no se movió.

—¡Aquí están los cubos!

Don Santos le volvió la espalda y quedó inmóvil. Enrique soltó los cubos y corrió intrigado hasta el cuarto. Efraín, apenas lo vio, comenzó a gemir:

—Pedro… Pedro…

—¿Qué pasa?

—Pedro, ha mordido al abuelo… el abuelo cogió la vara… después lo sentí aullar.

Enrique salió del cuarto.

—¡Pedro, ven aquí! ¿Dónde estás, Pedro?

Nadie le respondió. El abuelo seguía inmóvil, con la mirada en la pared. Enrique tuvo un mal presentimiento. De un salto se acercó al viejo.

—¿Dónde está Pedro?

Su mirada descendió al chiquero. Pascual devoraba algo en medio del lodo. Aún quedaban las piernas y el rabo del perro.

—¡No! —gritó Enrique tapándose los ojos—. ¡No, no! —y a través de las lágrimas buscó la mirada del abuelo. Éste la rehuyó, girando torpemente sobre su pierna de palo. Enrique comenzó a danzar en torno suyo, prendiéndose de su camisa, gritando, pataleando, tratando de mirar sus ojos, de encontrar una respuesta.

—¿Por qué has hecho eso? ¿Por qué?

El abuelo no respondía. Por último, impaciente, dio un manotón a su nieto que lo hizo rodar por tierra. Desde allí Enrique observó al viejo que, erguido como un gigante, miraba obstinadamente el festín de Pascual. Estirando la mano encontró la vara que tenía el extremo manchado de sangre. Con ella se levantó de puntillas y se acercó al viejo.

—¡Voltea! —gritó—. ¡Voltea!

Cuando don Santos se volvió, divisó la vara que cortaba el aire y se estrellaba contra su pómulo.

—¡Toma! —chilló Enrique y levantó nuevamente la mano. Pero súbitamente se detuvo, temeroso de lo que estaba haciendo y, lanzando la vara a su alrededor, miró al abuelo casi arrepentido. El viejo, cogiéndose el rostro, retrocedió un paso, su pierna de palo tocó tierra húmeda, resbaló, y dando un alarido se precipitó de espaldas al chiquero.

Enrique retrocedió unos pasos. Primero aguzó el oído pero no se escuchaba ningún ruido. Poco a poco se fue aproximando. El abuelo, con la pata de palo quebrada, estaba de espaldas en el fango. Tenía la boca abierta y sus ojos buscaban a Pascual, que se había refugiado en un ángulo y husmeaba sospechosamente en el lodo.

Enrique se fue retirando, con el mismo sigilo con que se había aproximado. Probablemente el abuelo alcanzó a divisarlo pues mientras corría hacia el cuarto le pareció que lo llamaba por su nombre, con un tono de ternura que él nunca había escuchado.

—¡A mí, Enrique, a mí!…

—¡Pronto! —exclamó Enrique, precipitándose sobre su hermano—. ¡Pronto, Efraín! ¡El viejo se ha caído al chiquero! ¡Debemos irnos de acá!

—¿Adónde? —preguntó Efraín.

—¡Adonde sea, al muladar, donde podamos comer algo, donde los gallinazos!

—¡No me puedo parar!

Enrique cogió a su hermano con ambas manos y lo estrechó contra su pecho. Abrazados hasta formar una sola persona cruzaron lentamente el corralón. Cuando abrieron el portón de la calle se dieron cuenta que la hora celeste había terminado y que la ciudad, despierta y viva, abría ante ellos su gigantesca mandíbula.

Desde el chiquero llegaba el rumor de una batalla.

L. **¿Cierto o falso?** Indica si las siguientes afirmaciones son ciertas o falsas.

1. Pedro y Pascual son los «gallinazos sin plumas».

2. Don Santos le tiene mucho cariño a Pascual como mascota.

3. Efraín y Enrique trabajan porque el abuelo está cojo.

4. Los muchachos están más a gusto en el depósito de basura que en su casa.

5. El autor sugiere un futuro de más esperanza.

APUNTES LITERARIOS

EL CONFLICTO

Un conflicto es un problema. Para que exista un conflicto tiene que haber un enfrentamiento, es decir, dos actitudes opuestas o dos personas antagónicas. El conflicto puede ser externo:

- individuo contra individuo
- individuo contra la sociedad
- individuo contra la naturaleza

También puede ser interno:

- individuo contra sí mismo (¿Actúo en mi propio beneficio o a favor de otros? ¿Lucho por lo que creo justo o por lo que es conveniente?)

AMPLIEMOS NUESTRA COMPRENSIÓN

M. **Cuatro en turno.** Tomando turnos, expliquen lo que creen que sucede con Enrique y su hermano después de la última escena.

N. Retablo. Repasa las instrucciones que aparecen en ejercicio *F*, Lección 1, Unidad 1 (página 11) para la elaboración del retablo. Luego haz lo siguiente.

- En la parte interior de la primera hoja anota una cita del cuento que te haya llamado la atención.

- En la parte de la mitad, escribe una reflexión sobre el cuento: di en qué forma se relacionan los hechos del cuento con tu propia vida o con la de tu comunidad. Cuenta algunas experiencias personales similares a las que se narran en el cuento.

- En la parte interior de la tercera hoja escribe algunas palabras del vocabulario que aprendiste en esta lectura.

- En la parte exterior haz una ilustración sobre el cuento.

O. Taller de composición. Ensayo de aproximación a un problema. «Los gallinazos sin plumas» presenta un problema social típico de países del tercer mundo en los años cincuenta. Lamentablemente esta tragedia se ha generalizado incluso en países desarrollados. ¿Conoces otras situaciones similares a la que se describe en este cuento?

- Escribe un ensayo en el cual presentes un problema.
- Describe cómo y dónde se manifiesta en la sociedad.
- Discute algunas causas y plantea posibles soluciones.

EXPLOREMOS EL LENGUAJE

EL SUJETO Y EL PREDICADO

Aprendimos en la Lección 1 de esta unidad que la oración se diferencia de la frase en que tiene **sujeto** y **predicado**. El sujeto y el predicado pueden ser formados por una palabra o por más de una palabra.

Ejemplos: Enrique gritó.

—El abuelo no dice nada.

La palabra más importante en el sujeto es el **nombre** o el **sustantivo** que forma el **núcleo** del sujeto. Como vemos en los ejemplos arriba citados, a veces el núcleo aparece solo, y otras veces va acompañado de artículos y complementos que lo definen con más exactitud. Subrayamos el núcleo de los ejemplos.

<u>Enrique</u> gritó.

—<u>El abuelo</u> no dice nada.

La palabra más importante en el predicado es el verbo, o sea, lo que se dice del sujeto. **Gritó** y **dice** son los verbos en los ejemplos. Los predicados se subrayan.

Enrique <u>gritó.</u>

—El abuelo <u>no dice nada.</u>

Para encontrar el sujeto de una oración preguntamos: ¿quién?, ¿quiénes?, ¿qué?

Para encontrar el predicado de una oración preguntamos: ¿Qué se dice del sujeto?

P. Búsqueda lingüística.

- Copia las siguientes oraciones en tu cuaderno.
- Subraya el sujeto y encierra el predicado en un círculo.

1. «La luz desvanece el mundo mágico del alba.»
2. «Los gallinazos sin plumas han regresado a su nido.»
3. «La infección había comenzado.»
4. «Enrique no se pudo levantar.»
5. «¡El viejo se ha caído al chiquero!»

CREEMOS LITERATURA

Q. **«Los gallinazos sin plumas»** *(continuación)*   Vas a continuar la historia de Enrique y Efraín, empezando con el final del cuento. ¿Qué les pasó después? ¿Fueron recogidos por la policía o por algunas personas caritativas? ¿Cómo siguieron sus vidas después? Como siempre, has de planear tu historia.

- Utiliza un «Cuadro de secuencia» para ordenar los eventos, adhiriéndote a las preguntas básicas al pie de la página para asegurarte que no falte ninguna parte importante.
- Empieza tu historia con los últimos dos párrafos del texto original (página 102).
- Aprovéchate de los apuntes que tomaste en el ejercicio *M*.

R. **Un folleto informativo.**   Considera todos los problemas sociales que conciernen a la clase como demuestra la muralla de oprobio. En los Estados Unidos tenemos la suerte de contar con varias organizaciones cuya misión es satisfacer algunas de las necesidades humanas. Por ejemplo, en muchas ciudades hay comedores donde pueden acudir personas hambrientas.

- Investiga las instituciones y centros comunitarios en tu ciudad.
- Después diseña un folleto informativo con breves descripciones de estos organismos, sus direcciones y números de teléfono.
- En la portada de tu folleto debe de haber una foto, un dibujo o un símbolo agradable con un breve mensaje de esperanza dirigido al público desamparado que puede beneficiarse con la información incluida en tu folleto.
- Después donen los folletos a centros hispanos u otras instituciones para su distribución a hispanohablantes.

Espuma y nada más

ALISTÉMONOS PARA LEER

A lo largo de este siglo la América Latina ha sufrido una serie de dictaduras militares. Las siguientes selecciones presentan situaciones típicas que genera la opresión de estos gobiernos. El primer cuento seleccionado es «Espuma y nada más» del escritor colombiano Hernando Téllez, que gira alrededor de una barbería.

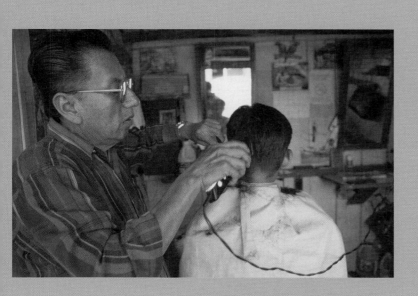

A. Escritito.

- Piensa en alguien a quien admiras por su valentía.
- Describe una acción que hizo esta persona para merecer tu respeto.

B. Entrevista en tres etapas.   Basándote en tus memorias anteriores, participa en esta actividad.

- Piensa en una persona que tú conoces y que consideras valiente.
- Intenta recordar las personas, el lugar y las emociones que asocias con ese acontecimiento.
- Narra una anécdota que demuestre la valentía de esta persona.

VOCABULARIO CLAVE DEL TEXTO

Familiarízate con el vocabulario clave del texto según las indicaciones de tu maestro(a).

aturdido	clandestino	pulcritud	indócil
degollar	umbral	kepis	

LEAMOS ACTIVAMENTE

C. Cuadro de dos columnas.   El barbero del cuento explica las razones que tiene para matar al capitán Torres, así como las razones en contra de realizar este acto.

- Copia el siguiente cuadro en tu cuaderno.
- Complétalo a medida que vayas leyendo el cuento.

Razones para matar al capitán Torres	
A favor	**En contra**

D. Lectura y mímica. Esta técnica ayuda a los estudiantes a visualizar las acciones que describe un texto.

- Uno(a) de los estudiantes hará la lectura en voz alta.
- Otro tomará el papel del barbero y el tercero representará al capitán.
- Estos dos últimos estudiantes harán la mímica de las acciones de su personaje, sin pronunciar palabra, pero podrán mover los labios sincronizadamente con el (la) lector(a) cuando su personaje diga algo.

E. **Lectura silenciosa.** Lee la primera parte del cuento (página 111) y piensa en cómo harían una representación de esta escena.

F. **Trabajo en equipo.** En grupos de tres discutan sus ideas para la representación. Tu maestro(a) escogerá a uno o dos grupos de la clase para que hagan la representación.

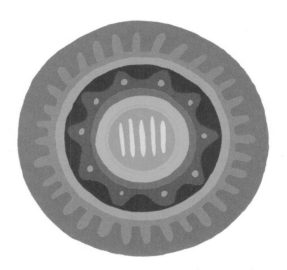

G. **Lectura silenciosa.** Toma cinco minutos para leer la segunda parte del cuento (páginas 111–114). Aquí el autor mezcla los pensamientos del barbero con sus propias palabras y las del capitán. A medida que vayas leyendo trata de diferenciar las palabras y pensamientos del barbero de las palabras del capitán.

H. **Lectura en parejas.** Trabajando en parejas, lean en voz alta la segunda parte de manera que uno de ustedes lea las partes del barbero y otro las del capitán.

I. **Lectura silenciosa.** Termina de leer el cuento en silencio (páginas 114–117).

Espuma y nada más

Hernando Téllez

PRIMERA PARTE

No saludó al entrar. Yo estaba repasando sobre una badana la mejor de mis navajas. Y cuando lo reconocí me puse a temblar. Pero él no se dio cuenta. Para disimular continué repasando la hoja. La probé luego contra la yema del dedo gordo y volví a mirarla, contra la luz. En ese instante se quitaba el cinturón ribeteado de balas de donde pendía la funda de la pistola. Lo colgó de uno de los clavos del ropero y encima colocó el kepis. Volvió completamente el cuerpo para hablarme y deshaciendo el nudo de la corbata, me dijo: —Hace un calor de todos los demonios. Aféiteme. Y se sentó en la silla.

SEGUNDA PARTE

Le calculé cuatro días de barba. Los cuatro días de la última excursión en busca de los nuestros. El rostro aparecía quemado, curtido por el sol. Me puse a preparar minuciosamente el jabón. Corté unas rebanadas de la pasta, dejándolas caer en el recipiente, mezclé con un poco de agua tibia y con la brocha empecé a revolver. Pronto subió la espuma. —Los muchachos de la tropa deben tener tanta barba como yo. Seguí batiendo la espuma.

—Pero nos fue bien, ¿sabe? Pescamos a los principales. Unos vienen muertos y otros todavía viven. Pero pronto estarán todos muertos.

—¿Cuántos cogieron? —pregunté. —Catorce. Tuvimos que internarnos bastante para dar con ellos. Pero ya la están pagando. Y

«La barbería», Cundo Bermúdez. 1942. Oil on canvas, 25⅛ × 21⅛″ (63.8 × 53.7 cm). The Museum of Modern Art, New York. Inter-American Fund. Photograph © 2000 The Museum of Modern Art, New York.

no se salvará ni uno, ni uno. Se echó para atrás en la silla al verme con la brocha en la mano, rebosante de espuma. Faltaba ponerle la sábana. Ciertamente yo estaba aturdido. Extraje del cajón una sábana y la anudé al cuello de mi cliente. Él no cesaba de hablar. Suponía que yo era uno de los partidarios del orden.

—El pueblo habrá escarmentado con lo del otro día —dijo.

—Sí —repuse mientras concluía de hacer el nudo sobre la oscura nuca, olorosa a sudor.

—¿Estuvo bueno, verdad? —Muy bueno —contesté mientras regresaba con la brocha. El hombre cerró los ojos con un gesto de fatiga y esperó así la fresca caricia del jabón. Jamás lo había tenido tan cerca de mí. El día en que ordenó que el pueblo desfilara por el patio de la Escuela para ver a los cuatro rebeldes allí colgados, me crucé con él un instante. Pero el espectáculo de los cuerpos mutilados me impedía fijarme en el rostro del hombre que lo dirigía todo y que ahora iba a tomar en mis manos. No era un rostro desagradable, ciertamente. Y la barba, envejeciéndolo un poco, no le caía mal. Se llamaba Torres. El capitán Torres. Un hombre con imaginación, porque ¿a quién se le había ocurrido antes colgar a los rebeldes desnudos y luego ensayar sobre determinados sitios del cuerpo una mutilación a bala? Empecé a extender la primera capa de jabón. Él seguía con los ojos cerrados. —De buena gana me iría a dormir un poco —dijo—, pero esta tarde hay mucho que hacer. Retiré la brocha y pregunté con aire falsamente desinteresado: —¿Fusilamiento?

—Algo por el estilo, pero más lento —respondió. —¿Todos? —No. Unos cuantos apenas. Reanudé, de nuevo, la tarea de enjabonarle la barba. Otra vez me temblaban las manos. El hombre no podía darse cuenta de ello y esa era mi ventaja. Pero yo hubiera querido que él no viniera. Probablemente muchos de los nuestros lo habrían visto entrar. Y el enemigo en la casa impone condiciones. Yo tendría que afeitar esa barba como cualquiera otra, con cuidado, con esmero, como la de un buen parroquiano, cuidando de que ni por un solo poro fuese a brotar una gota de sangre. Cuidando de que en los pequeños remolinos no se desviara la hoja. Cuidando de que la piel quedara limpia, templada, pulida, y de que al pasar el dorso de mi mano por ella, sintiera la superficie sin un pelo. Sí. Yo era un revolucionario clandestino, pero era también un barbero de conciencia, orgulloso de la pulcritud en su oficio. Y esa barba de cuatro días se prestaba para una buena faena.

TERCERA PARTE

Tomé la navaja, levanté en ángulo oblicuo las dos cachas, dejé libre la hoja y empecé la tarea, de una de las patillas hacia abajo. La hoja respondía a la perfección. El pelo se presentaba indócil y duro, no muy crecido, pero compacto. La piel iba apareciendo poco a poco. Sonaba la hoja con su ruido característico, y sobre ella crecían los grumos de jabón mezclados con trocitos de pelo. Hice una pausa para limpiarla, tomé la badana de nuevo y me puse a asentar el acero, porque yo soy un barbero que hace bien sus cosas. El hombre que había mantenido los ojos cerrados, los abrió, sacó una de las manos por encima de la sábana, se palpó la zona del rostro que empezaba a quedar libre de jabón, y me dijo: —Venga usted a las seis, esta tarde, a la Escuela. —¿Lo mismo del otro día? —le pregunté horrorizado. —Puede que resulte mejor —respondió. —¿Qué piensa usted hacer? —No sé todavía. Pero nos divertiremos.

Otra vez se echó hacia atrás y cerró los ojos. Yo me acerqué con la navaja en alto. —¿Piensa castigarlos a todos? —aventuré tímidamente. —A todos. El jabón se secaba sobre la cara. Debía apresurarme. Por el espejo, miré hacia la calle. Lo mismo de siempre: la tienda de víveres y en ella dos o tres compradores. Luego miré el reloj: las dos y veinte de la tarde. La navaja seguía descendiendo. Ahora de la otra patilla hacia abajo. Una barba azul, cerrada. Debía dejársela crecer como algunos poetas o como algunos sacerdotes. Le quedaría bien. Muchos no lo reconocerían. Y mejor para él, pensé, mientras trataba de pulir suavemente todo el sector del cuello. Porque allí sí que debía manejar con habilidad la hoja, pues el pelo, aunque en agraz, se enredaba en pequeños remolinos. Una barba crespa. Los poros podían abrirse, diminutos, y soltar su perla de sangre. Un buen barbero como yo finca su orgullo en que eso no ocurra a ningún cliente. Y este era un cliente de calidad. ¿A cuántos de los nuestros había ordenado matar? ¿A cuántos de los nuestros había ordenado que los mutilaran?… Mejor no pensarlo. Torres no sabía que yo era su enemigo. No lo sabía él ni lo sabían los demás. Se trataba de un secreto entre muy pocos, precisamente para que yo pudiese informar a los revolucionarios de lo que Torres estaba haciendo en el pueblo y de lo que proyectaba hacer cada vez que emprendía una excursión para cazar revolucionarios. Iba a ser, pues, muy difícil explicar que yo lo tuve entre mis manos y lo dejé ir tranquilamente, vivo y afeitado.

La barba le había desaparecido casi completamente. Parecía más joven, con menos años de los que llevaba a cuestas cuando entró. Yo supongo que eso ocurre siempre con los hombres que entran y salen de las peluquerías. Bajo el golpe de mi navaja Torres rejuvenecía, sí, porque yo soy un buen barbero, el mejor de este pueblo, lo digo sin vanidad. Un poco más de jabón, aquí, bajo la barbilla, sobre la manzana, sobre esta gran vena. ¡Qué calor! Torres debe estar sudando como yo. Pero él no tiene miedo. Es un hombre sereno, que ni siquiera piensa en lo que ha de hacer esta tarde con los prisioneros. En cambio yo, con esta navaja entre las manos, puliendo y puliendo esta piel, evitando que brote sangre de estos poros, cuidando todo golpe, no puedo pensar serenamente. Maldita la hora en que vino, porque yo soy un revolucionario pero no soy un asesino. Y tan fácil como resultaría matarlo. Y lo merece. ¿Lo merece? ¡No, qué diablos! Nadie merece que los demás hagan el sacrificio de convertirse en asesinos. ¿Qué se gana con ello? Pues nada. Vienen otros y otros y los primeros matan a los segundos y éstos a los terceros y siguen y siguen hasta que todo es un mar de sangre. Yo podría cortar este cuello, así, ¡zas!, ¡zas! No le daría tiempo de quejarse y como tiene los ojos cerrados no vería ni el brillo de la navaja ni el brillo de mis ojos. Pero estoy temblando como un verdadero asesino. De ese cuello brotaría un chorro de sangre sobre la sábana, sobre la silla, sobre mis manos, sobre el suelo. Tendría que cerrar la puerta. Y la sangre seguiría corriendo por el piso, tibia, imborrable, incontenible, hasta la calle, como un pequeño arroyo escarlata. Estoy seguro de que un golpe fuerte, una honda incisión, le evitaría todo dolor. No sufriría. ¿Y qué hacer con el cuerpo? ¿Dónde ocultarlo? Yo tendría que huir, dejar estas cosas, refugiarme lejos, bien lejos. Pero me perseguirían hasta dar conmigo. «El asesino del capitán Torres. Lo degolló mientras le afeitaba la barba. Una cobardía». Y por otro lado… «El vengador de los nuestros. Un nombre para recordar (aquí mi nombre). Era el

barbero del pueblo. Nadie sabía que él defendía nuestra causa…».
¿Y qué? ¿Asesino o héroe? Del filo de esta navaja depende mi
destino. Puedo inclinar un poco más la mano, apoyar un poco más
la hoja, y hundirla. La piel cederá como la seda, como el caucho,
como la badana. No hay nada más tierno que la piel del hombre y la
sangre siempre está ahí, lista a brotar. Una navaja como ésta no
traiciona. Es la mejor de mis navajas. Pero yo no quiero ser un
asesino, no señor. Usted vino para que yo lo afeitara. Y yo cumplo
honradamente con mi trabajo… No quiero mancharme de sangre.
De espuma y nada más. Usted es un verdugo y yo no soy más que
un barbero. Y cada cual en su puesto. Eso es. Cada cual en su
puesto.

La barba había quedado limpia, pulida y templada. El hombre se
incorporó para mirarse en el espejo. Se pasó las manos por la piel y
la sintió fresca y nuevecita.

—Gracias —dijo. Se dirigió al ropero en busca del cinturón, de la
pistola y del kepis. Yo debía estar muy pálido y sentía la camisa
empapada. Torres concluyó de ajustar la hebilla, rectificó la posición
de la pistola en la funda y luego de alisarse maquinalmente los
cabellos, se puso el kepis. Del bolsillo del pantalón extrajo unas
monedas para pagarme el importe del servicio. Y empezó a caminar
hacia la puerta. En el umbral se detuvo un segundo y volviéndose
me dijo:

—Me habían dicho que usted me mataría. Vine para
comprobarlo. Pero matar no es fácil. Yo sé por qué se lo digo. Y
siguió calle abajo.

J. Comprensión. Contesta las siguientes preguntas.

1. ¿Qué significa el título del cuento?
2. ¿Cómo contribuye el calor al ambiente de la narración?
3. ¿Qué tipo de persona es el barbero?
4. ¿Cómo mantendría el capitán Torres su poder sobre el pueblo?
5. ¿Crees que volvería el capitán Torres otro día? ¿Por qué?

Conozcamos al autor

HERNANDO TÉLLEZ Hernando Téllez nació en Bogotá, Colombia, en 1908. La literatura formó parte de su vida desde una edad temprana gracias al amor por la lectura que compartía su familia. Inició su vida de escritor como reportero contribuyendo a la revista *Universidad* y después en el prestigioso periódico *El Tiempo* de Bogotá.

Téllez es conocido tanto por su narrativa como por sus ensayos de índole social, política y literaria. Publicó varios libros en los que se reúnen artículos literarios recogidos de varios periódicos y revistas colombianos así como un tomo de cuentos, *Cenizas para el viento*, en el cual se incluye «Espuma y nada más».

Hernando Téllez murió en 1966.

LA PERSPECTIVA

Monólogo interior. Es el escrito que refleja el fluir de los pensamientos que pasan por la mente de un personaje en una obra literaria. Como en la realidad el ser humano recuerda a veces en un orden que no es estrictamente lógico, estas ideas son presentadas según van surgiendo, sin una secuencia ordenada.

Punto de vista. Toda obra literaria está narrada desde una perspectiva específica, que se conoce como el punto de vista. Por ejemplo, el cuento «Espuma y nada más» está narrado desde el punto de vista del barbero, es decir, nosotros vemos los acontecimientos a través de sus ojos. Esto logra que la narración sea más íntima, y nos haga sentir como si nosotros estuviéramos participando en los acontecimientos. Este tipo de narración se llama **primera persona** y se reconoce fácilmente por la presencia de palabras tales como **yo, mi, me.** Otro punto de vista utilizado en la narrativa es la **tercera persona.** En algunos casos, el narrador cuenta la historia como si fuera un observador. En otros, el narrador es omnisciente, es decir, es como un dios que lo ve todo y está en todas partes. Por esta misma razón puede narrarnos aun lo que ocurre en la mente de sus personajes.

AMPLIEMOS NUESTRA COMPRENSIÓN

K. Análisis del ambiente.

- Repasa las explicaciones acerca del ambiente que aparecen en los *Apuntes literarios.*

- Luego haz un diagrama de asociación de ideas y anota algunos de los elementos que contribuyen a crear el ambiente de este cuento.

L. **Análisis del conflicto.**   Vuelve a leer la explicación sobre el conflicto de una obra literaria que aparece en los *Apuntes literarios* de la página 103.

- Trabajando con un(a) compañero(a) decide qué clase de conflicto hay en este cuento y qué fuerzas están en contraposición.
- Escriban su respuesta en sus cuadernos.

M. **Taller de composición, primera parte.**   Los hombres anhelan la justicia y la equidad en sus vidas. Desean saber que la vida de alguna manera es justa. Quieren experimentar un sentimiento de orgullo y dignidad.

Piensa en el barbero del cuento «Espuma y nada más». Él tiene el deseo de matar al capitán Torres y se le presenta la oportunidad. Él sabe que si lo mata será considerado un héroe por algunos y un cobarde por otros. Algunos dirían que hizo justicia al matar al capitán. Otros, que cometió un horrendo crimen.

- Imagínate que el barbero mató al capitán Torres.
- Toma el punto de vista de un(a) revolucionario(a) o de un(a) defensor(a) del régimen imperante y escribe una carta a un(a) amigo(a) contándole lo que pasó en la barbería el día en que fue asesinado el capitán Torres.

Recuerda:

- Si eres un(a) revolucionario(a), estás de acuerdo con la acción del barbero. Justifica la acción y alaba al barbero como héroe de la revolución. Utiliza los apuntes que tomaste en el cuadro de dos columnas.

- Si eres un(a) defensor(a) del régimen dictatorial, muestra tu furia y disgusto por la acción del barbero. Haz hincapié en la cobardía que lo llevó a cortarle el cuello al capitán mientras lo afeitaba.

- En ambos casos añade detalles sobre lo que pasó después de la muerte de Torres. Termina con un comentario que refleje tus sentimientos por la situación política del país.

N. Taller de composición, segunda parte. Después de escribir tu carta intercámbiala con la de un(a) compañero(a). Leerás su carta y le responderás de acuerdo a las siguientes consideraciones.

1. Indica una impresión positiva que te causó la carta en general.

2. ¿Es convincente el punto de vista adoptado por tu compañero(a)?

3. ¿Qué otras razones podrían aducirse para sustentar el punto de vista del (de la) escritor(a)?

4. ¿Cuál es el punto menos convincente de la carta y cómo podría mejorarse?

EXPLOREMOS EL LENGUAJE

LA CONJUNCIÓN Y LAS FRASES CONJUNTIVAS

Las conjunciones son palabras invariables que sirven de enlace dentro de la oración. Las conjunciones unen palabras, grupos de palabras y oraciones. Considera las conjunciones en las siguientes citas de «Espuma y nada más».

- «La probé luego contra la yema del dedo gordo y volví a mirarla, contra la luz.»

- «El día en que ordenó **que** el pueblo desfilara por el patio de la Escuela para ver a los cuatro rebeldes...»
- «De buena gana me iría a dormir un poco —dijo—, **pero** esta tarde hay mucho que hacer.»

Lo siguiente es un cuadro de las conjunciones que usamos con más frecuencia en español.

Clases de conjunciones	Ejemplos
Copulativas	y (e), ni
Disyuntivas	o (u)
Adversativas	pero, sino, sin embargo
Causales	porque, pues, como, ya que
Temporales	cuando, mientras, después que
Consecutivas	tanto... que
Comparativas	como, igual que
Finales	para que, a fin de que
Concesivas	aunque, a pesar de que
Condicionales	si, con tal que

O. Aplicación. Utiliza las siguientes conjunciones para escribir cinco oraciones sobre «Espuma y nada más».

> **MODELO:** pero: *El barbero quiso matar al capitán Torres,* pero *no tuvo el valor para hacerlo.*

1. para que
2. mientras

3. si

4. porque

5. aunque

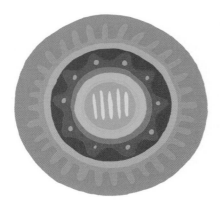

CREEMOS LITERATURA

P. **Una entrada de diario.** Escoge a uno de los personajes de este cuento y escribe una entrada de diario contando los acontecimientos desde su punto de vista. Acuérdate que un diario es un documento privado; por lo tanto, el lenguaje apropiado es el que una persona utiliza cuando está sola.

Q. **Poema *cinquain*.** Esta forma poética tiene cinco versos según el siguiente patrón.

Verso 1: un sustantivo

Verso 2: dos adjetivos descriptivos referentes al sustantivo

Verso 3: tres verbos

Verso 4: una frase corta de cuatro palabras

Verso 5: un sinónimo del sustantivo del primer verso

Tu poema debe tratar sobre un personaje de esta unidad. Puedes acompañar tu poema con un dibujo si quieres.

> **MODELO:** *Dictador*
> *opresivo injusto*
> *humilla esclaviza mata*
> *el pueblo busca salvación*
> *tirano*

Un día de estos

Alistémonos para leer

En el cuento «Un día de estos», Gabriel García Márquez cuenta un episodio ocurrido bajo una dictadura similar a la del cuento de Téllez.

A. Escritura en el diario. El cuento de Hernando Téllez presenta algunas situaciones típicas de un gobierno represivo. Tomándolas como punto de partida, escribe algunas ideas que se te ocurran acerca de la vida de un pueblo bajo una dictadura militar.

VOCABULARIO CLAVE DEL TEXTO

Familiarízate con el vocabulario clave del texto según las indicaciones de tu maestro(a).

gabinete
cargadores
faveta
aguamanil

LEAMOS ACTIVAMENTE

B. Diagrama «mente abierta». Tu maestro(a) te entregará un diagrama «mente abierta».

- A medida que vayas leyendo el cuento, usa este diagrama para tomar notas acerca de lo que está pensando o sintiendo el personaje principal.

- Recuerda que puedes usar palabras, citas del cuento, dibujos y/o símbolos.

C. Lectura silenciosa. Lee el cuento individualmente.

«Mariscal de campo», Fernando Botero. © Fernando Botero, courtesy Marlborough Gallery, New York.

Un día de estos

GABRIEL GARCÍA MÁRQUEZ

El lunes amaneció tibio y sin lluvia. Don Aurelio Escovar, dentista sin título y buen madrugador, abrió su gabinete a las seis. Sacó de la vidriera una dentadura postiza montada aún en el molde de yeso y puso sobre la mesa un puñado de instrumentos que ordenó de mayor a menor, como en una exposición. Llevaba una camisa a rayas, sin cuello, cerrada arriba con un botón dorado, y los pantalones sostenidos con cargadores elásticos. Era rígido, enjuto, con una mirada que raras veces correspondía a la situación, como la mirada de los sordos.

Cuando tuvo las cosas dispuestas sobre la mesa rodó la fresa hacia el sillón de resortes y se sentó a pulir la dentadura postiza. Parecía no pensar en lo que hacía, pero trabajaba con obstinación, pedaleando en la fresa incluso cuando no se servía de ella.

Después de las ocho hizo una pausa para mirar el cielo por la ventana y vio dos gallinazos pensativos que se secaban al sol en el caballete de la casa vecina. Siguió trabajando con la idea de que antes del almuerzo volvería a llover. La voz destemplada de su hijo de once años lo sacó de su abstracción.

—Papá.

—Qué.

—Dice el alcalde que si le sacas una muela.

—Dile que no estoy aquí.

Estaba puliendo un diente de oro. Lo retiró a la distancia del brazo y lo examinó con los ojos a medio cerrar. En la salita de espera volvió a gritar su hijo.

—Dice que sí estás porque te está oyendo.

El dentista siguió examinando el diente. Sólo cuando lo puso en la mesa con los trabajos terminados, dijo:

—Mejor.

Volvió a operar la fresa. De una cajita de cartón donde guardaba las cosas por hacer, sacó un puente de varias piezas y empezó a pulir el oro.

—Papá.

—Qué.

Aún no había cambiado de expresión.

—Dice que si no le sacas la muela te pega un tiro.

Sin apresurarse, con un movimiento extremadamente tranquilo, dejó de pedalear en la fresa, la retiró del sillón y abrió por completo la gaveta inferior de la mesa. Allí estaba el revólver.

—Bueno —dijo—. Dile que venga a pegármelo.

Hizo girar el sillón hasta quedar de frente a la puerta, la mano apoyada en el borde de la gaveta. El alcalde apareció en el umbral. Se había afeitado la mejilla izquierda, pero en la otra, hinchada y dolorida, tenía una barba de cinco días. El dentista vio en sus ojos marchitos muchas noches de desesperación. Cerró la gaveta con la punta de los dedos y dijo suavemente:

—Siéntese.

—Buenos días —dijo el alcalde.

—Buenos —dijo el dentista.

Mientras hervían los instrumentos, el alcalde apoyó el cráneo en el cabezal de la silla y se sintió mejor. Respiraba un olor glacial. Era un gabinete pobre: una vieja silla de madera, la fresa de pedal, y una vidriera con pomos de loza. Frente a la silla, una ventana con un cancel de tela hasta la altura de un hombre. Cuando sintió que el dentista se acercaba, el alcalde afirmó los talones y abrió la boca.

Don Aurelio Escovar le movió la cara hacia la luz. Después de observar la muela dañada, ajustó la mandíbula con una cautelosa presión de los dedos.

—Tiene que ser sin anestesia —dijo.

—¿Por qué?

—Porque tiene un absceso.

El alcalde lo miró en los ojos.

—Está bien —dijo, y trató de sonreír. El dentista no le correspondió.

Llevó a la mesa de trabajo la cacerola con los instrumentos hervidos y los sacó del agua con unas pinzas frías, todavía sin apresurarse. Después rodó la escupidera con la punta del zapato y fue a lavarse las manos en el aguamanil. Hizo todo sin mirar al alcalde. Pero el alcalde no lo perdió de vista.

Era una cordal inferior. El dentista abrió las piernas y apretó la muela con el gatillo caliente. El alcalde se aferró a las barras de la silla, descargó toda su fuerza en los pies y sintió un vacío helado en los riñones, pero no soltó un suspiro. El dentista sólo movió la muñeca. Sin rencor, más bien con una amarga ternura, dijo:

—Aquí nos paga veinte muertos, teniente.

El alcalde sintió un crujido de huesos en la mandíbula y sus ojos se llenaron de lágrimas. Pero no suspiró hasta que no sintió salir la muela. Entonces la vio a través de las lágrimas. Le pareció tan extraña a su dolor, que no pudo entender la tortura de sus cinco noches anteriores. Inclinado sobre la escupidera, sudoroso, jadeante, se desabotonó la guerrera y buscó a tientas el pañuelo en el bolsillo del pantalón. El dentista le dio un trapo limpio.

—Séquese las lágrimas —dijo.

El alcalde lo hizo. Estaba temblando. Mientras el dentista se lavaba las manos, vio el cielo raso desfondado y una telaraña polvorienta con huevos de araña e insectos muertos. El dentista regresó secándose las manos. —Acuéstese —dijo— y haga buches de agua de sal. El alcalde se puso de pie, se despidió con un displicente saludo militar, y se dirigió a la puerta estirando las piernas, sin abotonarse la guerrera.

—Me pasa la cuenta —dijo.

—¿A usted o al municipio?

El alcalde no lo miró. Cerró la puerta, y dijo, a través de la red metálica:

—Es la misma vaina.

D. **Reflexión literaria.**   Revisa el siguiente cuadro.

Tipos de preguntas:

1. **De respuesta explícita.** Éstas son preguntas cuya respuesta es obvia. *Ejemplo:* ¿Cómo se llama el dentista del cuento «Un día de estos» de García Márquez que apenas leíste?

2. **De respuesta implícita.** Para poder responder a estas preguntas, debes inferir, sacar conclusiones, hacer suposiciones lógicas, etc. Ejemplo: ¿Crees que el dentista quería vengarse del alcalde?

3. **Preguntas personales.** Son preguntas relacionadas con la historia, pero que no son contestadas en el texto. Ejemplo: ¿Comó habría actuado yo si estuviera en la posición del dentista?

4. **Preguntas al autor.** Éstas son las preguntas que el lector le haría al escritor acerca de temas relacionados con la obra o temas más generales. Ejemplo: Señor García Márquez, ¿no cree que debería haber explicado más cuál era el clima político del pueblo donde ocurre la historia?

- Ahora redacta las preguntas a continuación.
   1. una pregunta implícita
   2. una pregunta personal
   3. una pregunta al autor
- Debes saber las respuestas a tus preguntas.

E. **Cuatro en turno.**   Comparte tus preguntas en turno con los otros miembros de tu grupo.

- Permite que cada miembro del grupo conteste una de tus preguntas.
- Contesta una pregunta de cada miembro del grupo.

Conozcamos al autor

GABRIEL GARCÍA MÁRQUEZ

Gabriel García Márquez nació en la costa caribeña de Colombia el 6 de marzo de 1928 y pasó los primeros años de su vida allí. Aunque se trasladó a Bogotá con sólo ocho años, los mitos, leyendas y ritos afrohispanos de su tierra natal influyeron definitivamente en su vida y su obra. Estudió derecho durante una temporada y después se dedicó al periodismo antes de establecerse definitivamente como escritor.

Entre los temas emblemáticos de la obra de García Márquez destaca la enajenación de ciertos grupos de personas debido a condiciones sociales o políticas. Encontramos en sus obras personajes muy humildes cuya dignidad interior se contrasta con la maldad y la petulancia de sus opresores.

Aunque se conoce a García Márquez principalmente por su narrativa, se ha dedicado también al género del ensayo. Entre sus obras más conocidas se incluyen *Cien años de soledad*, *El coronel no tiene quien le escriba*, *Crónica de una muerte anunciada* y *Los funerales de la Mamá Grande*. Gabriel García Márquez fue galardonado con el Premio Nobel de Literatura en 1982.

AMPLIEMOS NUESTRA COMPRENSIÓN

F. **Diagrama de Venn.** El dentista de «Un día de estos» y el barbero de «Espuma y nada más» se encuentran en circunstancias similares, pero reaccionan de manera diferente. En un diagrama de Venn, como el que aparece a continuación, contrasta ambos personajes.

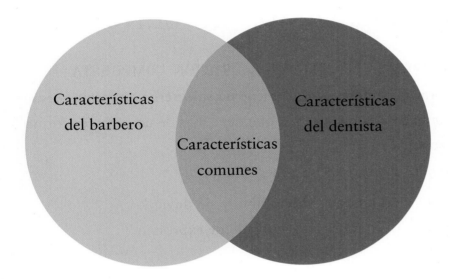

Características del barbero

Características comunes

Características del dentista

G. **Afiche colaborativo.** En grupos de cuatro, relean el cuento y escojan un tema que les parezca importante.

- Sintetícenlo en una oración.
- Piensen en un diseño o un dibujo para representar esta idea en un cartelón.
- El producto final deberá contar con un lema y un diseño.
- Cada grupo presentará y hará una explicación de su afiche a la clase.

H. **Ensayo interpretativo.** Vas a escribir un ensayo enfocándote en la última oración del cuento.

- Interpreta su significado inmediato y lo que indica acerca del tipo de gobierno que prevalece en ese país.

- Podría ser útil conversar con un(a) maestro(a) de historia para ampliar tu entendimiento acerca de los gobiernos dictatoriales.

- También podrías iniciar una búsqueda por la Internet para conseguir más información y diversos puntos de vista sobre ese tipo de gobierno.

EXPLOREMOS EL LENGUAJE

LA ORACIÓN SIMPLE Y LA ORACIÓN COMPUESTA

La **oración simple** es la que tiene un solo verbo en forma personal. La **oración compuesta** es la que tiene más de un verbo en forma personal.

Ejemplos del texto: **Oraciones simples**

- «El lunes amaneció tibio y sin lluvia.»
- «Aún no había cambiado de expresión.»
- «Estaba temblando.»

Oraciones compuestas

- «Era rígido, enjuto, con una mirada que raras veces correspondía a la situación, como la mirada de los sordos.»
- «Mientras hervían los instrumentos, el alcalde apoyó el cráneo en el cabezal de la silla y se sintió mejor.»
- «El alcalde sintió un crujido de huesos en la mandíbula y sus ojos se llenaron de lágrimas.»

I. Análisis lingüístico.   Contesta las siguientes preguntas sobre «Un día de estos» con oraciones completas.

1. ¿Por qué crees que García Márquez escoge oraciones compuestas en la parte narrativa de la historia?

2. ¿Por qué crees que García Márquez redacta la mayor parte del diálogo utilizando frases y oraciones simples?

3. ¿Cómo puedes incorporar más oraciones compuestas en tus propias narrativas?

CREEMOS LITERATURA

J. **Una carta de un personaje a otro.** Con la ayuda del diagrama de Venn (del ejercicio *F*), escribe una carta del barbero al dentista o viceversa en apoyo o en protesta de sus acciones.

■ Debes tomar el punto de vista del personaje escogido.

■ Basa la crítica o el respaldo del remitente en sus propias acciones.

K. **Ensayo de comparación y contraste.** Utilizando el diagrama de Venn que elaboraste en el ejercicio *F*, escribe un ensayo de comparación y contraste en el cual comparas los dos cuentos, «Espuma y nada más» y «Un día de estos».

■ Para escribir tu hipótesis, responde a la siguiente pregunta: ¿Cuál es el problema social que les inquieta a los dos autores?

■ Después dedica un párrafo a las semejanzas entre los personajes del barbero y el dentista en cuanto al problema social expuesto.

■ Los otros dos párrafos se dedicarán a las diferencias entre los dos personajes como dos aproximaciones distintas al conflicto social.

¡Ojo! No te olvides del párrafo de conclusión.

Una palabra enorme

Alistémonos para leer

La existencia de presos políticos constituye un capítulo negro en la historia de Latinoamérica. En el siguiente texto, la hija de un preso político reflexiona sobre la libertad a la cual llama «Una palabra enorme».

A. **Opiniones en rotación.** Formen grupos de cuatro. Tu maestro(a) entregará a cada grupo una tarjeta.

- En el lado sin rayas escriban en letras grandes la siguiente pregunta: Para nosotros, ¿qué significa la libertad?
- Tendrán tres minutos para circular la tarjeta entre los demás miembros del grupo en silencio.
- Cada uno de los miembros del grupo agregará una idea que conteste la pregunta en la otra cara de la tarjeta.
- Deben seguir circulándola hasta que el (la) maestro(a) señale el fin de la actividad.
- Acto seguido un(a) alumno(a) se encargará de leer las ideas en voz alta.

VOCABULARIO CLAVE DEL TEXTO

Familiarízate con el vocabulario clave del texto según las instrucciones de tu maestro(a).

churrasco

antojar

grave

sarcasmo

rezongar

LEAMOS ACTIVAMENTE

B. **Enseñanza recíproca.** Con un(a) compañero(a), lee este texto siguiendo la técnica de la enseñanza recíproca.

Una palabra enorme

MARIO BENEDETTI

Libertad es una palabra enorme. Por ejemplo, cuando terminan las clases, se dice que una está en libertad. Mientras dura la libertad, una pasea, una juega, una no tiene por qué estudiar. Se dice que un

«El agarista Zapata», Diego Rivera. 1931. Fresco, 7′9³/₄″ × 6′2″ (238.1 × 188 cm). The Museum of Modern Art, New York. Abby Aldrich Rockefeller Fund. Photograph © 2000 The Museum of Modern Art, New York.

país es libre cuando una mujer cualquiera o un hombre cualquiera hace lo que se le antoja. Pero hasta los países libres tienen cosas muy prohibidas. Por ejemplo matar. Eso sí, se pueden matar mosquitos y cucarachas, y también vacas para hacer churrascos. Por ejemplo está prohibido robar, aunque no es grave que una se quede con algún vuelto cuando Graciela, que es mi mami, me encarga alguna compra. Por ejemplo está prohibido llegar tarde a la escuela, aunque en ese caso hay que hacer una cartita, mejor dicho la tiene que hacer Graciela, justificando por qué. Así dice la maestra: justificando.

Libertad quiere decir muchas cosas. Por ejemplo, si una no está presa, se dice que está en libertad. Pero mi papá está preso y sin embargo está en Libertad, porque así se llama la cárcel donde está hace ya muchos años. A eso el tío Rolando lo llama qué sarcasmo. Un día le conté a mi amiga Angélica que la cárcel en que está mi papá se llama Libertad y que el tío Rolando había dicho qué sarcasmo y a mi amiga Angélica le gustó tanto la palabra que cuando su padrino le regaló un perrito le puso de nombre Sarcasmo. Mi papá es un preso pero no porque haya matado o robado o llegado tarde a la escuela. Graciela dice que mi papá está en Libertad, o sea está preso, por sus ideas. Parece que mi papá era famoso por sus ideas. Yo también a veces tengo ideas, pero todavía no soy famosa. Por eso no estoy en Libertad, o sea que no estoy presa.

Si yo estuviera presa, me gustaría que dos de mis muñecas, la Toti y la Mónica, fueran también presas políticas. Porque a mí me gusta dormirme abrazada por lo menos a la Toti. A la Mónica no tanto, porque es muy gruñona. Yo nunca le pego, sobre todo para darle ese buen ejemplo a Graciela.

Ella me ha pegado pocas veces, pero cuando lo hace yo quisiera tener muchísima libertad. Cuando me pega o me rezonga yo le digo Ella, porque a ella no le gusta que la llame así. Es claro que tengo que estar muy alunada para llamarla Ella. Si por ejemplo viene mi abuelo y me pregunta dónde está tu madre, y yo le contesto Ella está en la cocina, ya todo el mundo sabe que estoy alunada, porque si no estoy alunada digo solamente Graciela está en la cocina. Mi abuelo siempre dice que yo salí la más alunada de la familia y eso a mí me deja muy contenta. A Graciela tampoco le gusta demasiado que yo la llame Graciela, pero yo la llamo así porque es un nombre lindo. Sólo cuando la quiero muchísimo, cuando la adoro y la beso y la estrujo y ella me dice ay chiquilina no me estrujes así, entonces sí la llamo mamá o mami, y Graciela se conmueve y se pone muy tiernita y me acaricia el pelo, y eso no sería así ni sería tan bueno si yo le dijera mamá o mami por cualquier pavada.

O sea que la libertad es una palabra enorme. Graciela dice que ser un preso político como mi papá no es ninguna vergüenza. Que es casi un orgullo. ¿Por qué casi? Es orgullo o es vergüenza. ¿Le gustaría que yo dijera que es casi vergüenza? Yo estoy orgullosa, no casi orgullosa, de mi papá, porque tuvo muchísimas ideas, tantas y tantísimas que lo metieron preso por ellas. Yo creo que ahora mi papá seguirá teniendo ideas, tremendas ideas, pero es casi seguro que no se las dice a nadie, porque si las dice, cuando salga de Libertad para vivir en libertad, lo pueden meter otra vez en Libertad. ¿Ven como es enorme?

C. **Reflexionemos sobre el texto.** Responde a las siguientes preguntas usando oraciones completas.

1. La niña narradora dice que «libertad» es una palabra enorme. ¿Cuál sería otra palabra enorme según su definición?

2. ¿Por qué crees que la cárcel se llama «Libertad»?

3. ¿Cómo cambiaría la historia si la narrara Graciela?

Conozcamos al autor

MARIO BENEDETTI

El pequeño país de Uruguay ha producido algunas de las figuras literarias hispanoamericanas más grandes del siglo XX. Entre ellos se halla Mario Benedetti, cuya copiosa obra incluye poesía, novelas, teatro, cuentos, ensayos y hasta letras de canciones. Todos reflejan su profunda preocupación y desenfrenada pasión por Latinoamérica, especialmente Uruguay.

Como tantos intelectuales hispanos que han vivido bajo la opresión de la tiranía dictatorial, Benedetti se exilió de su patria por el compromiso político de su producción literaria. Interesantemente fue precisamente en el exilio donde captó la atención de la crítica, proporcionando reconocimiento mundial no sólo a él como escritor, sino a los problemas sociopolíticos de Uruguay.

Aunque su pueblo goza de un régimen democrático y estable desde hace unos años, Mario Benedetti vive todavía en España. Gracias a él, los lazos culturales y literarios entre Uruguay y España se hacen cada vez más fuertes.

AMPLIEMOS NUESTRA COMPRENSIÓN

D. Discusión en grupo. La niña que presenta Benedetti utiliza la palabra **sarcasmo** varias veces.

- Basándose en el texto y en su experiencia, escriban una definición de esta palabra.
- Luego discutan en qué consiste el sarcasmo de este texto.

E. Opciones expresivas. ¿Has pensado en el verdadero significado y valor de la libertad? Explora tus ideas y sentimientos a través de la escritura de un artículo, un poema, una canción, una carta o un afiche.

EXPLOREMOS EL LENGUAJE

EL ADVERBIO Y LA FUNCIÓN ADVERBIAL

El adverbio funciona de las siguientes maneras.

- Es complemento del verbo.
- Modifica a otro adverbio.
- Modifica a un adjetivo calificativo.

Los adverbios pueden expresar lugar, tiempo, modo, cantidad, afirmación, negación o duda. Frecuentemente, en vez de un adverbio, se emplea una frase adverbial que es un conjunto de palabras que funciona como adverbio. Estudia los siguientes ejemplos de «Una palabra enorme».

- «Pero mi papá está preso y sin embargo está en Libertad, porque **así** se llama la cárcel **donde** está hace **ya** muchos años.»

- «Ella me ha pegado pocas veces, pero **cuando** lo hace yo quisiera tener **muchísima** libertad.»

- «Yo creo que **ahora** mi papá seguirá teniendo ideas, tremendas ideas, pero es **casi** seguro que **no** se las dice a nadie, porque si las dice, **cuando** salga de Libertad para vivir en libertad, lo pueden meter otra vez en Libertad.»

F. Identificación de adverbios.

- Copia las siguientes citas de «Una palabra enorme» en tu cuaderno.

- Subraya los adverbios que aparecen en cada cita.

1. «...a mi amiga Angélica le gustó tanto la palabra que cuando su padrino le regaló un perrito le puso de nombre Sarcasmo.»

2. «A Graciela tampoco le gusta demasiado que yo la llame Graciela, pero yo la llamo así porque es un nombre lindo.»

3. «Sólo cuando la quiero muchísimo, cuando la adoro y la beso y la estrujo y ella me dice ay chiquilina no me estrujes así, entonces sí la llamo mamá o mami...»

CREEMOS LITERATURA

G. **Poema acróstico.** Reflexiona sobre la discusión de tu grupo y tu artículo, poema, canción, carta o afiche (ejercicio *E*). Utilizando las letras de la palabra **libre** u otra palabra relacionada al tema de «Una palabra enorme», escribe un poema acróstico siguiendo los siguientes pasos.

1. Escribe la palabra verticalmente.

2. Compón un poema utilizando las letras de la palabra acerca del tema expresado por la palabra.

3. La letra puede aparecer al principio, en medio o al final de la palabra.

> **MODELO:** *Los derechos del*
> *Individuo:*
> *alBedrío*
> *Responsabilidad y*
> *Equidad*

H. Un diálogo. Escribe un diálogo entre el tío Rolando y Graciela en el que discuten la situación del papá de la narradora.

- Acuérdate de la definición de **sarcasmo** que dio tu grupo en el ejercicio *D* y basa el diálogo en la información narrada por la niña.
- Tu maestro(a) indicará la extensión del diálogo.

CONCLUSIÓN DE LA UNIDAD

*Como el militar su sable o el religioso su fe, el autor se avala de su arte para denunciar los abusos y reclamar **la justicia social**. Armado tan sólo de palabras e ideas, su defensa de los más desamparados penetra a lo más hondo de nuestra conciencia comunitaria.*

SÍNTESIS Y CONEXIÓN DE CONCEPTOS

A. Respuesta a la muralla del oprobio. Escoge uno de los ladrillos de «La muralla de oprobio». Construye otro ladrillo de soluciones al problema planteado en el ladrillo que escogiste.

B. Proyecto de ayuda a la comunidad. Con la clase inicia un pequeño proyecto que beneficie a la comunidad. Por ejemplo: recolección de latas de comida para distribuir a la gente sin casa.

C. Una carta. Escríbele una carta a un(a) amigo(a) recomendándole tres de las obras que has leído en esta unidad.

- Explícale brevemente las razones de tu selección.
- No debes discutir la anécdota, sino el valor de la obra.

D. Diagrama «mente abierta» del autor. Escoge uno de los cuentos o poemas de esta unidad.

- En un diagrama «mente abierta» escribe e ilustra lo que tú crees que el escritor intentó comunicar a sus lectores.
- Sigue el ejemplo que aparece a continuación.

Mente abierta de Julio Ramón Ribeyro

La palabra del mudo

«En mis cuentos se expresan aquellos que en la vida están privados de la palabra: los marginados, los olvidados, los condenados a una existencia sin sintonía y sin voz. Yo les he restituido este hálito negado y les he permitido modular sus anhelos, sus arrebatos y sus angustias.»

Este cuento se llamará:
«Los gallinazos sin plumas»

MÁS HORIZONTES CREATIVOS

E. Un contrato social. Hay una canción norteamericana que se llama «Que haya paz en el mundo» cuyo estribillo declara «que haya paz en el mundo y que empiece conmigo». ¿Cuáles son las acciones que puedes tomar como individuo para que haya paz en el mundo? Como actividad creativa culminante de esta unidad, vas a redactar un contrato social.

■ Utiliza un árbol de conexiones para organizar tus ideas. En el círculo superior plantéate la cuestión: ¿Qué contribuciones puedo hacer para mejorar el mundo?

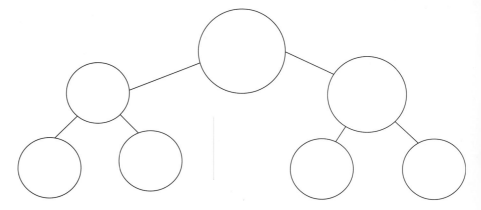

■ Después identifica las áreas donde puedes hacerlo.
■ Una vez que hayas organizado tus ideas, puedes pasar a escribir el primer borrador.
■ Organiza tu contrato de la siguiente manera.

Exposición. Explicación del propósito del contrato.

Cuerpo. Describe las áreas de concentración y las acciones que piensas tomar incluyendo una explicación detallada de cómo piensas realizar esas acciones.

Conclusión. Explica cómo crees que tus contribuciones podrán ayudar a fomentar la justicia social.

«Autorretrato en la frontera entre México y los Estados Unidos», Frida Kahlo

UNIDAD 3

Imaginación y fantasía

Las alas de la imaginación nos llevan a conocer mundos fantásticos e inconcebibles. Uno de los placeres que nos brinda la literatura es poder dar rienda suelta a la imaginación, permitiéndonos explorar situaciones hipotéticas o fantásticas. Algunas de las obras de esta unidad son claramente fantásticas; otras se desarrollan en una zona donde se confunden la realidad y la fantasía.

«La ventana de la imaginación», Alfredo Arreguín

LECCIÓN 1

El ahogado más hermoso del mundo

ALISTÉMONOS PARA LEER

La fantasía representa uno de los rasgos más representativos de la literatura latinoamericana contemporánea. En el siguiente cuento del escritor colombiano Gabriel García Márquez, vemos cómo la fantasía colectiva de un remoto pueblo marinero renueva el afán de vivir en sus habitantes.

«Vuelo mágico», Remedios Varo

A. Pronósticos basados en el título.

- Lee el título y anota tres ideas sobre lo que crees que va a tratar este cuento.
- Luego, con un(a) compañero(a), compartan sus ideas.

VOCABULARIO CLAVE DEL TEXTO

Familiarízate con el vocabulario clave del texto según las indicaciones de tu maestro(a).

tenaz	repudiar
pródigo	frivolidad
suspicacia	catadura
dédalo	fluvial

LEAMOS ACTIVAMENTE

B. **Trabajo de equipo.** Organícense en grupos de cuatro para formar dos parejas.

- Lean las preguntas de enfoque que aparecen a continuación.
- Distribúyanlas de manera que cada pareja escoja dos de las cuatro preguntas.
- A medida que lean tomen notas acerca de las preguntas que seleccionaron.

1. ¿Cómo es la aldea donde se desarrolla el cuento?
2. ¿Cómo percibe el pueblo al ahogado? ¿Qué características le atribuyen?
3. ¿Es diferente la percepción de unos y de otros?
4. ¿Qué cambios se operan en los personajes y en la aldea como resultado de la llegada del ahogado?

C. **Lectura en voz alta.** El (La) maestro(a) leerá las primeras dos páginas del cuento en voz alta, haciendo pausas para explicar, aclarar conceptos, interpretar o anticipar. Luego pedirá a algunos alumnos que continúen la lectura hasta terminar el cuento.

El ahogado más hermoso del mundo

Gabriel García Márquez

Los primeros niños que vieron el promontorio oscuro y sigiloso que se acercaba por el mar, se hicieron la ilusión de que era un barco enemigo. Después vieron que no llevaba banderas ni arboladura, y pensaron que fuera una ballena. Pero cuando quedó varado en la playa y le quitaron los matorrales de sargazos, los filamentos de medusas y los restos de cardúmenes y naufragios que llevaba encima, sólo entonces descubrieron que era un ahogado.

Habían jugado con él toda la tarde, enterrándolo y desenterrándolo en la arena, cuando alguien los vio por casualidad y dio la voz de alarma en el pueblo. Los hombres que lo cargaron hasta la casa más próxima notaron que pesaba más que todos los muertos conocidos, casi tanto como un caballo, y se dijeron que tal vez había estado demasiado tiempo a la deriva y el agua se le había metido dentro de los huesos. Cuando lo tendieron en el suelo vieron que había sido mucho más grande que todos los hombres, pues apenas si cabía en la casa, pero pensaron que tal vez la facultad de seguir creciendo después de la muerte estaba en la naturaleza de ciertos ahogados. Tenía el olor del mar, y sólo la forma permitía suponer que era el cadáver de un ser humano, porque su piel estaba revestida de una coraza de rémora y de lodo.

No tuvieron que limpiarle la cara para saber que era un muerto ajeno. El pueblo tenía apenas unas veinte casas de tablas, con patios de piedras sin flores, desperdigadas en el extremo de un cabo

«Lagoa Santa», Tarsila do Amaral

desértico. La tierra era tan escasa, que las madres andaban siempre
con el temor de que el viento se llevara a los niños, y a los muertos
que les iban causando los años tenían que tirarlos en los acantilados.
Pero el mar era manso y pródigo, y todos los hombres cabían en
siete botes. Así que cuando se encontraron el ahogado les bastó con
mirarse los unos a los otros para darse cuenta de que estaban
completos.

Aquella noche no salieron a trabajar en el mar. Mientras los hombres averiguaban si no faltaba alguien en los pueblos vecinos, las mujeres se quedaron cuidando al ahogado. Le quitaron el lodo con tapones de esparto, le desenredaron del cabello los abrojos submarinos y le rasparon la rémora con fierros de desescamar pescados. A medida que lo hacían, notaron que su vegetación era de océanos remotos y de aguas profundas, y que sus ropas estaban en piltrafas, como si hubiera navegado por entre laberintos de corales. Notaron también que sobrellevaba la muerte con altivez, pues no tenía el semblante solitario de los otros ahogados del mar, ni tampoco la catadura sórdida y menesterosa de los ahogados fluviales. Pero solamente cuando acabaron de limpiarlo tuvieron conciencia de la clase de hombre que era, y entonces se quedaron sin aliento. No sólo era el más alto, el más fuerte, el más viril y el mejor armado que habían visto jamás, sino que todavía cuando lo estaban viendo no les cabía en la imaginación.

No encontraron en el pueblo una cama bastante grande para tenderlo ni una mesa bastante sólida para velarlo. No le vinieron los pantalones de fiesta de los hombres más altos, ni las camisas dominicales de los más corpulentos, ni los zapatos del mejor plantado. Fascinados por su desproporción y su hermosura, las mujeres decidieron entonces hacerle unos pantalones con un pedazo de vela cangreja, y una camisa de bramante de novia, para que pudiera continuar su muerte con dignidad. Mientras cosían sentadas en círculo, contemplando el cadáver entre puntada y puntada, les parecía que el viento no había sido nunca tan tenaz ni el Caribe había estado nunca tan ansioso como aquella noche, y suponían que esos cambios tenían algo que ver con el muerto. Pensaban que si aquel hombre magnífico hubiera vivido en el pueblo, su casa habría tenido las puertas más anchas, el techo más alto y el piso más firme, y el bastidor de su cama habría sido de cuadernas maestras con pernos de hierro, y su mujer habría sido la más feliz. Pensaban que habría tenido tanta autoridad que hubiera sacado los peces del mar con sólo llamarlos por sus nombres, y habría puesto tanto empeño en el trabajo que hubiera hecho brotar manantiales de entre las piedras más áridas y hubiera podido sembrar flores en los acantilados. Lo compararon en secreto con sus propios hombres, pensando que no serían capaces de hacer en toda una vida lo que aquél era capaz de hacer en una noche, y terminaron por repudiarlos en el fondo de sus corazones como los seres más escuálidos y mezquinos de la tierra. Andaban extraviadas por esos dédalos de fantasía, cuando la más vieja de las mujeres, que por ser la más vieja había contemplado al ahogado con menos pasión que compasión, suspiró:

—Tiene cara de llamarse Esteban.

Era verdad. A la mayoría le bastó con mirarlo otra vez para comprender que no podía tener otro nombre. Las más porfiadas, que eran las más jóvenes, se mantuvieron con la ilusión de que al ponerle la ropa, tendido entre flores y con unos zapatos de charol, pudiera llamarse Lautaro. Pero fue una ilusión vana. El lienzo resultó escaso, los pantalones mal cortados y peor cosidos le quedaron estrechos, y las fuerzas ocultas de su corazón hacían saltar los botones de la camisa. Después de la media noche se adelgazaron los silbidos del viento y el mar cayó en el sopor del miércoles. El silencio acabó con las últimas dudas: era Esteban. Las mujeres que lo habían vestido,

«Por sólo un momento», Jacobo Borges. 1983. Indianapolis Museum of Art, Alliance of the Indianapolis Museum of Art and James E. Roberts Fund.

las que lo habían peinado, las que le habían cortado las uñas y raspado la barba no pudieron reprimir un estremecimiento de compasión cuando tuvieron que resignarse a dejarlo tirado por los suelos. Fue entonces cuando comprendieron cuánto debió haber sido de infeliz con aquel cuerpo descomunal, si hasta después de muerto le estorbaba. Lo vieron condenado en vida a pasar de medio lado por las puertas, a descalabrarse con los travesaños, a permanecer de pie en las visitas sin saber qué hacer con sus tiernas y rosadas manos de buey de mar, mientras la dueña de casa buscaba la silla más resistente y le suplicaba muerta de miedo siéntese aquí Esteban, hágame el favor, y él recostado contra las paredes, sonriendo, no se preocupe señora, así estoy bien, con los talones en carne viva y las espaldas escaldadas de tanto repetir lo mismo en todas las visitas, no se preocupe señora, así estoy bien, sólo para no pasar vergüenza de desbaratar la silla, y acaso sin haber sabido nunca que quienes le decían no te vayas Esteban, espérate siquiera hasta que hierva el café, eran los mismos que después susurraban ya se fue el bobo grande, qué bueno, ya se fue el tonto hermoso. Esto pensaban las mujeres frente al cadáver un poco antes del amanecer. Más tarde, cuando le taparon la cara con un pañuelo para que no le molestara la luz, lo vieron tan muerto para siempre, tan indefenso, tan parecido a sus hombres, que se les abrieron las primeras grietas de lágrimas en el corazón. Fue una de las más jóvenes la que empezó a sollozar. Las otras, alentándose entre sí, pasaron de los suspiros a los lamentos, y mientras más sollozaban más deseos sentían de llorar, porque el ahogado se les iba volviendo cada vez más Esteban, hasta que lo lloraron tanto que fue el hombre más desvalido de la tierra, el más manso y el más servicial, el pobre Esteban. Así que cuando los hombres volvieron con la noticia de que el ahogado no era tampoco de los pueblos vecinos, ellas sintieron un vacío de júbilo entre las lágrimas.

—¡Bendito sea Dios —suspiraron—: es nuestro!

Los hombres creyeron que aquellos aspavientos no eran más que frivolidades de mujer. Cansados de las tortuosas averiguaciones de la noche, lo único que querían era quitarse de una vez el estorbo del intruso antes de que prendiera el sol bravo de aquel día árido y sin viento. Improvisaron unas angarillas con restos de trinquetes y botavaras, y las amarraron con carlingas de altura, para que resistieran el peso del cuerpo hasta los acantilados. Quisieron encadenarle a los tobillos un ancla de buque mercante para que fondeara sin tropiezos en los mares más profundos donde los peces son ciegos y los buzos se mueren de nostalgia, de manera que las malas corrientes no fueran a devolverlo a la orilla, como había sucedido con otros cuerpos. Pero mientras más se apresuraban, más cosas se les ocurrían a las mujeres para perder el tiempo. Andaban como gallinas asustadas picoteando amuletos de mar en los arcones, unas estorbando aquí porque querían ponerle al ahogado los escapularios del buen viento, otras estorbando allá para abrocharle una pulsera de orientación, y al cabo de tanto quítate de ahí mujer, ponte donde no estorbes, mira que casi me haces caer sobre el difunto, a los hombres se les subieron al hígado las suspicacias y empezaron a rezongar que con qué objeto tanta ferretería de altar mayor para un forastero, si por muchos estoperoles y calderetas que llevara encima se lo iban a masticar los tiburones, pero ellas seguían tripotando sus reliquias de pacotilla, llevando y trayendo, tropezando, mientras se les iba en suspiros lo que no se les iba en lágrimas, así que los hombres terminaron por despotricar que de cuándo acá semejante alboroto por un muerto al garete, un ahogado de nadie, un fiambre de mierda. Una de las mujeres, mortificada por tanta insolencia, le quitó entonces al cadáver el pañuelo de la cara, y también los hombres se quedaron en silencio.

Era Esteban. No hubo que repetirlo para que lo reconocieran. Si les hubieran dicho Sir Walter Raleigh, quizás, hasta ellos se habrían impresionado con su acento de gringo, con su guacamaya en el hombro, con su arcabuz de matar caníbales, pero Esteban solamente podía ser uno en el mundo, y allí estaba tirado como un sábalo, sin botines, con unos pantalones de sietemesino y esas uñas rocallosas que sólo podían cortarse a cuchillo. Bastó con que le quitaran el pañuelo de la cara para darse cuenta de que estaba avergonzado, de que no tenía la culpa de ser tan grande, ni tan pesado ni tan hermoso, y si hubiera sabido que aquello iba a suceder habría buscado un lugar más discreto para ahogarse, en serio, me hubiera amarrado yo mismo un áncora de galeón en el cuello y hubiera trastabillado como quien no quiere la cosa en los acantilados, para no andar ahora estorbando con este muerto de miércoles, como ustedes dicen, para no molestar a nadie con esta porquería de fiambre que no tiene nada que ver conmigo. Había tanta verdad en su modo de estar, que hasta los hombres más suspicaces, los que sentían amargas las minuciosas noches del mar temiendo que sus mujeres se cansaran de soñar con ellos para soñar con los ahogados, hasta ésos, y otros más duros, se estremecieron en los tuétanos con la sinceridad de Esteban.

Fue así como le hicieron los funerales más espléndidos que podían concebirse para un ahogado expósito. Algunas mujeres que habían ido a buscar flores en los pueblos vecinos regresaron con otras que no creían lo que les contaban, y éstas se fueron por más flores cuando vieron al muerto, y llevaron más y más, hasta que hubo tantas flores y tanta gente que apenas se podía caminar. A última hora les dolió devolverlo huérfano a las aguas, y le eligieron un padre y una madre entre los mejores, y otros se le hicieron hermanos, tíos y primos, así que a través de él todos los habitantes del pueblo terminaron por ser parientes entre sí. Algunos marineros que oyeron el llanto a distancia perdieron la certeza del rumbo, y se supo de uno que se hizo amarrar al palo mayor, recordando antiguas fábulas de sirenas. Mientras se disputaban el privilegio de llevarlo en hombros por la pendiente escarpada de los acantilados, hombres y mujeres tuvieron conciencia por primera vez de la desolación de sus calles, la aridez de sus patios, la estrechez de sus sueños, frente al esplendor y la hermosura de su ahogado. Lo soltaron sin ancla, para que volviera si quería, y cuando lo quisiera, y todos retuvieron el aliento durante la fracción de siglos que demoró la caída del cuerpo hasta el abismo. No tuvieron necesidad de mirarse los unos a los otros para darse cuenta de que ya no estaban completos, ni volverían a estarlo jamás. Pero también sabían que todo sería diferente desde entonces, que sus casas iban a tener las puertas más anchas, los techos más altos, los pisos más firmes, para que el recuerdo de Esteban pudiera andar por todas partes sin tropezar con los travesaños, y que nadie se atreviera a susurrar en el futuro ya murió el bobo grande, qué lástima, ya murió el tonto hermoso, porque ellos iban a pintar las fachadas de colores alegres para eternizar la memoria de Esteban, y se iban a romper el espinazo excavando manantiales en las piedras y sembrando flores en los acantilados, para que los amaneceres de los años venturos los pasajeros de los grandes barcos despertaran sofocados por un olor de jardines en altamar, y el capitán tuviera que bajar de su alcázar con su uniforme de gala, con su astrolabio, su estrella polar y su ristra de medallas de guerra, y señalando el promontorio de rosas en el horizonte del Caribe dijera en catorce idiomas, miren allá, donde el viento es ahora tan manso que se queda a dormir debajo de las camas, allá, donde el sol brilla tanto que no saben hacia dónde girar los girasoles, sí, allá, es el pueblo de Esteban.

«Entierro de un hombre ilustre», Mario Urteaga Alvarado. Oil on canvas, 23 × 32½″ (58.4 × 82.5 cm). The Museum of Modern Art, New York. Inter-American Fund. Photograph © 2000 The Museum of Modern Art, New York.

D. **Análisis literario.** Contesta las siguientes preguntas utilizando oraciones completas.

1. ¿Te has sentido alguna vez como los personajes del cuento? ¿Cuándo y por qué?

2. ¿Cómo ha logrado el autor que la narración sea creíble?

3. ¿En qué se parece o en qué se diferencia el mundo del cuento de nuestro mundo? Explica tu respuesta.

AMPLIEMOS NUESTRA COMPRENSIÓN

E. **Trabajo de equipo.** Utilizando sus anotaciones sobre las preguntas de enfoque (ejercicio *B*):

- Compartan sus observaciones con la otra pareja de su grupo.
- Discutan las respuestas anotando ideas que se les ocurran.

F. **Taller de composición: Cartas al editor.** Imagínate que vives en la aldea del cuento «El ahogado más hermoso del mundo». Un periódico de la capital se ha enterado de que algo extraordinario está sucediendo en la aldea y les ha solicitado a algunas personas que escriban una carta al periódico explicando los hechos desde su punto de vista.

- En grupos de cuatro asignen uno de los siguientes puntos de vista a cada miembro.
- Escriban las cartas como si fueran ese personaje:
  —una mujer de la aldea
  —un hombre de la aldea
  —uno de los niños que encontraron al ahogado
  —un personaje del pueblo vecino que observa los hechos desde afuera

G. **Cuatro en turno.** Lean las cartas del ejercicio *F* al grupo por turnos.

- Mientras un(a) estudiante lee, los demás miembros del grupo escuchan atentamente y ofrecen sugerencias para mejorar la composición.

- La evaluación de cada alumno(a) se guiará por las siguientes preguntas:

1. ¿Se describen los hechos de una manera vívida y detallada?

2. ¿Narra la carta los hechos de una manera convincente desde el punto de vista del personaje correspondiente?

3. ¿Qué aspecto te parece el mejor de la carta de tu compañero(a) y qué crees que podría añadirle o cambiarle para hacerla más interesante?

H. Tarea. En casa escribe la versión revisada de la carta, integrando las sugerencias de tus compañeros que consideres apropiadas.

I. Elaboración de la página editorial del periódico. En esta unidad van a realizar distintos trabajos periodísticos que exhibirán en una de las paredes del salón de clase.

■ Escojan un título para su periódico y anótenlo en un cartelón que les entregará el (la) maestro(a).

■ Diseñen la sección «Cartas al editor» utilizando las distintas versiones de la historia y cualquier detalle que juzguen necesario.

EXPLOREMOS EL LENGUAJE

LOS ADJETIVOS COMPARATIVOS Y SUPERLATIVOS

1. La construcción de los adjetivos en grado comparativo: Un **adjetivo** es una palabra que califica un sustantivo. Es decir, describe, enumera o demuestra como en las siguientes citas de «El ahogado más hermoso del mundo»:

■ «Los **primeros** niños que vieron el promontorio **oscuro** y **sigiloso** que se acercaba por el mar, se hicieron la ilusión de que era un barco **enemigo.**»

■ «**Aquella** noche no salieron a trabajar en el mar.»

Para comparar dos cosas, personas, lugares o conceptos, usamos el adjetivo en **grado comparativo** junto con **más, menos** o **tan.** La conjunción **que** enlaza las dos partes de la comparación. Estudia estas citas de «El ahogado más hermoso del mundo»:

- «Cuando lo tendieron en el suelo vieron que había sido mucho **más grande** que todos los hombres...». (O sea, todos los hombres son **menos grandes** que él.)

- «La tierra era **tan escasa,** que las madres andaban siempre con el temor de que el viento se llevara a los niños, y a los muertos que les iban causando los años tenían que tirarlos en los acantilados.»

2. La construcción de los adjetivos en grado superlativo: Cuando se refiere al máximo posible, el adjetivo se construye en **grado superlativo** utilizando el artículo (**el, la, los, las**) seguido por el adverbio **más** y el adjetivo. Observa que todos los adjetivos descriptivos que emplea García Márquez en la siguiente cita de «El ahogado más hermoso del mundo» son construidos en **grado superlativo:**

- «Pensaban que si aquel hombre magnífico hubiera vivido en el pueblo, su casa habría tenido **las** puertas **más anchas, el** techo **más alto** y **el** piso **más firme,** y el bastidor de su cama habría sido de cuadernas maestras con pernos de hierro, y su mujer habría sido **la más feliz.**»

3. Comparativos y superlativos especiales: Los adjetivos **grande, pequeño, malo** y **bueno** tienen formas comparativas y superlativas especiales.

	Comparativo	Superlativo
grande	mayor	el mayor
pequeño	menor	el menor
malo	peor	el peor
bueno	mejor	el mejor

J. Lo más hermoso de mi vida. Escribe una narrativa corta sobre lo más hermoso de tu vida.

- Tu narrativa puede tratar de una experiencia que has tenido o que te gustaría tener, o bien puede tratar de una persona o un lugar que conoces.

- Tu narrativa ha de incluir adjetivos en grado comparativo y superlativo.

CREEMOS LITERATURA

K. Anuncio comercial. Como en gran parte de la obra de García Márquez, el ambiente de «El ahogado más hermoso del mundo» se localiza en el Caribe. Como parte del proyecto periodístico que vas a realizar a través de las lecciones de esta unidad, diseña un anuncio comercial propio de un periódico caribeño.

Como actividad de pre-escritura:

- Realiza una lluvia de ideas sobre los elementos necesarios para la vida cotidiana en una ciudad costera del Caribe.

- Después escoge el tema comercial que más te guste para elaborar tu anuncio.

Para el borrador:

- Consulta un periódico local para ver cómo se plantea un anuncio con el fin de dar el máximo de información posible dentro de un espacio limitado.

- Navega la Internet para averiguar cuál es la moneda colombiana. Con esta información estarás listo(a) para diseñar tu anuncio.

L. **Ensayo.** El legado de Esteban es el renovado optimismo de los aldeanos que lo adoptaron como hijo comunitario. En un ensayo bien organizado, discute cómo cambia la vida para los habitantes del pueblo de Esteban. Para formular tu hipótesis, considera esta cita del final de la historia: «No tuvieron necesidad de mirarse los unos a los otros para darse cuenta de que ya no estaban completos, ni volverían a estarlo jamás. Pero también sabían que todo sería diferente desde entonces...». Los apuntes que hiciste en el ejercicio *E* te ayudarán a organizar tus ideas.

El árbol de oro

ALISTÉMONOS PARA LEER

El protagonista del siguiente cuento de la escritora española Ana María Matute reconstruye vivencias de su infancia en las que mezcla la realidad con la fantasía. A medida que leas el cuento piensa en cuál puede ser el significado del árbol de oro.

A. **Cuadro de comparación y contraste.**   ¿Conoces a alguien que de niño haya creado situaciones o personajes imaginarios?

- Copia el siguiente cuadro en tu cuaderno.
- Llena la primera parte del cuadro basándote en tus propias experiencias.

	Experiencia personal	Experiencia del cuento
¿Quién es el personaje?		
¿Qué imaginaba?		
¿Cuál era la reacción de los demás?		
¿Cómo se resolvió el asunto?		

VOCABULARIO CLAVE DEL TEXTO

Familiarízate con el vocabulario clave del texto según las indicaciones de tu maestro(a).

don	yerma
cegador	encarnado
codiciado	pedregosa

LEAMOS ACTIVAMENTE

B. **Enseñanza recíproca.** En parejas lean en silencio aproximadamente media página del cuento, asegurándose de llegar al final del párrafo.

- El (La) estudiante **A** hará un resumen de lo leído, iniciará una discusión y anticipará posibles desarrollos en el cuento.

- A continuación lean la siguiente media página en silencio.

- Ahora le corresponde al (a la) alumno(a) **B** sintetizar, iniciar la discusión y anticipar.

- Cubran de esta manera todo el cuento.

El árbol de oro

Ana María Matute

Asistí durante el otoño a la escuela de la señorita Leocadia, en la aldea, porque mi salud no andaba bien y el abuelo retrasó mi vuelta a la ciudad. Como era el tiempo frío y estaban los suelos embarrados y no se veía rastro de muchachos, me aburría dentro de la casa, y pedí al abuelo asistir a la escuela. El abuelo consintió, y acudí a aquella casita alargada y blanca de cal, con el tejado pajizo y requemado por el sol y las nieves, a las afueras del pueblo.

La señorita Leocadia era alta y gruesa, tenía el carácter más bien áspero y grandes juanetes en los pies, que la obligaban a andar como quien arrastra cadenas. Las clases en la escuela, con la lluvia rebotando en el tejado y en los cristales, con las moscas pegajosas de la tormenta y persiguiéndose alrededor de la bombilla, tenían su atractivo. Recuerdo especialmente a un muchacho de unos diez años, hijo de un aparcero muy pobre, llamado Ivo. Era un muchacho delgado, de ojos azules, que bizqueaba ligeramente al hablar. Todos los muchachos y muchachas de la escuela admiraban y envidiaban un poco a Ivo, por el don que poseía de atraer la atención sobre sí, en todo momento. No es que fuera ni inteligente ni gracioso, y, sin embargo, había algo en él, en su voz quizás, en las cosas que conseguía cautivar a quien le escuchase. También la señorita Leocadia se dejaba prender de aquella red de plata que Ivo tendía a cuantos atendían sus enrevesadas conversaciones, y —yo creo que muchas veces contra su voluntad— la señorita Leocadia le confiaba a Ivo tareas deseadas por todos, o distinciones que merecían alumnos más estudiosos y aplicados.

Quizá lo que más se envidiaba de Ivo era la posesión de la codiciada llave de la torrecita. Ésta era, en efecto, una pequeña torre situada en un ángulo de la escuela, en cuyo interior se guardaban los libros de lectura. Allí entraba Ivo a buscarlos, y allí volvía a dejarlos, al terminar la clase. La señorita Leocadia se lo encomendó a él, nadie sabía en realidad por qué.

Ivo estaba muy orgulloso de esta distinción, y por nada del mundo la hubiera cedido. Un día, Mateo Heredia, el más aplicado y estudioso de la escuela, pidió encargarse de la tarea —a todos nos fascinaba el misterioso interior de la torrecita, donde no entramos nunca—, y la señorita Leocadia pareció acceder. Pero Ivo se levantó, y acercándose a la maestra empezó a hablarle en su voz baja, bizqueando los ojos y moviendo mucho las manos, como tenía por costumbre. La maestra dudó un poco, y al fin dijo:

—Quede todo como estaba. Que siga encargándose Ivo de la torrecita.

A la salida de la escuela le pregunté:

—¿Qué le has dicho a la maestra?

Ivo me miró de través y vi relampaguear sus ojos azules.

—Le hablé del árbol de oro.

Sentí una gran curiosidad.

—¿Qué árbol?

Hacía frío y el camino estaba húmedo, con grandes charcos que brillaban al sol pálido de la tarde. Ivo empezó a chapotear en ellos, sonriendo con misterio.

—Si no se lo cuentas a nadie...

—Te lo juro, que a nadie se lo diré.

Entonces Ivo me explicó:

—Veo un árbol de oro. Un árbol completamente de oro: ramas, tronco, hojas... ¿sabes? Las hojas no se caen nunca. En verano, en invierno, siempre. Resplandece mucho; tanto, que tengo que cerrar los ojos para que no me duelan.

—¡Qué embustero eres! —dije, aunque con algo de zozobra. Ivo me miró con desprecio.

—No te lo creas —contestó—. Me es completamente igual que te lo creas o no... ¡Nadie entrará nunca en la torrecita, y a nadie dejaré ver mi árbol de oro! ¡Es mío! La señorita Leocadia lo sabe, y no se atreve a darle la llave a Mateo Heredia, ni a nadie... ¡Mientras yo viva, nadie podrá entrar allí y ver mi árbol!

Lo dijo de tal forma que no pude evitar preguntarle:

—¿Y cómo lo ves...?

—Ah, no es fácil —dijo, con aire misterioso—. Cualquiera no podría verlo. Yo sé la rendija exacta.

—¿Rendija...?

—Sí, una rendija de la pared. Una que hay corriendo el cajón de la derecha: me agacho y me paso horas y horas... ¡Cómo brilla el árbol! ¡Cómo brilla! Fíjate que si algún pájaro se le pone encima también se vuelve de oro. Eso me digo yo: si me subiera a una rama, ¿me volvería acaso de oro también?

No supe qué decirle, pero, desde aquel momento, mi deseo de ver el árbol creció de tal forma que me desasosegaba. Todos los días, al acabar la clase de lectura, Ivo se acercaba al cajón de la maestra, sacaba la llave y se dirigía a la torrecita. Cuando volvía, le preguntaba:

—¿Lo has visto?

—Sí —me contestaba. Y, a veces, explicaba alguna novedad:

—Le han salido unas flores raras. Mira: así de grandes, como mi mano lo menos, y con los pétalos alargados. Me parece que esa flor es parecida al arzadú.

—¡La flor del frío! —decía yo, con asombro—. ¡Pero el arzadú es encarnado!

—Muy bien —asentía él, con gesto de paciencia—. Pero en mi árbol es oro puro.

—Además, el arzadú crece al borde de los caminos... y no es un árbol.

No se podía discutir con él. Siempre tenía razón, o por lo menos lo parecía.

Ocurrió entonces algo que secretamente yo deseaba; me avergonzaba sentirlo, pero así era: Ivo enfermó, y la señorita Leocadia encargó a otro la llave de la torrecita. Primeramente, la disfrutó Mateo Heredia. Yo espié su regreso, el primer día, y le dije:

—¿Has visto un árbol de oro?

—¿Qué andas graznando? —me contestó de malos modos, porque no era simpático, y menos conmigo. Quise dárselo a entender, pero no me hizo caso. Unos días después, me dijo:

—Si me das algo a cambio, te dejo un ratito la llave y vas durante el recreo. Nadie te verá...

Vacié mi hucha, y, por fin, conseguí la codiciada llave. Mis manos temblaban de emoción cuando entré en el cuartito de la torre. Allí estaba el cajón. Lo aparté y vi brillar la rendija en la oscuridad. Me agaché y miré.

Cuando la luz dejó de cegarme, mi ojo derecho sólo descubrió una cosa: la seca tierra de la llanura alargándose hacia el cielo. Nada más. Lo mismo que se veía desde las ventanas altas. La tierra desnuda y yerma, y nada más que la tierra. Tuve una gran decepción y la seguridad de que me habían estafado. No sabía cómo ni de qué manera, pero me habían estafado.

Olvidé la llave y el árbol de oro. Antes de que llegaran las nieves regresé a la ciudad.

Dos veranos más tarde volví a las montañas. Un día, pasando por el cementerio —era ya tarde y se anunciaba la noche en el cielo: el sol, como una bola roja, caía a lo lejos, hacia la carrera terrible y sosegada de la llanura—, vi algo extraño. De la tierra grasienta y pedregosa, entre las cruces caídas, nacía un árbol grande y hermoso, con las hojas anchas de oro: encendido y brillante todo él, cegador. Algo me vino a la memoria, como un sueño, y pensé: «Es un árbol de oro». Busqué al pie del árbol, y no tardé en dar con una crucecilla de hierro negro, mohosa por la lluvia. Mientras la enderezaba, leí: IVO MÁRQUES, DE DIEZ AÑOS DE EDAD.

Y no daba tristeza alguna, sino, tal vez, una extraña y muy grande alegría.

C. Reflexión literaria.   Contesta las siguientes preguntas utilizando oraciones completas.

1.   ¿Qué te gustó más del cuento «El árbol de oro»? ¿Por qué?
2.   Inventa otro final para el cuento.
3.   Si fueras dibujante, ¿cómo ilustrarías este cuento?

Conozcamos a la autora

ANA MARÍA MATUTE

Las experiencias de la Guerra Civil española así como los años posteriores de penurias dejaron una huella indeleble en Ana María Matute, plenamente reflejada en los argumentos y los personajes que constituyen su obra literaria. Entre los temas de su narrativa encontramos la soledad, la enajenación, la huida y el fratricidio, casi siempre ambientados en el mundo interior de los niños y adolescentes.

La prosa de Matute es a la vez precisa y rica, conmovedora y enérgica, y en ella abunda el simbolismo. A través de sus imágenes —sobre todo las visuales— se crean el tono, el lugar y los personajes de sus relatos, involucrando inevitablemente el sentimiento de todo lector con la angustia y desesperación de sus protagonistas.

AMPLIEMOS NUESTRA COMPRENSIÓN

D. Cuadro de comparación y contraste.   Ahora que has terminado la lectura del cuento, completa la segunda parte del cuadro de comparación y contraste (ejercicio A).

E. **Trabajo de equipo.** Van a trabajar en equipos de cuatro.

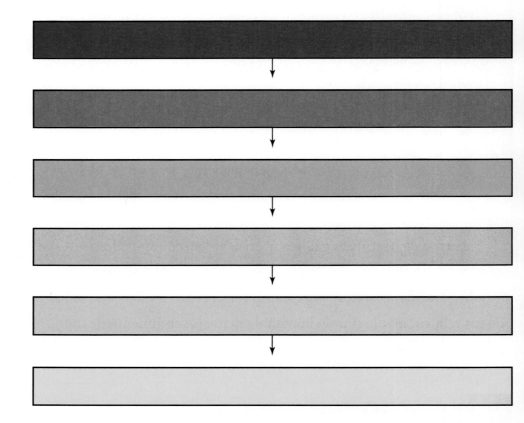

- Compartan sus ideas acerca del significado del «árbol de oro».
- Luego hagan una ilustración representando las distintas interpretaciones del grupo.

F. **Secuencia de acciones.** Si tuvieras que reducir este cuento a sus seis acciones principales, ¿cuáles serían estas acciones?

- Resume cada una de ellas en una o dos oraciones.
- Anótalas en un diagrama como el que sigue a continuación.

EXPLOREMOS EL LENGUAJE

TIEMPO Y MODO

1. Tiempo

   El **presente,** el **pasado** y el **futuro** son los tiempos fundamentales del verbo, como puedes observar en las siguientes citas procedentes de «El árbol de oro».

   ■ «**Veo** un árbol de oro. Un árbol completamente de oro: ramas, tronco, hojas... ¿**sabes**?»

   ■ «**Asistí** durante el otoño a la escuela de la señorita Leocadia, en la aldea, porque mi salud no **andaba** bien y el abuelo **retrasó** mi vuelta a la ciudad.»

   ■ «¡Nadie **entrará** nunca en la torrecita, y a nadie **dejaré** ver mi árbol de oro!»

2. Modo

   Para decidir qué forma del verbo usar en una oración, hay varias consideraciones que hacemos inconscientemente. Primero, ¿a qué persona nos referimos? Después, ¿cuándo ocurre la acción que expresamos? Finalmente, tenemos que decidirnos por el modo. Hay tres modos:

   ■ el modo indicativo
   ■ el modo imperativo
   ■ el modo subjuntivo

   El modo indicativo expresa acciones reales:

   ■ «Quizá lo que más se envidiaba de Ivo era la posesión de la codiciada llave de la torrecita.»

   El modo imperativo expresa una orden.

   ■ «No te lo creas.»

   El modo subjuntivo principalmente expresa deseo, duda, consejo o ruego.

- «¡Mientras yo **viva,** nadie podrá entrar allí y ver mi árbol!»
- «**Quede** todo como estaba. Que **siga** encargándose Ivo de la torrecita.»
- «Eso me digo yo: si me **subiera** a una rama, ¿me volvería acaso de oro también?»

G. **Diálogo.** Escribe el diálogo que podría haber ocurrido entre la Srta. Leocadia e Ivo cuando Mateo Heredia pretendía conseguir la llave de la torrecita. Tu diálogo incluirá como mínimo:

- una oración en el presente, otra en el pasado y una tercera oración en el futuro;
- una oración en el modo imperativo, otra en el indicativo y una tercera oración en el subjuntivo.

CREEMOS LITERATURA

H. **Carta a la autora.** Escribe una carta a la escritora Ana María Matute comentando tu opinión personal del cuento «El árbol de oro». Utiliza la secuencia de acciones que elaboraste en el ejercicio *F* para concretar los eventos del argumento que más te atrajeron o los que menos te gustaron.

¡Ojo! Recuerda apoyar tu opinión con ejemplos específicos del texto.

I. **Ensayo interpretativo.** ¿Cuál es el significado del árbol de oro? Basándote en las ideas que elaboraste en el ejercicio *E*, escribe un ensayo en el que interpretas el significado del árbol de oro.

¡Ojo! Recuerda sustentar tu opinión en el cuerpo del ensayo con tres ejemplos del texto, empezando con el ejemplo más fuerte y terminando con el ejemplo más débil.

La noche boca arriba

Alistémonos para leer

«La vida es sueño, y los sueños sueños son.»

—Calderón de la Barca

«Sueños de niños», Luis López-Loza

A. **Entrevista estructurada.** Tu maestro(a) te pedirá que realices una entrevista estructurada a un(a) amigo(a) o a alguien de tu familia o de tu vecindario. Utiliza las siguientes preguntas en el mismo orden que aparecen.

¡Ojo! No olvides apuntar las respuestas de la persona entrevistada.

1. ¿Cómo te llamas?
2. ¿Qué edad tienes?
3. ¿En qué país naciste?
4. (Si es aplicable) ¿Cuánto tiempo hace que vives en este país?
5. ¿Sueñas regularmente o no recuerdas tus sueños normalmente?
6. ¿Sueñas en color o en blanco y negro?
7. ¿Crees que los sueños pueden presagiar el futuro?
8. ¿Has soñado alguna vez que eras otra persona?

B. **Tres en turno.** Comparte tu entrevista con otros(as) dos compañeros(as).

- Por turno, reporten los resultados de sus entrevistas.
- Comenten si hay consistencia a través de las respuestas de los entrevistados.
- Discutan sus propias ideas sobre el tema de los sueños.

VOCABULARIO CLAVE DEL TEXTO

Familiarízate con el vocabulario clave del texto según las indicaciones de tu maestro(a).

zaguán   tembladerales
amuleto   modorra
marisma   incienso
acólito

LEAMOS ACTIVAMENTE

C. **Cuadro de comparación y contraste.** En «La noche boca arriba» el autor juega con dos planos de la realidad. Identifica los componentes de cada uno utilizando el siguiente cuadro.

- Copia o calca el diagrama en tu cuaderno.
- A lo largo de la lectura, anotarás los datos pertinentes.

	Primer plano	Segundo plano
¿Quién es el personaje?		
¿Dónde está?		
¿Qué le ocurre?		

D. **Lectura en voz alta.** Leerán la primera parte del cuento en voz alta bajo la dirección del (de la) maestro(a).

E. **Cuadro de comparación y contraste.** Trabajando con un(a) compañero(a), completa la primera columna del cuadro del ejercicio C.

F. **Lectura.** El (La) maestro(a) leerá en voz alta el segundo fragmento del cuento.

G. **Cuadro de comparación y contraste.** Completa la segunda columna del cuadro del ejercicio C, trabajando individualmente. Después comparte tus respuestas con las de un(a) compañero(a).

H. **Lectura individual.** Lee la tercera parte del cuento silenciosamente.

I. **Predicción.** Trabajando con otros(as) dos compañeros(as), hagan predicciones sobre el desenlace de la historia.

J. **Lectura a dos voces.** Tu maestro(a) designará a dos estudiantes para leer en voz alta la última parte de la historia.

- El (La) primer(a) alumno(a) leerá las partes del cuento escritas en azul.
- El (La) segundo(a) alumno(a) leerá las partes del cuento escritas en verde.

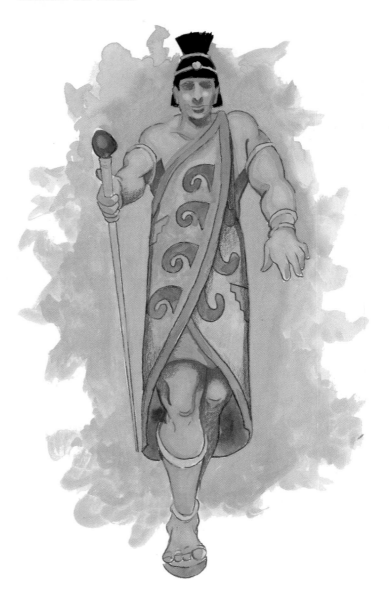

La noche boca arriba

Julio Cortázar

PRIMERA PARTE

A mitad del largo zaguán del hotel pensó que debía ser tarde, y se apuró a salir a la calle y sacar la motocicleta del rincón donde el portero de al lado le permitía guardarla. En la joyería de la esquina vio que eran las nueve menos diez; llegaría con tiempo sobrado adonde iba. El sol se filtraba entre los altos edificios del centro, y él —porque para sí mismo, para ir pensando, no tenía nombre— montó en la máquina saboreando el paseo. La moto ronroneaba entre sus piernas, y un viento fresco le chicoteaba los pantalones.

Dejó pasar los ministerios (el rosa, el blanco) y la serie de comercios con brillantes vitrinas de la calle Central. Ahora entraba en la parte más agradable del trayecto, el verdadero paseo: una calle larga, bordeada de árboles, con poco tráfico y amplias villas que dejaban venir los jardines hasta las aceras, apenas demarcadas por setos bajos. Quizá algo distraído, pero corriendo sobre la derecha como correspondía, se dejó llevar por la tersura, por la leve crispación de ese día apenas empezado. Tal vez su involuntario relajamiento le impidió prevenir el accidente. Cuando vio que la mujer parada en la esquina se lanzaba a la calzada a pesar de las luces verdes, ya era tarde para las soluciones fáciles. Frenó con el pie y la mano, desviándose a la izquierda; oyó el grito de la mujer, y junto con el choque perdió la visión. Fue como dormirse de golpe.

Volvió bruscamente del desmayo. Cuatro o cinco hombres jóvenes lo estaban sacando de debajo de la moto. Sentía gusto a sal

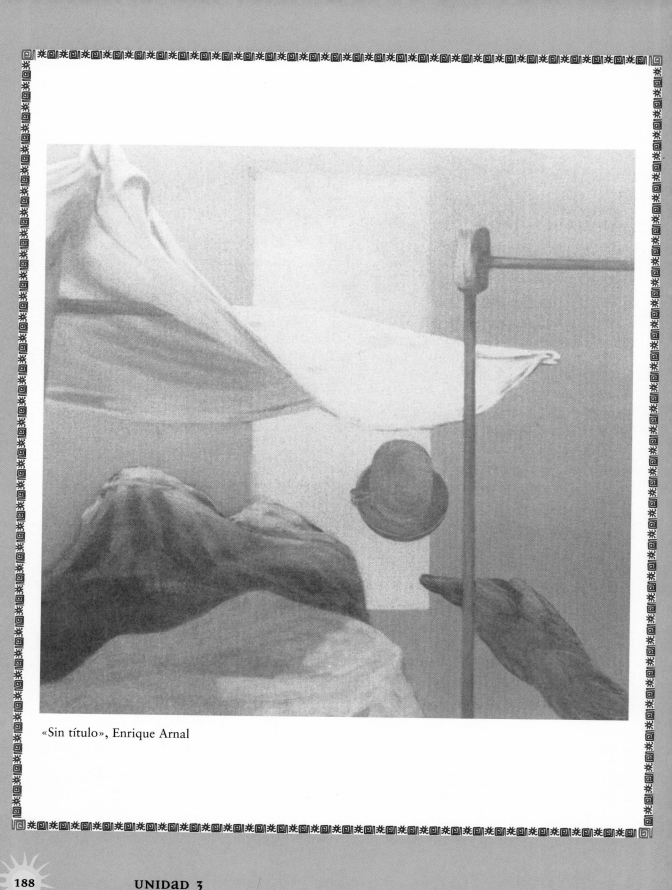

«Sin título», Enrique Arnal

y sangre, le dolía una rodilla, y cuando lo alzaron gritó, porque no podía soportar la presión en el brazo derecho. Voces que no parecían pertenecer a las caras suspendidas sobre él, lo alentaban con bromas y seguridades. Su único alivio fue oír la confirmación de que había estado en su derecho al cruzar la esquina. Preguntó por la mujer, tratando de dominar la náusea que le ganaba la garganta. Mientras lo llevaban boca arriba hasta una farmacia próxima, supo que la causante del accidente no tenía más que rasguños en las piernas. «Usté la agarró apenas, pero el golpe le hizo saltar la máquina de costado...» Opiniones, recuerdos, despacio, éntrenlo de espaldas, así va bien, y alguien con guardapolvo dándole a beber un trago que lo alivió en la penumbra de una pequeña farmacia de barrio.

La ambulancia policial llegó a los cinco minutos, y lo subieron a una camilla blanda donde pudo tenderse a gusto. Con toda lucidez, pero sabiendo que estaba bajo los efectos de un *shock* terrible, dio sus señas al policía que lo acompañaba. El brazo casi no le dolía; de una cortadura en la ceja goteaba sangre por toda la cara. Una o dos veces se lamió los labios para beberla. Se sentía bien, era un accidente, mala suerte; unas semanas quieto y nada más. El vigilante le dijo que la motocicleta no parecía estropeada. «Natural», dijo él. «Como que me la ligué encima...» Los dos se rieron, y el vigilante le dio la mano al llegar al hospital y le deseó buena suerte. Ya la náusea volvía poco a poco; mientras lo llevaban en una camilla de ruedas hasta un pabellón del fondo, pasando bajo árboles llenos de pájaros, cerró los ojos y deseó estar dormido o cloroformado. Pero lo tuvieron largo rato en una pieza con olor a hospital, llenando una ficha, quitándole la ropa y vistiéndolo con una camisa grisácea y dura. Le movían cuidadosamente el brazo, sin que le doliera. Las enfermeras bromeaban todo el tiempo, y si no hubiera sido por las contracciones del estómago se habría sentido muy bien, casi contento.

Lo llevaron a la sala de radio, y veinte minutos después, con la placa todavía húmeda puesta sobre el pecho como una lápida negra, pasó a la sala de operaciones. Alguien de blanco, alto y delgado, se le acercó y se puso a mirar la radiografía. Manos de mujer le acomodaban la cabeza, sintió que lo pasaban de una camilla a otra. El hombre de blanco se le acercó otra vez, sonriendo, con algo que le brillaba en la mano derecha. Le palmeó la mejilla e hizo una seña a alguien parado atrás.

Segunda parte

Como sueño era curioso porque estaba lleno de olores y él nunca soñaba olores. Primero un olor a pantano, ya que a la izquierda de la calzada empezaban las marismas, los tembladerales de donde no volvía nadie. Pero el olor cesó, y en cambio vino una fragancia compuesta y oscura como la noche en que se movía huyendo de los aztecas. Y todo era tan natural, tenía que huir de los aztecas que andaban a la caza del hombre, y su única probabilidad era la de esconderse en lo más denso de la selva, cuidando de no apartarse de la estrecha calzada que sólo ellos, los motecas, conocían.

Lo que más lo torturaba era el olor, como si aun en la absoluta aceptación del sueño algo se rebelara contra eso que no era habitual, que hasta entonces no había participado del juego. «Huele a guerra», pensó, tocando instintivamente el puñal de piedra atavesado en su ceñidor de lana tejida. Un sonido inesperado lo hizo agacharse y quedar inmóvil, temblando. Tener miedo no era extraño, en sus sueños abundaba el miedo. Esperó, tapado por las ramas de un arbusto y la noche sin estrellas. Muy lejos, probablemente del otro lado del gran lago, debían estar ardiendo fuegos de vivac; un resplandor rojizo teñía esa parte del cielo. El sonido no se repitió. Había sido como una rama quebrada. Tal vez un animal que escapaba como él del olor de la guerra. Se enderezó despacio, venteando. No se oía nada, pero el miedo seguía allí como el olor, ese incienso dulzón de la guerra florida. Había que seguir, llegar al corazón de la selva evitando las ciénagas. A tientas, agachándose a cada instante para tocar el suelo más duro de la calzada, dio algunos pasos. Hubiera querido echar a correr, pero los tembladerales palpitaban a su lado. En el sendero en tinieblas, buscó el rumbo. Entonces sintió una bocanada horrible del olor que más temía, y saltó desesperado hacia adelante.

TERCERA PARTE

—Se va a caer de la cama —dijo el enfermo de al lado—. No brinque tanto, amigazo.

Abrió los ojos y era de tarde, con el sol ya bajo en los ventanales de la larga sala. Mientras trataba de sonreír a su vecino, se despegó casi físicamente de la última visión de la pesadilla. El brazo, enyesado, colgaba de un aparato con pesas y poleas. Sintió sed, como si hubiera estado corriendo kilómetros, pero no querían darle mucha agua, apenas para mojarse los labios y hacer un buche. La fiebre lo iba ganando despacio y hubiera podido dormirse otra vez, pero saboreaba el placer de quedarse despierto, entornados los ojos, escuchando el diálogo de los otros enfermos, respondiendo de cuando en cuando a alguna pregunta. Vio llegar un carrito blanco

«Juego entre columnas», Manuel Rendón

que pusieron al lado de su cama, una enfermera rubia le frotó con alcohol la cara anterior del muslo, y le clavó una gruesa aguja conectada con un tubo que subía hasta un frasco lleno de líquido opalino. Un médico joven vino con un aparato de metal y cuero que le ajustó al brazo sano para verificar alguna cosa. Caía la noche, y la fiebre lo iba arrastrando blandamente a un estado donde las cosas tenían un relieve como de gemelos de teatro, eran reales y dulces y a la vez ligeramente repugnantes, como estar viendo una película aburrida y pensar que sin embargo en la calle es peor, y quedarse.

Vino una taza de maravilloso caldo de oro oliendo a puerro, a apio, a perejil. Un trocito de pan, más precioso que todo un banquete, se fue desmigajando poco a poco. El brazo no le dolía nada y solamente en la ceja, donde lo habían suturado, chirriaba a veces una punzada caliente y rápida. Cuando los ventanales de enfrente viraron a manchas de un azul oscuro, pensó que no le iba a ser difícil dormirse. Un poco incómodo, de espaldas, pero al pasarse la lengua por los labios resecos y calientes sintió el sabor del caldo, y suspiró de felicidad, abandonándose.

CUARTA PARTE

Primero fue una confusión, un atraer hacia sí todas las sensaciones por un instante embotadas o confundidas. Comprendía que estaba corriendo en plena oscuridad, aunque arriba el cielo cruzado de copas de árboles era menos negro que el resto. «La calzada», pensó. «Me salí de la calzada.» Sus pies se hundían en un colchón de hojas y barro, y ya no podía dar un paso sin que las ramas de los arbustos

«Molestias nocturnas», Pino Deodato

le azotaran el torso y las piernas. Jadeante, sabiéndose acorralado a pesar de la oscuridad y el silencio, se agachó para escuchar. Tal vez la calzada estaba cerca, con la primera luz de día iba a verla otra vez. Nada podía ayudarlo ahora a encontrarla. La mano que sin saberlo él aferraba al mango del puñal, subió como el escorpión de los pantanos hasta su cuello, donde colgaba el amuleto protector. Moviendo apenas los labios musitó la plegaria del maíz que trae las lunas felices, y la súplica a la Muy Alta, a la dispensadora de los bienes motecas. Pero sentía al mismo tiempo que los tobillos se le estaban hundiendo despacio en el barro, y la espera en la oscuridad del chaparral desconocido se le hacía insoportable. La guerra florida había empezado con la luna y llevaba ya tres días y tres noches. Si conseguía refugiarse en lo profundo de la selva, abandonando la calzada más allá de la región de las ciénagas, quizá los guerreros no le siguieran el rastro. Pensó en los muchos prisioneros que ya habrían hecho. Pero la cantidad no contaba, sino el tiempo sagrado. La caza continuaría hasta que los sacerdotes dieran la señal del regreso. Todo tenía su número y su fin, y él estaba dentro del tiempo sagrado, del otro lado de los cazadores.

Oyó los gritos y se enderezó de un salto, puñal en mano. Como si el cielo se incendiara en el horizonte, vio antorchas moviéndose entre las ramas, muy cerca. El olor a guerra era insoportable, y cuando el primer enemigo le saltó al cuello casi sintió placer en hundirle la hoja de piedra en pleno pecho. Ya lo rodeaban las luces, los gritos alegres. Alcanzó a cortar el aire una o dos veces y entonces una soga lo atrapó desde atrás.

—Es la fiebre —dijo el de la cama de al lado—. A mí me pasaba igual cuando me operé del duodeno. Tome agua y va a ver que duerme bien.

Al lado de la noche de donde volvía, la penumbra tibia de la sala le pareció deliciosa. Una lámpara violeta velaba en lo alto de la pared del fondo como un ojo protector. Se oía toser, respirar fuerte, a veces un diálogo en voz baja. Todo era grato y seguro, sin ese acoso, sin... Pero no quería seguir pensando en la pesadilla. Había tantas cosas en qué entretenerse. Se puso a mirar el yeso del brazo, las poleas que tan cómodamente se lo sostenían en el aire. Le habían puesto una botella de agua mineral en la mesa de noche. Bebió del gollete, golosamente. Distinguía ahora las formas de la sala, las treinta camas, los armarios con vitrinas. Ya no debía tener tanta fiebre, sentía fresca la cara. La ceja le dolía apenas, como un recuerdo. Se vio otra vez saliendo del hotel, sacando la moto. ¿Quién hubiera pensado que la cosa iba a acabar así? Trataba de fijar el momento del accidente, y le dio rabia advertir que había ahí como un hueco, un vacío que no alcanzaba a rellenar. Entre el choque y el momento en que lo habían levantado del suelo, un desmayo o lo que fuera no le dejaba ver nada. Y al mismo tiempo tenía la sensación de que ese hueco, ese nada, había durado una eternidad. No, ni siquiera tiempo, más bien como si en ese hueco él hubiera pasado a través de algo o recorrido distancias inmensas. El choque, el golpe brutal contra el pavimento. De todas maneras al salir del pozo negro había sentido casi un alivio mientras los hombres lo alzaban del suelo. Con el dolor del brazo roto, la sangre de la ceja partida, la contusión en la rodilla; con todo eso, un alivio al volver al día y sentirse sostenido y auxiliado. Y era raro. Le preguntaría alguna vez al médico de la oficina. Ahora volvía a ganarlo el sueño, a tirarlo despacio hacia abajo. La almohada era tan blanda, y en su garganta afiebrada la frescura del agua mineral. Quizá pudiera descansar de veras, sin las malditas pesadillas. La luz violeta de la lámpara en lo alto se iba apagando poco a poco.

Como dormía de espaldas, no lo sorprendió la posición en que volvía a reconocerse, pero en cambio el olor a humedad, a piedra rezumante de filtraciones, le cerró la garganta y lo obligó a comprender. Inútil abrir los ojos y mirar en toda direcciones; lo envolvía una oscuridad absoluta. Quiso enderezarse y sintió las sogas en las muñecas y los tobillos. Estaba estaqueado en el suelo, en un piso de lajas helado y húmedo. El frío le ganaba la espalda desnuda, las piernas. Con el mentón buscó torpemente el contacto con su amuleto, y supo que se lo habían arrancado. Ahora estaba perdido, ninguna plegaria podía salvarlo del final. Lejanamente, como filtrándose entre las piedras del calabozo, oyó los atabales de la fiesta. Lo habían traído al teocalli, estaba en las mazmorras del templo a la espera de su turno.

Oyó gritar, un grito ronco que rebotaba en las paredes. Otro grito acabando en un quejido. Era él que gritaba en las tinieblas, gritaba porque estaba vivo, todo su cuerpo se defendía con el grito de lo que iba a venir, del final inevitable. Pensó en sus compañeros que llenarían otras mazmorras, y en los que ascendían ya los peldaños del sacrificio. Gritó de nuevo sofocadamente, casi no podía abrir la boca, tenía las mandíbulas agarrotadas y a la vez como si fueran de goma y se abrieran lentamente, con un esfuerzo interminable. El chirriar de los cerrojos lo sacudió como un látigo. Convulso, retorciéndose, luchó por zafarse de las cuerdas que se le hundían en la carne. Su brazo derecho, el más fuerte, tiraba hasta que el dolor se hizo intolerable y tuvo que ceder. Vio abrirse la doble puerta, y el olor de las antorchas le llegó antes que la luz. Apenas ceñidos con el taparrabos de la ceremonia, los acólitos de los sacerdotes se le acercaron mirándolo con desprecio. Las luces se reflejaban en los torsos sudados, en el pelo negro lleno de plumas. Cedieron las sogas, y en su lugar lo aferraron manos calientes, duras como bronce; se sintió alzado, siempre boca arriba, tironeado por los cuatro acólitos que lo llevaban por el pasadizo. Los portadores de antorchas iban adelante, alumbrando vagamente el corredor de paredes mojadas y techo tan bajo que los acólitos debían agachar la cabeza. Ahora lo llevaban, lo llevaban, era el final. Boca arriba, a un metro del techo de roca viva que por momentos se iluminaba con un reflejo de antorcha. Cuando en vez del techo nacieran las estrellas y se alzara frente a él la escalinata incendiada de gritos y danzas sería el fin. El pasadizo no acababa nunca, pero ya iba a acabar, de repente olería el aire libre lleno de estrellas, pero todavía no, andaban llevándolo sin fin en la penumbra roja, tironeándolo bruscamente, y él no quería, pero cómo impedirlo si le habían arrancado el amuleto que era su verdadero corazón, el centro de la vida.

Salió de un brinco a la noche del hospital, al alto cielo raso dulce, a la sombra blanda que lo rodeaba. Pensó que debía haber gritado, pero sus vecinos dormían callados. En la mesa de noche, la botella de agua tenía algo de burbuja, de imagen traslúcida contra la sombra azulada de los ventanales. Jadeó, buscando el alivio de los pulmones, el olvido de esas imágenes que seguían pegadas a sus párpados. Cada vez que cerraba los ojos las veía formarse instantáneamente, y se enderezaba aterrado pero gozando a la vez del saber que ahora estaba despierto, que la vigilia lo protegía, que pronto iba a amanecer, con el buen sueño profundo que se tiene a esa hora, sin imágenes, sin nada... Le costaba mantener los ojos abiertos, la modorra era más fuerte que él. Hizo un último esfuerzo, con la mano sana esbozó un gesto hacia la botella de agua; no llegó a tomarla, sus dedos se cerraron en un vacío otra vez negro, y el pasadizo seguía interminable, roca tras roca, con súbitas fulguraciones rojizas, y él boca arriba gimió apagadamente porque el techo iba a acabarse, subía, abriéndose como una boca de sombra, y los acólitos se enderezaban y de la altura una luna menguante le cayó en la cara donde los ojos no querían verla, desesperadamente se cerraban y abrían buscando pasar al otro lado, descubrir de nuevo el cielo raso protector de la sala. Y cada vez que se abrían era la noche y la luna mientras lo subían por la escalinata, ahora con la cabeza colgando hacia abajo, y en lo alto estaban las hogueras, las rojas columnas de humo perfumado, y de golpe vio la piedra roja, brillante de sangre que chorreaba, y el vaivén de los pies del sacrificado que arrastraban para tirarlo rodando por las escalinatas del norte. Con una última esperanza apretó los párpados, gimiendo por despertar. Durante un segundo creyó que lo lograría porque otra vez estaba inmóvil en la cama, a salvo del balanceo cabeza abajo. Pero olía la muerte, y cuando abrió los ojos vio la figura ensangrentada del sacrificador que venía hacia él con el cuchillo de piedra en la mano. Alcanzó a cerrar otra vez los párpados, aunque ahora sabía que no iba a despertarse, que estaba despierto, que el sueño maravilloso había sido el otro, absurdo como todos los sueños; un sueño en el que había andado por extrañas avenidas de una ciudad asombrosa, con luces verdes y rojas que ardían sin llama ni humo, con un enorme insecto de metal que zumbaba bajo sus piernas. En la mentira infinita de ese sueño también lo habían alzado del suelo, también alguien se le había acercado con un cuchillo en la mano, a él tendido boca arriba, a él boca arriba con los ojos cerrados entre las hogueras.

«Inquietos luceros», Orlando Agudelo-Botero

K. **Reflexión literaria.** Contesta las siguientes preguntas utilizando oraciones completas.

1. ¿Qué te gustó más y qué menos de «La noche boca arriba»? ¿Por qué?

2. ¿Te has sentido alguna vez como el protagonista del cuento? Describe la experiencia.

3. Si fueras artista, ¿cómo ilustrarías «La noche boca arriba»?

4. Describe cómo te imaginas a Julio Cortázar, el autor de «La noche boca arriba».

Conozcamos al autor

JULIO CORTÁZAR Nacido en Bruselas de padres argentinos, Julio Cortázar se educó en la Argentina, donde fue profesor al nivel secundario y universitario antes de volver a Europa definitivamente en 1951 por razones políticas. Tomó la ciudadanía francesa en 1981 sin renunciar a la suya argentina, manteniéndose activo en la política latinoamericana hasta su muerte en 1984.

A Julio Cortázar se lo reconoce mundialmente como innovador de la narrativa latinoamericana. Novelista, cuentista y ensayista, pertenece a la generación del *boom* latinoamericano cuyas obras fueron aclamadas por lectores y críticos literarios internacionales. Entre las inquietudes intelectuales de Cortázar se encuentran la justicia social, lo absurdo de la vida, así como la fusión de la realidad con la fantasía.

LA ENTREVISTA

En el periodismo una entrevista es una serie de preguntas que se le hacen a un personaje con el fin de conocer y publicar sus impresiones u opiniones. La entrevista puede ser:

- *Estructurada.* El entrevistador debe formular sus preguntas en el mismo orden en que aparecen.

- *Semi-estructurada.* El entrevistador tiene completa libertad para reajustar el orden, cambiar o añadir preguntas a medida que transcurre la entrevista, con el fin de explorar temas de interés que surjan durante la conversación.

AMPLIEMOS NUESTRA COMPRENSIÓN

L. **Entrevista semi-estructurada.** Entrevista a un(a) compañero(a) de tu clase sobre el cuento «La noche boca arriba».

- Formula una lista de cinco preguntas tentativas.
- Busca a un(a) compañero(a) con quien no hayas trabajado hasta ahora.
- Entrevístense tomando turnos. Recuerden que el entrevistador pregunta y apunta. No es su trabajo dar sus propias opiniones.

M. **Artículo periodístico.** Usando la información que obtuviste de tu compañero(a) en la entrevista semi-estructurada, escribe un artículo periodístico crítico en el que expongas las opiniones de tu compañero(a).

- Tu artículo debe constar de tres párrafos.

- En el primer párrafo proporcionas toda la información básica.

- El segundo párrafo contiene detalles secundarios.

- El tercer párrafo se compone de pormenores menos importantes y la conclusión.

N. Afiche colaborativo. Trabajando en grupos de cuatro, van a hacer un afiche colaborativo.

- Vuelvan a leer el cuento.

- En un dibujo sinteticen los dos planos de la realidad encontrados en «La noche boca arriba».

- Escojan una cita del cuento que resuma el tema (recuerden que las citas se escriben entre comillas).

¡Ojo! Cada grupo presentará y hará una explicación de su afiche a la clase.

EXPLOREMOS EL LENGUAJE

LOS VERBOS REGULARES E IRREGULARES

Existen en español, como en muchos idiomas, verbos regulares y verbos irregulares. Todos los verbos tanto regulares o irregulares tienen infinitivo y pertenecen a una conjugación, sea primera, segunda o tercera. Sin embargo:

Los **verbos regulares** conservan siempre la misma raíz y toman terminaciones de su conjugación.

Los **verbos irregulares** sufren cambios en su raíz y toman terminaciones particulares.

Considera estas citas de «La noche boca arriba»:

Verbos regulares

- «La moto **ronroneaba** entre sus piernas, y un viento fresco le **chicoteaba** los pantalones.»
- «**Dejó** pasar los ministerios (el rosa, el blanco) y la serie de comercios con brillantes vitrinas de la calle Central.»

Los verbos **ronronear, chicotear** y **dejar** son verbos regulares porque mantienen su raíz y toman las terminaciones de su conjugación. La cita original aparece en el pasado, pero si cambiamos el tiempo de los verbos al presente o al futuro, la raíz se mantiene:

Presente: ronronea, chicotea, deja

Futuro: ronroneará, chicoteará, dejará

Verbos irregulares

Ahora fíjate en los cambios efectuados a la raíz de los verbos irregulares **ver** y **dar** en estas citas tomadas también de «La noche boca arriba»:

- «En la joyería de la esquina **vio** que eran las nueve menos diez...».
- «Con toda lucidez, pero sabiendo que estaba bajo los efectos de un *shock* terrible, **dio** sus señas al policía que lo acompañaba.»

0. Extensión.   Las siguientes citas de la historia «La noche boca arriba» contienen verbos irregulares. Identifica el infinitivo de los verbos irregulares que aparecen **en negrita** según las indicaciones de tu maestro(a).

    1. «Con el mentón buscó torpemente el contacto con su amuleto, y **supo** que se lo habían arrancado.»
    2. «**oyó** el grito de la mujer...»
    3. «**Hizo** un último esfuerzo, con la mano sana esbozó un gesto hacia la botella de agua.»

4. «**Huele** a guerra...»

5. «Caía la noche, y la fiebre lo **iba** arrastrando blandamente a un estado donde las cosas tenían un relieve como de gemelos de teatro, eran reales y dulces y a la vez ligeramente repugnantes...»

6. «Pero el olor cesó, y en cambio **vino** una fragancia compuesta y oscura como la noche en que se movía huyendo de los aztecas.»

7. «¿Quién **hubiera** pensado que la cosa iba a terminar así?»

8. «Tome agua y va a ver que **duerme** bien.»

9. «Entonces **sintió** una bocanada horrible del olor que más temía, y saltó desesperado hacia adelante.»

10. «Su único alivio **fue** oír la confirmación de que había estado en su derecho al cruzar la esquina.»

CREEMOS LITERATURA

P. Un cuento fantástico. Imagínate que hubiera una arruga en el tiempo y un(a) nativo(a) de una antigua civilización (como el protagonista de «La noche boca arriba») se encontrara de repente en nuestro mundo, ¡precisamente en tu escuela!

- Escribe un cuento en el que describes su situación.
- Escribe tu cuento desde el punto de vista del protagonista, en tercera persona o asume el papel del (de la) narrador(a) omnisciente.

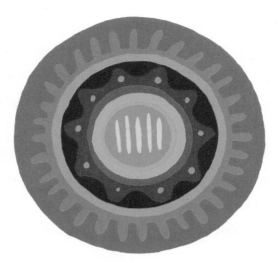

Q. Poema diamante. El poema diamante es una forma de expresar progresión de un extremo al otro. Escribe un poema dedicado al tema del sueño/realidad u otro tema reflejado en «La noche boca arriba» que elijas con la ayuda de tu maestro(a).

- Tu poema va a tomar la forma de un diamante.
- Sus elementos son los siguientes:

  Sustantivo

  Dos adjetivos

  Tres gerundios

  Cuatro infinitivos

  Tres gerundios diferentes

  Dos adjetivos diferentes

  Sustantivo (antónimo del primero o similar)

  MODELO:

  Pesadilla

  negra horrífica

  corriendo cayendo muriendo

  gemir   temblar temer   gritar

  deshaciendo regresando despertando

  soleado reconfortante

  Aurora

El sendero interior

Alistémonos para leer

¿Cuántas veces ocurre un «milagro» que nos hace recapacitar y cambiar de curso? Uno de esos incidentes es el tema que desarrolla con gran destreza la escritora cubana, radicada en los Estados Unidos, Ana Alomá Velilla. Sin caer en la ingenuidad ni la evasión, «El sendero interior» explora problemáticas y soluciones que tienen un gran efecto en la vida cotidiana.

«Lugar natal», Eduardo Kingman

A. Trabajo de equipo: Ideas novedosas solamente. En grupos, anoten tres ideas de lo que se imaginan que va a tratar el cuento «El sendero interior».

- Los grupos comparten sus ideas siguiendo la técnica de las ideas novedosas solamente.
- El (La) maestro(a) les explicará los procedimientos para esta actividad.

B. Entrevista en tres etapas. Seguramente conoces a alguien que, por lograr una ambición, olvida otros aspectos importantes de su vida. Siguiendo los procedimientos que te explicará el (la) maestro(a), conversa con tus compañeros acerca de las siguientes preguntas:

1. ¿Quién es esa persona?
2. ¿Cuál es la ambición que la domina?
3. ¿Qué es lo que pospone en favor de esa ambición? Da ejemplos.

VOCABULARIO CLAVE DEL TEXTO

Familiarízate con el vocabulario clave del texto según las indicaciones de tu maestro(a).

perspectiva
inefable
consecución
súbitamente
pléyade

LEAMOS ACTIVAMENTE

C. Lectura en grupos. Lean el cuento en grupos, turnándose para leer, comentar y anticipar.

El sendero interior

ANA ALOMÁ VELILLA

Cuando salió por la mañana para su trabajo, él no pensaba en otra cosa que en obtener la firma del contrato que le proporcionaría una respetable ganancia. Besó distraídamente a su mujer, se despidió de la niña —que como todas las mañanas se dirigió a la ventana para volver a decirle adiós— y fue hasta el garaje para sacar el auto. Cuando ya en la calle se volvió para decir adiós a la niña en la ventana, no la vio. ¡Qué extraño! pensó, la pequeña no se apartaba del cristal hasta que él le devolvía el gesto de despedida. Tal vez la madre la llamara. Y sin más, volvió sus pensamientos al negocio en perspectiva.

Había trabajado tanto y tan intensamente en la consecución de ese contrato, que apenas podía pensar en otra cosa. ¡Innecesariamente! —había dicho su mujer—. Tenemos más que suficiente para vivir... ¡y vivir bien! ¡Te estás matando por gusto! Pero su mujer era de pocas ambiciones.

Al llegar al entronque con la carretera principal, se dio cuenta de que no se había cruzado con ningún auto en las cuadras que había recorrido. ¡Qué bien! se dijo. —He salido antes de la hora de mayor tránsito. Algo más le llamaba la atención, pero no sabía exactamente lo que era. Enfiló la carretera principal y a medida que avanzaba notó que su auto era el único que viajaba por ambas vías. Ningún coche iba o venía.

¡Caramba! —pensó— ¿será un día feriado y no me he dado cuenta? ¡Buena la haría! Repasó mentalmente la fecha. Miró su reloj pulsera que contenía un calendario. 25 de abril. Nada, ni fecha nacional ni internacional. ¿Dónde estaba la gente? De repente cayó en cuenta de lo que le molestaba. La gente. No había visto ni un alma en todo el trayecto. ¡Pero qué raro! se dijo.

En esa condición llegó a la oficina. Nadie, nadie en el vestíbulo. Tomó el elevador y subió hasta el cuarto piso. La recepcionista no estaba, pero ésta siempre llegaba tarde. Encendió las luces y se dirigió a su oficina. Todo estaba en orden. Sobre su escritorio, el contrato que había preparado para la firma. La lista de llamadas

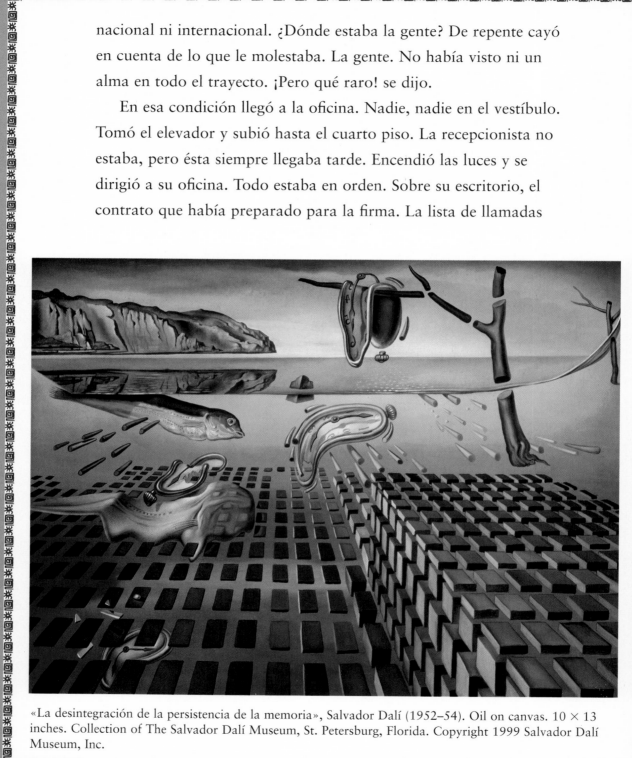

«La desintegración de la persistencia de la memoria», Salvador Dalí (1952–54). Oil on canvas. 10 × 13 inches. Collection of The Salvador Dalí Museum, St. Petersburg, Florida. Copyright 1999 Salvador Dalí Museum, Inc.

telefónicas que debía hacer ese día. Miró el reloj. Las nueve y cinco. Su socio debía estar ya en su despacho. Tomó el intercomunicador y llamó. No hubo respuesta. Salió al vestíbulo para preguntar a la recepcionista si había recibido algún recado. No había llegado todavía. ¿Y su secretaria? ¿Dónde estaba todo el mundo? Salió al pasillo a mirar a las otras oficinas. Sombra y silencio. Las luces no estaban prendidas. No se oía el teclear de las máquinas de escribir, ni se veía el entra y sale familiar de las oficinas de negocios. Volvió a su oficina y se asomó a una ventana. Vacío. Nadie transitaba por las calles. El semáforo de la esquina cambiaba inútilmente sus luces. Ningún automóvil presente para obedecer sus señales. Confundido decidió llamar a su casa. Nadie acudió al timbre intermitente del teléfono. Su mujer no pensaba salir. ¿Le pasaría algo a la niña? Alarmado llamó a su vecino. Otra vez el resultado fue el mismo. Nadie respondió al teléfono. Quedó un momento quieto, desorientado. Súbitamente sintió pánico. Un miedo hueco y frío se asentó en su estómago. Buscó la puerta y corrió escaleras abajo incapaz de enfrentar la caja vacía del ascensor. En aquella calma y soledad, devoró las millas que le separaban de su casa. No había nadie para interponerse en su camino. Se tiró del auto jadeando como si hubiera recorrido el camino a pie. Entró llamando a la esposa. Luego gritó el nombre de la niña. Pero nadie respondió. Recorrió la casa, ya en orden, sin encontrarlas. Salió al jardín, pero no se atrevió a llamar a las casas vecinas. Sabía el resultado. ¡Vacías! Regresó a su casa. Entró en su cuarto totalmente desconcertado, con una presión cada vez mayor en el cerebro. El nudo que le agarrotaba la garganta finalmente se deshizo en lágrimas. Se sentó al borde de la cama y se quedó inmóvil, atontado, sin poder coordinar sus pensamientos ni tomar una decisión. La presión en el pecho se le hacía intolerable. ¡Dios! gritó. Estuvo mucho, mucho rato luchando con una pléyade de sentimientos encontrados, sin saber a dónde acudir ni qué hacer. Así, y poco a poco, comenzó a sentir que una mitad de él caminaba hacia dentro de sí mismo. Cansado, pero consciente, comenzó a descubrir vastas regiones ignoradas hasta ahora. Todo aparecía en calma. Sintió que algo de esa quietud penetraba su persona. No sabía hacia dónde iba, pero caminaba instintivamente, más hacia dentro cada vez. Tuvo la sensación de que no estaba solo. Presencias invisibles pero amables le acompañaban. Todo lo de afuera había dejado de existir, excepto el deseo de estar con su mujer y su hija. Al fin, distinguió una región de aguas tranquilas, cristalinas. Una serenidad inefable penetraba el paisaje. Vio con asombro a la otra mitad de sí mismo esperándole junto al lago. Avanzó sin temor. Por un instante sus dos mitades se miraron profundamente. Luego sintió que se fundían en una sola. Experimentó una paz y una felicidad como no había sentido en largos años y supo que ello le haría volver continuamente a ese lugar. Como en sueños, oyó una vocesita llamándole. Descorrió rápidamente el camino porque reconoció esa voz y esa persona. Sintió sobre su hombro la suave presión de una mano pequeña.

—Papá, ¿cuándo llegaste? No te vimos entrar. No sabíamos que habías regresado.

Había regresado. Sin contestar, abrazó estrechamente a la criatura. No entendía lo sucedido. Pero no importaba. Más adelante trataría de buscar una explicación. O tal vez nunca lo intentara. Por el momento, al menos, era suficiente con haber regresado.

D. **Preguntas sobre el texto.**   Contesta las siguientes
preguntas utilizando oraciones completas.

1.   ¿Qué significa el título?

2.   ¿Por qué crees que ningún personaje tiene nombre?

3.   ¿Cuál es el mensaje de la autora?

4.   ¿Cambiaría la narración si el protagonista tuviera un hijo
en vez de una hija? ¿Por qué?

5.   ¿Crees que cambiaría el desenlace si el ambiente fuera
rural? Explica tu respuesta.

AMPLIEMOS NUESTRA COMPRENSIÓN

E.   **Diagrama «mente abierta».**   Tu maestro(a) te entregará un
diagrama de «mente abierta».

■   Divídelo por la mitad con una línea vertical.

■   En el hemisferio de la izquierda representa los
pensamientos y sentimientos del protagonista al salir de
casa.

■   En el hemisferio de la derecha, muestra los cambios que se
operan en su actitud y en su manera de ver las cosas
cuando regresa a casa al final de la historia.

■   Puedes usar dibujos, símbolos, palabras o citas del libro.

F.   **Ensayo de interpretación y evaluación.**   En un breve
ensayo explica cómo interpretas y evalúas la situación del
protagonista y el cambio que se opera en él.

■   Usa ejemplos y citas del texto para sustentar tus ideas.

■   Utiliza las anotaciones que hiciste en el ejercicio *E* para
elaborar tu hipótesis.

EXPLOREMOS EL LENGUAJE

EL PASADO SIMPLE: EL PRETÉRITO Y EL IMPERFECTO DEL INDICATIVO

Utilizamos el **pretérito y el imperfecto del indicativo** para expresar acciones en el pasado. Generalmente el **pretérito** describe las acciones que ocurrieron en un momento o momentos precisos en el pasado. El **imperfecto** narra acciones que transcurrían en un período de tiempo en el pasado. El imperfecto equivale a una película o una cinta de vídeo.

El pretérito guarda el recuerdo del pasado lingüísticamente como una fotografía lo guarda visualmente. Considera las siguientes citas de «El sendero interior»:

Imperfecto

- «Algo más le **llamaba** la atención, pero no **sabía** exactamente lo que **era.**»
- «No **sabía** hacia dónde **iba,** pero **caminaba** instintivamente, más hacia dentro cada vez.»
- «No se **oía** el teclear de las máquinas de escribir, ni se **veía** el entra y sale familiar de las oficinas de negocios.»

Pretérito

- «**Tuvo** la sensación de que no estaba solo.»
- «**Vio** con asombro a la otra mitad de sí mismo esperándole junto al lago.»
- «—Papá, ¿cuándo **llegaste**? No te **vimos** entrar. No sabíamos que habías regresado.»

G. **Desafío.** Utilizando el texto de «El sendero interior», contesta las siguientes preguntas acerca de los verbos irregulares en el pretérito.

1. Sólo hay tres verbos irregulares en el imperfecto del indicativo. ¿Cuáles son? (Pista: aparecen en los ejemplos citados.)

2. Los verbos **dar, ir** y **ser** son irregulares en el pretérito. ¿Qué forma tiene cada uno en la tercera persona singular?

3. Varios verbos sufren cambios en la raíz en el pretérito, como **decir** (**dije, dijiste, dijo,** etcétera), **traer** (**traje, trajiste, trajo,** etcétera) y **venir** (**vine, viniste, vino,** etcétera). Busca otros dos verbos en el pretérito que sufren cambios en la raíz.

H. **Práctica.** Completa el siguiente resumen de «El sendero interior».

■ Copia el siguiente párrafo en tu cuaderno sustituyendo el verbo en infinitivo entre paréntesis por su forma correcta en el **pretérito** o **imperfecto.**

■ Subraya los dos verbos que sufren cambios en la raíz en el pretérito del indicativo.

El día 25 de abril (resultar) ser un día señalado para el protagonista de «El sendero interior» a pesar de no ser día festivo ni nacional ni familiar. (Salir) de su casa como lo (hacer) todos los días: (besar) a su esposa, se (despedir) de su hija y se (subir) al coche para ir al trabajo. Lo que le (esperar) a partir de ese momento no se lo (poder) imaginar. Lo cierto es que (llegar) a recapacitar y cambiar de curso en su vida personal.

CREEMOS LITERATURA

I. **Incidente autobiográfico.** ¿Te ha ocurrido alguna vez un «milagro» que te ha hecho recapacitar y cambiar de curso como le pasó al protagonista de «El sendero interior»?

- Escribe una narrativa describiendo lo que pasó.
- Organiza tus ideas con la ayuda de un cuadro de secuencia.

¡Ojo! No olvides explicar bien las circunstancias en la introducción y concluir con un resumen de tus pensamientos y sentimientos hacia el «milagro».

J. **Análisis artístico.** En la página 210 se encuentra una reproducción del famoso cuadro *La desintegración de la persistencia de la memoria* del artista surrealista español Salvador Dalí. Vas a escribir un análisis del cuadro siguiendo el esquema a continuación:

Párrafo 1: Incluye el propósito del ensayo.

Párrafo 2: Escribe sobre las formas que puedes observar en la pintura.

Párrafo 3: Describe las sensaciones que crean los colores elegidos por Dalí.

Párrafo 4: Elige cinco adjetivos que describan el dibujo y explica tu elección.

Párrafo 5: ¿Qué conclusiones sacas sobre el artista a partir de esta obra?

La casa de Asterión

Alistémonos para leer

El minotauro es un ser imaginario procedente de la mitología griega. Según la tradición antigua, era un monstruo con cuerpo humano y cabeza de toro que se comía a los humanos. En el siguiente cuento, «La casa de Asterión», el renombrado escritor argentino Jorge Luis Borges nos presenta el mito desde el punto de vista del minotauro.

A. **Escritito.** ¿Te has encontrado en una situación donde otra(s) persona(s) ha(n) malentendido los motivos por los cuales dijiste o hiciste algo?

- Piensa en el incidente durante unos minutos.
- Escribe sobre esa experiencia y tus recuerdos acerca de lo ocurrido.

B. **Conferencia.** Tu maestro(a) va a dar una corta conferencia sobre el mito de Asterión, el minotauro.

- Copia el siguiente cuadro en tu cuaderno.
- Completa la primera columna con la información impartida por el (la) maestro(a).

	El mito griego	La versión de Jorge Luis Borges
El narrador		
El domicilio de Asterión		
Los nueve jóvenes		
La muerte de Asterión		

VOCABULARIO CLAVE DEL TEXTO

Familiarízate con el vocabulario clave del texto según las indicaciones de tu maestro(a).

irrisorio   tosco

encaramarse   minucia

plebe   prosternarse

estilóbato

LEAMOS ACTIVAMENTE

C. Lectura en pareja. Lee el cuento «La casa de Asterión» con un(a) compañero(a).

- Tomen turnos para leer un párrafo cada uno(a).

- Mientras lea tu compañero(a), toma apuntes en la segunda columna del cuadro de comparación y contraste (ejercicio *B*).

- Al finalizar la lectura del cuento, comparte tus apuntes con tu compañero(a).

«La puerta estrecha», Carlos Mérida

La casa de Asterión

JORGE LUIS BORGES

Y la reina dio a luz un hijo que se llamó Asterión.
—*Apolodoro: Biblioteca, III, I*

Sé que me acusan de soberbia, y tal vez de misantropía, y tal vez de
locura. Tales acusaciones (que yo castigaré a su debido tiempo) son
irrisorias. Es la verdad que no salgo de mi casa, pero también es
verdad que sus puertas (cuyo número es infinito)[1] están abiertas día
y noche a los hombres y también a los animales. Que entre el que
quiera. No hallará pompas mujeriles aquí ni el bizarro aparato de los
palacios pero sí la quietud y la soledad. Asimismo hallará una casa
como no hay otra en la faz de la tierra. (Mienten los que declaran
que en Egipto hay una parecida.) Hasta mis detractores admiten que
no hay *un solo mueble* en la casa. Otra especie ridícula es que yo,
Asterión, soy un prisionero. ¿Repetiré que no hay una puerta
cerrada, añadiré que no hay una cerradura? Por lo demás, algún
atardecer he pisado la calle; si antes de la noche volví, lo hice por el
temor que me infundieron las caras de la plebe, caras descoloridas y
aplanadas, como la mano abierta. Ya se había puesto el sol, pero el
desvalido llanto de un niño y las toscas plegarias de la grey dijeron
que me habían reconocido. La gente oraba, huía, se prosternaba;
unos se encaramaban al estilóbato del templo de las Hachas, otros
juntaban piedras. Alguno, creo, se ocultó bajo el mar. No en vano

---

[1] El original dice *catorce*, pero sobran motivos para inferir que, en boca de
Asterión, ese adjetivo numeral vale por *infinitos*.

«Ganado ahogándose en el Río Magdalena», Alejandro Obregón

fue una reina mi madre; no puedo confundirme con el vulgo, aunque mi modestia lo quiera.

El hecho es que soy único. No me interesa lo que un hombre pueda trasmitir a otros hombres; como el filósofo, pienso que nada es comunicable por el arte de la escritura. Las enojosas y triviales minucias no tienen cabida en mi espíritu, que está capacitado para lo grande; jamás he retenido la diferencia entre una letra y otra. Cierta impaciencia generosa no ha consentido que yo aprendiera a leer. A veces lo deploro, porque las noches y los días son largos. Claro que me faltan distracciones. Semejante al carnero que va a embestir, corro por las galerías de piedra hasta rodar al suelo, mareado. Me agazapo a la sombra de un aljibe o a la vuelta de un corredor y juego a que me buscan. Hay azoteas desde las que me dejo caer, hasta ensangrentarme. A cualquier hora puedo jugar a estar dormido, con los ojos cerrados y la respiración poderosa. (A veces me duermo realmente, a veces ha cambiado el color del día cuando he abierto los ojos.) Pero de tantos juegos el que prefiero es el de otro Asterión. Finjo que viene a visitarme y que yo le muestro la casa. Con grandes reverencias le digo: *Ahora volvemos a la encrucijada anterior o Ahora desembocamos en otro patio o Bien decía yo que te gustaría la canaleta o Ahora verás una cisterna que se llenó de arena o Ya verás cómo el sótano se bifurca.* A veces me equivoco y nos reímos buenamente los dos.

No sólo he imaginado esos juegos; también he meditado sobre la casa. Todas las partes de la casa están muchas veces, cualquier lugar es otro lugar. No hay un aljibe, un patio, un abrevadero, un pesebre; con catorce [son infinitos] los pesebres, abrevaderos, patios, aljibes. La casa es del tamaño del mundo; mejor dicho, es el mundo. Sin embargo, a fuerza de fatigar patios con un aljibe y polvorientas galerías de piedra gris he alcanzado la calle y he visto el templo de las Hachas y el mar. Eso no lo entendí hasta que una visión de la noche me reveló que también son catorce [son infinitos] los mares y los templos. Todo está muchas veces, catorce veces, pero dos cosas hay en el mundo que parecen estar una sola vez: arriba, el intrincado sol; abajo, Asterión. Quizá yo he creado las estrellas y el sol y la enorme casa, pero ya no me acuerdo. Cada nueve años entran en la casa nueve hombres para que yo los libere de todo mal. Oigo sus pasos o su voz en el fondo de las galerías de piedra y corro alegremente a buscarlos. La ceremonia dura pocos minutos. Uno tras otro caen sin que yo me ensangriente las manos. Donde cayeron, quedan, y los cadáveres ayudan a distinguir una galería de las otras. Ignoro quiénes son, pero sé que uno de ellos profetizó, en la hora de su muerte, que alguna vez llegaría mi redentor. Desde entonces no me duele la soledad, porque sé que vive mi redentor y al fin se levantará sobre el polvo. Si mi oído alcanzara todos los rumores del mundo, yo percibiría sus pasos. Ojalá me lleve a un lugar con menos galerías y menos puertas. ¿Cómo será mi redentor?, me pregunto. ¿Será un toro o un hombre? ¿Será tal vez un toro con cara de hombre? ¿O será como yo?

El sol de la mañana reverberó en la espada de bronce. Ya no quedaba ni un vestigio de sangre. —¿Lo creerás, Ariadna? —dijo Teseo—. El minotauro apenas se defendió.

D. **Interpretación personal.** Contesta las siguientes preguntas según tus propios sentimientos y pensamientos.

1. ¿Qué opinión tenías del minotauro después de oír la conferencia del (de la) maestro(a)?

2. ¿Qué opinión tienes de Asterión ahora después de haber leído el cuento de Borges?

3. ¿Por qué crees que has (o no has) cambiado de opinión?

Conozcamos al autor

JORGE LUIS BORGES

Ningún autor latinoamericano ha alcanzado la fama y prestigio del escritor argentino Jorge Luis Borges en los anales de la literatura universal. Gracias a la gran acogida de su obra alrededor del mundo, las letras iberoamericanas se establecieron, por fin, como literatura singular y totalmente independiente de la peninsular.

Borges se dedicó al cuento, al ensayo y a la poesía. La gran originalidad de su obra es igualada solamente por su profundidad en cuanto a los conceptos y el lenguaje. Sus temas predilectos incluyen la identidad del individuo, la infinidad y la realidad como fusión de lo histórico y lo fantástico.

La incuestionable influencia de Borges se aprecia en la narrativa de numerosos escritores hispanoamericanos del siglo XX incluyendo la de Gabriel García Márquez y Julio Cortázar. Aunque por razones políticas Borges nunca fue galardonado con el Premio Nobel, el puesto del ilustre argentino entre los intelectuales más renombrados de su siglo será siempre innegable.

E. **Diagrama de causa y efecto.** Define las relaciones causa-efecto que se presentan en el cuento «La casa de Asterión».

- Copia el diagrama de causa y efecto en tu cuaderno.
- Rellénalo indicando las situaciones presentadas en el cuento y las reacciones de los personajes.

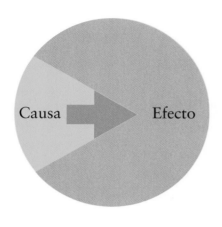

Causa   Efecto

El mito de Asterión

Causa
① Minos se avergonzó de su hijo.
② El minotauro necesitaba comer carne humana.
③ Teseo y Ariadna entraron en el laberinto y mataron al minotauro.

Efecto
Minos lo encerró en un enorme laberinto.
La gente de Atenas mandaba un tributo humano cada nueve años.
El pueblo de Atenas se libró de la obligación de hacer sacrificios humanos al minotauro.

F. Síntesis: artículo periodístico. Escribe un artículo periodístico sobre la muerte de Asterión.

- Escoge el punto de vista tradicional o el punto de vista del minotauro según la versión de Borges.
- Incluye un titular breve, pero que abarque lo más importante del tema desde el punto de vista elegido.
- Transfieran sus artículos a un cartelón que luego será colocado junto a la sección «Cartas al editor».

EXPLOREMOS EL LENGUAJE

EL FUTURO SIMPLE DEL INDICATIVO

Para expresar acciones o acontecimientos futuros en español, frecuentemente utilizamos la construcción **ir + a + infinitivo**. Por ejemplo: En la próxima unidad, las lecturas **van a tratar** el tema de la mujer hispana.

La construcción **quiere/quisiera + infinitivo** se usa para pedir o solicitar algo en el futuro. Por ejemplo: ¿Quieres **explicar** tu opinión de «La casa de Asterión»?

También usamos el futuro simple del indicativo para referirnos a eventos que todavía no han sucedido. Considera estas citas de «La casa de Asterión»:

- «Tales acusaciones (que yo **castigaré** a su debido tiempo) son irrisorias.»
- «¿**Repetiré** que no hay una puerta cerrada, **añadiré** que no hay una cerradura?»
- «Desde entonces no me duele la soledad, porque sé que vive mi redentor y al fin se **levantará** sobre el polvo.»
- «¿Cómo **será** mi redentor?, me pregunto.»

G. **Plan de acción.** A veces surgen los malentendidos por no ver las situaciones desde otro punto de vista. Desarrolla una lista de ocho cosas que podrías hacer para evitar disgustos de esta índole en el futuro.

- Utiliza el futuro del indicativo en todas las oraciones.
- Los verbos no pueden repetirse.

CREEMOS LITERATURA

H. **Otro punto de vista.** Escoge un monstruo de otro cuento que hayas leído o de una película de horror y escribe la historia desde su punto de vista. Por ejemplo, podrías escribir la historia de Drácula desde el punto de vista del vampiro en vez de desde el punto de vista del narrador omnisciente.

- Utiliza el diagrama de secuencia de eventos para planear tu narrativa.
- Escribe la narrativa en primera persona.

I. Ensayo persuasivo.

Escribe un ensayo defendiendo o desafiando el refrán: «El hábito no hace al monje».

- Para preparar la defensa de tu posición, piensa en la historia del minotauro como la cuenta Borges en «La casa de Asterión».
- Haz un escritito o una lluvia de ideas para organizar el argumento antes de escribir. O discute el tema en grupo.

¡Ojo! Recuerda que el ensayo académico consta de cinco párrafos incluyendo exposición, un cuerpo de tres párrafos y conclusión.

Conclusión de la Unidad

*Aventuras repletas de **imaginación y fantasía** nos aguardan siempre en las páginas de la literatura universal.*

Síntesis y conexión de conceptos

A. Los críticos literarios opinan.

Imagínate que tienes que producir un cuadro de evaluación de los cuentos de esta unidad.

Paso 1: Evaluación.

- En el siguiente cuadro califícalos de una a cuatro estrellas según tu opinión. Cuatro estrellas significan *me encantó;* tres estrellas, *me gustó;* dos estrellas, *me pareció regular* y una, *no me gustó.*
- Escribe dos o tres oraciones que expliquen tu clasificación en la columna de la derecha.
  Ejemplo: El siguiente (p. 230) es un ejemplo basado en el cuento de Julio Ramón Ribeyro que aparece en la segunda unidad.

Título	Calificación	Comentario
«Los gallinazos sin plumas»	★★★★	Es un cuento hermoso y desgarrador. Presenta una realidad cada vez más generalizada. Todo el mundo debe leerlo.

Paso 2: Tabulación y consenso. En grupos de cuatro, sumen las calificaciones que le dieron a cada cuento; luego divídanla entre cuatro para sacar el promedio y organizar una lista de los cuentos de la unidad, según su grado de popularidad.

- Lean los comentarios individuales de la tercera columna y, de común acuerdo, escriban una versión del grupo que combine las ideas de los miembros del equipo.

- Presenten la información en una hoja que colocarán bajo el título «La opinión de los críticos», junto a las otras secciones del periódico mural que han elaborado en esta unidad.

B. **Entrevista semi-estructurada.** Imagínate que eres un(a) periodista y tienes la oportunidad de publicar una entrevista con un personaje de tu escuela o de la comunidad en el periódico local.

- Escoge al personaje que quieres entrevistar.
- Prepara una serie de preguntas para hacerle.

¡Ojo! Recuerda que en una entrevista semi-estructurada no tienes que seguir las preguntas al pie de la letra. A medida que transcurre la entrevista puedes cambiarlas, alterar el orden o añadir nuevas preguntas.

Después de entrevistar a la persona elegida, escribe tu artículo periodístico. Incluye:

- Introducción: breve presentación del entrevistado
- Desarrollo: preguntas y respuestas de la entrevista
- Conclusión: opinión personal sobre la persona entrevistada

MÁS HORIZONTES CREATIVOS

C. **Un poema *cinquain*.** Vas a escribir un poema sobre un tema fantástico o imaginario como las lecturas del libro. Si quieres, también puedes acompañar el poema con un dibujo.

El poema *cinquain* tiene cinco versos:

Verso 1: un sustantivo (con o sin artículo)

Verso 2: dos adjetivos descriptivos referentes al sustantivo

Verso 3: tres verbos (en la forma que quieras)

Verso 4: una frase corta de cuatro palabras

Verso 5: un sinónimo del sustantivo del primer verso (con o sin artículo)

> MODELO: *El espacio*
> *oculto enigmático*
> *llamando atrayendo desafiando*
> *nuevos planetas por conocer*
> *El futuro*

UNIDAD 4

Las mujeres en primer plano

A través de la historia son muchos los papeles que ha desempeñado la mujer según el contexto geográfico, social y familiar en el que se ha desenvuelto. En muchos casos, a pesar de su importante aporte, la mujer ha sido relegada a un plano secundario. Las selecciones de esta unidad nos invitan a que examinemos esta situación de nuevo, quizás desde otra perspectiva.

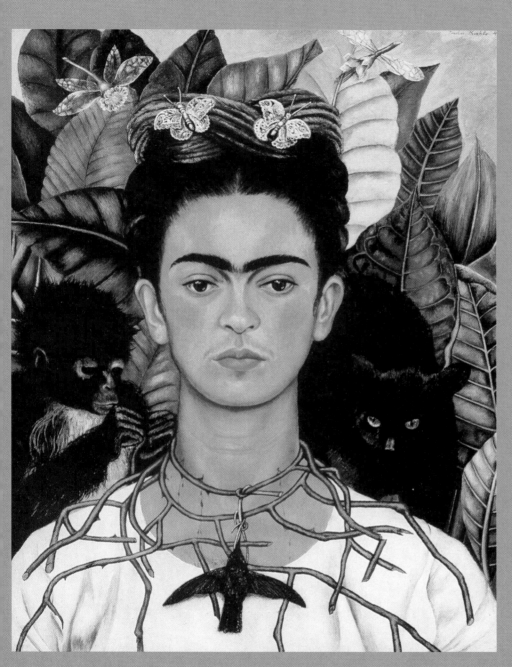

«Autorretrato con collar de espinas y colibrí», Frida Kahlo

LECCIÓN 1

Me llamo Rigoberta Menchú y así me nació la conciencia

ALISTÉMONOS PARA LEER

Rigoberta Menchú, una campesina guatemalteca, ganó el Premio Nobel de la Paz en 1992 por su labor política en favor de su gente. El texto seleccionado es un recuento de su vida recogido por Elizabeth Burgos.

A. Cuadro anticipatorio.   ¿Qué sabes acerca de Guatemala y de la situación de los indígenas en ese país?

- Copia el siguiente cuadro en tu cuaderno.
- En la columna de la izquierda anota lo que sepas de este tema.
- En la columna de la derecha, escribe una o dos preguntas cuyas respuestas te gustaría saber.
- Cuando termines, comparte tus anotaciones con un(a) compañero(a).

Lo que sé	Lo que me gustaría saber

VOCABULARIO CLAVE DEL TEXTO

Familiarízate con el vocabulario clave del texto según las indicaciones de tu maestro(a).

etnia   ladino   milpa   terrateniente

finca   tupido   altiplano

B. **Diario de doble entrada.** Copia el siguiente cuadro en tu cuaderno.

- Lee silenciosamente la primera parte del texto.

- Selecciona incidentes que te impresionen, bien sea positiva o negativamente, y regístralos en la primera columna.

- En la segunda columna anota tus reacciones y sentimientos.

Citas o incidentes sacados del texto	Mis reacciones

C. **Cuatro en turno.** Al terminar la primera parte de la narración, trabaja con otros tres compañeros y comparte tu cuadro de doble entrada. Presta especial atención a las diversas reacciones presentadas para que incorpores nuevas perspectivas.

D. **Lectura en voz alta.** En el mismo grupo, continúen la lectura en voz alta, turnándose un párrafo por estudiante hasta terminar.

«Me llamo Rigoberta Menchú y así me nació la conciencia»

Rigoberta Menchú con Elizabeth Burgos

«Siempre hemos vivido aquí: es justo que continuemos viviendo donde nos place y donde queremos morir. Sólo aquí podemos resucitar; en otras partes jamás volveríamos a encontrarnos completos y nuestro dolor sería eterno.»

—*Popol Vuh*

PRIMERA PARTE

Me llamo Rigoberta Menchú. Tengo veintitrés años. Quisiera dar este testimonio vivo que no he aprendido en un libro y que tampoco he aprendido sola ya que todo esto lo he aprendido con mi pueblo y es algo que yo quisiera enfocar. Me cuesta mucho recordarme toda una vida que he vivido, pues muchas veces hay tiempos muy negros y hay tiempos que, sí, se goza también pero lo importante es, yo creo, que quiero hacer un enfoque que no soy la única, pues ha vivido mucha gente y es la vida de todos. La vida de todos los guatemaltecos pobres y trataré de dar un poco mi historia. Mi situación personal engloba toda la realidad de un pueblo.

En primer lugar, a mí me cuesta mucho todavía hablar castellano ya que no tuve colegio, no tuve escuela. No tuve oportunidad de salir de mi mundo, dedicarme a mí misma y hace tres años que empecé a aprender el español y a hablarlo; es difícil cuando se aprende únicamente de memoria y no aprendiendo en un libro. Entonces, sí, me cuesta un poco. Quisiera narrar desde cuando yo

era niña o incluso desde cuando estaba en el seno de mi madre, pues, mi madre me contaba cómo nací porque nuestras costumbres nos dicen que el niño, desde el primer día del embarazo de la mamá ya es un niño.

En primer lugar en Guatemala existen veintidós etnias indígenas, y consideramos que una de las etnias también son los compañeros ladinos, como les llaman, o sea, los mestizos; serían veintitrés etnias, veintitrés lenguas también. Yo pertenezco a una de las etnias que es la etnia Quiché, tengo mis costumbres, costumbres indígenas quichés, pero sin embargo he vivido muy cerca de casi la mayor parte de las otras etnias debido a mi trabajo organizativo con mi pueblo. Soy de San Miguel/Uspantán, Departamento El Quiché. El Quiché se ubica en el Noroccidente del país. Vivo en el Norte del Quiché, o sea cerca de Chajul. Pueblos que tienen largas historias de lucha. Camino seis leguas, o sea veinticinco kilómetros a pie para llegar a mi casa, desde el pueblo de Uspantán. La aldea, es la aldea Chimel, donde yo nací. Precisamente mi tierra es casi un paraíso de todo lo lindo que es la naturaleza en esos lugares ya que no hay carreteras, no hay vehículos. Sólo entran personas. Para transportar las cargas son los caballos o nosotros mismos; para bajar al pueblo de las montañas. Yo casi vivo en medio de muchas montañas. En primer lugar, mis padres se ubicaron desde el año 1960, ahí, y ellos cultivaron la tierra. Era montañoso donde no había llegado ninguna persona.

Ellos, con toda la seguridad de que allí iban a vivir, y aunque les costara mucho, pero allí se quedaron. En ese lugar se daba mucho el mimbre. Entonces mis padres se habían ido allá a buscar mimbre pero allí les gustó empezaron a bajar las montañas para quedarse allá. Y, un año después querían quedarse allá pero no tenían recursos. Fueron desalojados del pueblo, de su pequeña casita. Entonces vieron la gran necesidad de irse hasta la montaña y allí se quedaron. Puedo decir que ahora es una aldea de cinco o seis caballerías cultivadas por los campesinos.

Fueron desalojados del pueblo ya que allí cayó una serie de gentes, de ladinos y allí se hicieron su casa en el pueblo. No exactamente los desalojaron así, echándolos sino que, poco a poco, los gastos se apoderaron de la casita de ellos. Llegó un momento en que tenían bastantes deudas con toda esa gente. Todo lo que ganaban se gastaba y la casa tuvieron que dejarla, se quedó como pagándoles la deuda que tenían. Como los ricos siempre acostumbran, cuando la gente tiene deudas con ellos de quitar un poco de tierra, un poquito de las cosas y así es cuando van apoderándose de todo. Así pasó con mis papás.

Lo que pasó es que mi padre era huérfano y mi abuelita tuvo que regalar a mi padre en una casa de unos ricos para poder comer y así es como él creció y tuvo también una etapa muy dura en la vida hasta llegar a ser un hombre grande.

Mi padre nació en Santa Rosa Chucuyub, es una aldea del Quiché. Pero cuando se murió su padre tenían un poco de milpa y ese poco de milpa se acabó y mi abuela se quedó con tres hijos y esos tres hijos los llevó a Uspantán que es donde yo crecí ahora. Estuvieron con un señor que era el único rico del pueblo, de los Uspantanos y mi abuelita se quedó de sirvienta del señor y sus dos hijos se quedaron pastoreando animales del señor, haciendo pequeños trabajos, como ir a acarrear leña, acarrear agua y todo eso. Después, a medida que fueron creciendo, el señor decía que no podía dar comida a los hijos de mi abuelita ya que mi abuelita no trabajaba lo suficiente como para ganarles la comida de sus tres hijos. Mi abuelita buscó otro señor donde regalar a uno de sus hijos. Y el primer hijo era mi padre que tuvo que regalarle a otro señor. Ahí fue donde mi papá creció. Ya hacía grandes trabajos, pues hacía su leña, trabajaba ya en el campo. Pero no ganaba nada pues por ser regalado no le pagaban nada. Vivió con gentes... así... blancos, gentes ladinas. Pero nunca aprendió el castellano ya que lo tenían aislado en un lugar donde nadie le hablaba y que sólo estaba para hacer mandados y para trabajar. Entonces, él aprendió muy muy poco el castellano, a pesar de los nueve años que estuvo regalado con un rico. Casi no lo aprendió por ser muy aislado de la familia del rico. Estaba muy rechazado de parte de ellos e incluso no tenía ropa y estaba muy sucio, entonces les daba asco de verle. Hasta cuando mi padre tenía ya los catorce años, así es cuando él empezó a buscar qué hacer. Y sus hermanos también ya eran grandes pero no ganaban nada. Mi abuela apenas ganaba la comida para los dos hermanos, entonces, era una condición bastante difícil. Así fue también como mi papá empezó a trabajar en las costas, en las fincas. Y ya era un hombre, y empezó a ganar dinero para mi abuelita. Y así es cuando pudo sacar a mi abuelita de la casa del rico, ya que casi era una amante del mismo señor donde estaba, pues, las puras necesidades hacían que mi abuelita tenía que vivir allí y que no había cómo salir a otro lado. Él tenía su esposa, claro, pero, además de eso, por las condiciones, ella aguantaba o si no, se iba porque no había tanta necesidad de parte del rico ya que había más gentes que querían entrar ahí. Entonces por las puras necesidades mi abuela tenía que cumplir todas las órdenes. Ya salieron mi abuela con sus hijos y ya se juntó con el hijo mayor en las fincas y así es cuando empezaron a trabajar.

UNIDAD 4

En las fincas en donde crecieron mis padres, crecimos nosotros. Son todas las fincas ubicadas en la costa sur del país, o sea, parte de Escuintla, Suchitepequez, Retalhuleu, Santa Rosa, Jutiapa, todas las fincas ubicadas en la parte sur del país, donde se cultiva, más que todo, el café, algodón, cardamomo o caña de azúcar. Entonces, el trabajo de los hombres era más en el corte de caña, donde ganaban un poco mejor. Pero, ante las necesidades, había épocas del tiempo que todos, hombres y mujeres, entraban cortando caña de azúcar. Y claro de un principio tuvieron duras experiencias. Mi padre contaba que únicamente se alimentaban de yerbas del campo, pues, que ni maíz tenían para comer. Pero, a medida que fueron haciendo grandes esfuerzos, lograron tener en el altiplano, una casita. En un lugar que tuvieron que cultivarlo por primera vez. Y, mi padre a los dieciocho años, era el brazo derecho de mi abuelita porque había tanta necesidad. Y era mucho el trabajo de mi padre para poder sostener a mi abuelita y a sus hermanos... Desgraciadamente desde ese tiempo habían ya agarradas para el cuartel; se llevan a mi padre al cuartel y se queda nuevamente mi abuela con sus dos hijos. Y, se fue mi padre al servicio. Allá es donde él aprendió muchas cosas malas y también aprendió a ser un hombre ya completo, porque dice que al llegar al servicio le trataban como cualquier objeto y le enseñaban a puros golpes, aprendió más que todo el entrenamiento militar. Era una vida muy difícil, muy dura para él. Estuvo haciendo un año el servicio. Después, cuando regresa, encuentra a mi abuelita en plena agonía que había regresado de la finca. Le dio fiebre. Es la enfermedad más común después de la ida a las costas, donde hay mucho calor y después el altiplano, donde hay mucho frío, pues ese cambio es bastante brusco para la gente. Mi abuela ya no tuvo remedio y tampoco había dinero para curarla y se tuvo que morir mi abuelita. Entonces quedan los tres huérfanos que es mi padre y sus dos hermanos. Aún ya eran grandes. Se tuvieron que dividir ellos ya que no tenían un tío ni tenían nada con quien apoyarse y todo. Se fueron a las costas, por diferentes lados. Así es cuando mi padre encontró un trabajito en un convento parroquial y donde también casi no ganaba pues, en ese tiempo se ganaba al día treinta centavos, cuarenta centavos, para los trabajadores tanto en la finca como en otros lados.

Dice mi padre que tenían una casita hecha de paja, humilde. Pero, ¿qué iban a comer en la casa ya que no tenían mamá y que no tenían nada?

Entonces, se dispersaron.

Así es cuando mi padre encontró a mi mamá y se casaron. Y enfrentaron muy duras situaciones. Se encontraron en el altiplano, ya que mi mamá también era de una familia muy pobre. Sus papás también son muy pobres y también viajaban por diferentes lugares. Casi nunca estaban estables en la casa, en el altiplano.

Así fue como se fueron a la montaña.

No había pueblo. No había nadie.

Fueron a fundar una aldea en ese lugar. Es larga la historia de mi aldea y es muy dolorosa muchas veces.

Las tierras eran nacionales, o sea, eran del gobierno y que para entrar en las tierras había que pedirle permiso. Después de pedirle permiso, había que pagar una multa para bajar las montañas y luego hacer sus casas. Entonces, a través de todos esos esfuerzos en la finca pudieron dar la multa que tuvieron que pagar y bajaron las montañas. Claro, no es fácil que dé cosecha una tierra cuando se acaba de cultivarla, y bajar las montañas. Casi en ocho o nueve años da la primera cosecha buena, entonces, la poca tierra que mis padres pudieron cultivar en ese tiempo, fue ya después de los ocho años que tuvieron producto de esa pequeña tierra, y así es cuando crecieron mis hermanos. Cinco hermanos mayores y que cuando estábamos en las fincas, yo vi morir todavía a mis dos hermanos mayores, precisamente por la falta de comida, por la desnutrición que, nosotros los indígenas sufrimos. Muy difícil que una persona llegue a tener los quince años, así con vida. Más cuando uno está en pleno crecimiento y que no tiene nada que comer y se mantiene con enfermedades... entonces... se complica la situación.

Se quedaron allí. Lo lindo que veía mi madre eran los árboles, las montañas increíbles. Mi mamá decía que había veces que se perdían, pues, al salir de la montaña no se ubicaban porque las montañas son bastante grandes y casi no cae rayo de sol debajo de las plantas. Es muy tupido. Entonces allí nosotros prácticamente crecimos. Amamos mucho, mucho a nuestra tierra, a pesar de que caminábamos mucho para llegar hasta la casa de los vecinos. Poco a poco mis papás llamaron más gente para que hubiera más cultivo y que no sólo eran ellos ya que en la noche bajaban toda clase de animales de la montaña a comer la milpa, a comer el maíz cuando ya está, o a comer el elote.

Todas las cosas se las comían los animales de la montaña.

Uno de ellos, que decía mi papá, es el mapache que le dicen. Además mi mamá empezó a tener sus gallinas, sus animalitos y había bastante espacio pero como mi madre no tenía tiempo para ver sus animales, tenía unas ovejitas, que si se iban al otro lado de las plantas, ya nunca regresaban. Unas se las comían los animales en el monte o se perdían.

Entonces, empezaron a vivir ahí pero, desgraciadamente, mucho, mucho tiempo tardó para que ellos tuvieran un poquito de cultivo. Entonces tenían que bajar a las fincas.

Esto es lo que contaban mis padres cuando se radicaron allí. Ya después, cuando nosotros crecimos, cuando nos tocaba vivir cuatro o cinco meses en esa aldea, éramos felices porque había grandes ríos que pasaban por la montañita, abajito de la casa. Nosotros prácticamente no tenemos tiempo como para divertirnos. Pero, al mismo tiempo, cuando estábamos trabajando era una diversión para nosotros porque nos tocaba quitar los montes pequeños y a mis padres les tocaba cortar los árboles grandes. Entonces, allí se oían cantos de pájaros, diferentes pájaros que existen. También muchas culebras. Y nosotros nos asustábamos mucho, mucho de ese ambiente. Éramos felices a pesar de que hace también mucho frío porque es montañoso. Y es un frío húmedo.

Yo nací en ese lugar. Mi madre tenía ya cinco hijos, creo yo. Sí, tenía ya cinco hijos y yo soy la sexta de la familia. Y mi madre decía que le faltaba todavía un mes para componerse conmigo y estaba trabajando en la finca. Le faltaban veinte días cuando se trasladó a casa y cuando yo nací, nací únicamente con mi madre, pues. No estaba mi papá ya que tenía que cumplir el mes en la finca.

Entonces ya crecí. Lo que me recuerdo más o menos de mi vida será a partir de los cinco años. Desde pequeños pues, bajábamos siempre a la finca y cuatro meses estábamos en la pequeña casita que tenemos en el altiplano y los demás meses del resto del año teníamos que estar en la costa, ya sea en la Boca Costa donde hay café, cortes de café o también limpias de café y también en la costa sur donde hay algodón; ése era más que todo el trabajo de nosotros. O sea las grandes extensiones de tierra que tienen unas cuantas familias donde se produce la cosecha y los productos que se venden al exterior. Los terratenientes, pues, son dueños de grandes extensiones de tierra.

En la finca trabajamos por lo general ocho meses del año y cuatro meses estamos en el altiplano ya que a partir de enero se siembran las cosechas. Regresamos un mes al altiplano a sembrar nuestro pequeño maíz, fríjol.

Nosotros vivimos más en las montañas, o sea, en las tierras no fértiles, en las tierras que apenas dan maíz, fríjol y en las costas se da cualquier cosecha, pues. Bajamos a las fincas a trabajar durante ocho meses. Esos ocho meses muchas veces no van seguidos, porque partimos un mes para ir a sembrar al altiplano nuestra pequeña milpa. Bajamos a la finca mientras que crece la milpa y así cuando se cosecha ya nuestra pequeña milpa regresamos al altiplano. Pero inmediatamente se acaba otra vez. Y nos tenemos que bajar nuevamente a la producción a ganar dinero. Entonces, por lo que cuentan, pues, mis padres, desde hace muchos años, ellos han vivido, una situación muy difícil y muy pobres.

E. **Diario de doble entrada.**   Trabajando individualmente, termina tus anotaciones en el cuadro de doble entrada (ejercicio *B*).

APUNTES LITERARIOS

EL TESTIMONIO

«Yo soy Rigoberta Menchú y así me nació la conciencia» es una obra de testimonio. Éste es un género literario nuevo que presenta las siguientes características:

1. Es un texto producido en colaboración. Hay un(a) **narrador(a)**, que generalmente es de procedencia humilde, y un(a) **redactor(a)** que es un profesional.
2. El redactor entrevista al narrador, selecciona los detalles más importantes y controla el texto final.
3. El tema es un problema social crítico.
4. La obra presenta una perspectiva colectiva, es decir, el narrador se convierte en la voz de todo un pueblo o de una comunidad.

AMPLIEMOS NUESTRA COMPRENSIÓN

F. **Discusión en grupo.**   En grupos de cuatro, compartan sus anotaciones en el cuadro de doble entrada. De común acuerdo, seleccionen los cuatro incidentes que les parezcan más dramáticos y discutan sus reacciones a esos incidentes.

G. **Discusión de estereotipos.**   Trabajando en compañía de otros tres alumnos, genera una lista de cinco o seis aseveraciones acerca de los estereotipos que normalmente se tienen respecto al papel de la mujer en el hogar, el trabajo y la sociedad.

- Obviamente no es necesario que ustedes compartan las opiniones manifestadas.
- Nuestro objetivo es iniciar un examen de creencias generalizadas en la sociedad.

    Ejemplo: El papel de la mujer no es tomar la iniciativa sino apoyar las ideas de otros.

H. **Ideas novedosas solamente.** Siguiendo la técnica de «Ideas novedosas solamente» cubran todas las ideas generadas por la clase.

I. **Análisis de la problemática.** Rigoberta toma conciencia de que es necesario luchar por el cambio social, después de analizar su realidad. El reconocimiento de que vive en una sociedad injusta, la lleva a abrazar una vida de dedicación a la causa de los derechos humanos de los indígenas y campesinos de su país. Al mismo tiempo su decisión implica la renuncia personal a una vida familiar normal. Dentro del contexto tradicional en que se desenvuelve la vida de Rigoberta Menchú, es especialmente admirable que, siendo mujer, ocupe una posición de liderazgo en la lucha por la reivindicación del indígena.

- Lee la siguiente cita también procedente de la obra *Me llamo Rigoberta Menchú y así me nació la conciencia.*
- A medida que la leas, reflexiona acerca de las tensiones que, como mujer, tiene que enfrentar Rigoberta en su vida. «...otra persona, por más que la persona se encargue y se interese por la criatura... Yo soy humana y soy una mujer: no puedo decir que yo rechazo la idea del matrimonio,

pero mi tarea principal, pienso, es primero mi pueblo y después mi alegría personal...»

J. **Revisión de estereotipos.** Examinen las diversas aseveraciones hechas por la clase acerca del papel de la mujer en la sociedad.

- Discutan aquéllas con las que Rigoberta Menchú no estaría de acuerdo.
- Comenten las razones de Menchú agregando y justificando sus propias opiniones.

K. **Taller de composición: Ensayo de reflexión.** En un momento de su vida Rigoberta Menchú tuvo que tomar una decisión entre su felicidad personal a través del matrimonio y la lucha por su pueblo. Su opción implica un sacrificio.

- En tu propia vida ¿te has encontrado alguna vez en una disyuntiva entre tu bien personal y el bien de otros? ¿Qué camino tomaste? ¿Implicó algún sacrificio?
- De no encontrar una experiencia relevante en tu pasado, proyéctate hacia el futuro y especula en qué condiciones estarías dispuesto(a) a hacer un sacrificio por otros.
- Escribe un ensayo presentando la situación y justificando tus acciones.

L. **Diseño de güipil.** Guatemala es un hermoso país rico en arte y tradiciones. Uno de los más bellos ejemplos del arte popular es el «güipil», una fina blusa tejida en telar de cintura, que utilizan cotidianamente las mujeres indígenas.

- En la foto de la página 251 puedes apreciar el colorido y los diseños geométricos y de flores de algunos güipiles.
- Partiendo del concepto tradicional, diseña y colorea tu propio güipil.

M. **Cuadro anticipatorio.** Ahora que ya has terminado esta lección, revisa el cuadro anticipatorio que llenaste al comienzo de la lección (ejercicio *A*).

- Anota algunos otros datos que has aprendido acerca de Guatemala y la situación de los indígenas en ese país.

- Examina también las preguntas que habías escrito para ver si han sido contestadas a través de la lección. En caso contrario, discútelas con tu maestro(a) o busca su respuesta en la biblioteca de la escuela.

- De igual manera agrega una o dos preguntas acerca de un tema que te haya causado inquietud. No tienes que responderlas de inmediato, pero te pueden servir para guiar tu curiosidad en el futuro.

Exploremos el lenguaje

Los usos del pretérito perfecto y del pluscuamperfecto

El **pretérito perfecto** expresa...

1. una acción que ha terminado en el pasado inmediato.

   ¡Ojo! En algunos países de Hispanoamérica y ciertas regiones españolas se usa el presente perfecto en lugar del pretérito para expresar una acción terminada en un pasado no muy reciente.

   Citas de Rigoberta Menchú:

   ■ «Quisiera dar este testimonio vivo que no **he aprendido** en un libro y que tampoco **he aprendido** sola ya que todo esto lo **he aprendido** con mi pueblo y es algo que yo quisiera enfocar.»

2. una acción pasada que continúa o que puede repetirse en el presente.

■ «Siempre **hemos vivido** aquí; es justo que continuemos viviendo donde nos place y donde queremos morir.»

■ «Yo pertenezco a una de las etnias que es la etnia Quiché, tengo mis costumbres, costumbres indígenas quichés, pero sin embargo **he vivido** muy cerca de casi la mayor parte de las otras etnias debido a mi trabajo organizativo con mi pueblo.»

El **pluscuamperfecto** expresa una acción pasada, anterior a otra acción también pasada.

Citas de Rigoberta Menchú:

■ «Entonces mis padres **habían ido** allá a buscar mimbre pero allí les gustó y empezaron a bajar las montañas para quedarse allá.»

N. Conexiones personales. Convierte tus apuntes del ejercicio *A* en una composición.

■ Incluye por lo menos tres oraciones describiendo lo que **habías pensado** antes de leer el testimonio de Rigoberta Menchú utilizando el **pluscuamperfecto**.

■ Utiliza el **pretérito perfecto** para relatar lo que hayas aprendido de la lectura con tus pensamientos de ahora.
Ejemplos: No me **había dado** cuenta de la situación indígena de Guatemala antes de leer el testimonio de Rigoberta Menchú.
Me **he dado cuenta** de que existen semejanzas y diferencias entre la injusticia social de Guatemala y mi país natal.

CREEMOS LITERATURA

O. **Una semblanza de Rigoberta Menchú.**   Una semblanza es una biografía abreviada en que se mezclan aspectos de la personalidad de un individuo con sus rasgos físicos, atributos distintivos y acontecimientos de la vida; transforma hechos escuetos y datos biográficos en algo interesante para el lector puesto que la persona adquiere vida en el papel.

- Escribe una semblanza de Rigoberta Menchú.
- Utiliza el Diario de doble entrada (ejercicio *E*) y el Análisis de la problemática (ejercicio *I*) que realizaste para organizar tus ideas.

P. **Un testimonio.**   Escoge a una figura femenina de la historia y escribe su testimonio.

- Antes de escribirlo, estudia de nuevo los Apuntes literarios de la página 248 que explican los componentes del testimonio.
- Después escribe un testimonio basado en tus conocimientos sobre el sujeto. Sería conveniente investigar el tema de antemano en la biblioteca o la Internet.
  Sujetos posibles:
  - doña Marina (La Malinche)
  - Eva Duarte (después Eva Duarte de Perón, «Evita»)
  - Domitila
  - una soldadera de la revolución mexicana (inventa el nombre)

Zapatos de huevo

Alistémonos para leer

En el siguiente cuento del escritor Jim Sagel, «Zapatos de huevo», se destaca el papel de la madre dentro de la familia como el personaje que mantiene la armonía y la paz familiar.

A. Predicción basada sobre el título. A veces el título de una obra nos sugiere pensamientos, sentimientos, preguntas. ¿Qué te sugiere el título de este cuento? Comparte tus ideas con un(a) compañero(a).

B. Escritito. En tu cuaderno escribe acerca de las siguientes preguntas:

- ¿A quién de los miembros más inmediatos de tu familia consideras el (la) más fuerte?
- ¿En qué forma se manifiesta esta fortaleza? Da ejemplos específicos.
- Al terminar comparte tus anotaciones con un(a) compañero(a).

VOCABULARIO CLAVE DEL TEXTO

Familiarízate con el vocabulario clave del texto según las indicaciones de tu maestro(a).

halagar	repugnar
hipocondríaca	mordaz
zalea	

LEAMOS ACTIVAMENTE

C. Red de personajes. Utilizarás el siguiente diagrama de la página 257 para tomar apuntes sobre la historia «Zapatos de huevo». Cópialo en tu cuaderno.

Personaje	Características	Acciones
La mamá		
El papá		
El tío Plácido		
La tía Juana		

D. Comprensión auditiva. Tu maestro(a) leerá la primera parte del cuento.

- Debes escuchar atentamente.
- Al terminar de escuchar, en grupos de cuatro, completen la información requerida en el cuadro Red de personajes.

E. Lectura en grupos. En sus grupos de cuatro continúen la lectura de la segunda parte del cuento (páginas 262–266).

- Túrnense de manera que cada alumno(a) lea un párrafo cada vez.
- Sigan completando el cuadro Red de personajes de común acuerdo.

F. Lectura silenciosa. Lee la tercera parte del cuento (páginas 266–270) silenciosamente y completa el resto de la información en el cuadro Red de personajes.

«Familia andina», Héctor Poleo

Zapatos de huevo

JIM SAGEL

PRIMERA PARTE

Pasó durante el tiempo de las goteras. Había llovido por cuatro días seguidos, y parecía que todavía iba a seguir. Y ahora, en el cuarto día, las goteras habían empezado —gotas de agua cayendo del techo por toda la casa. Ya mi papá había echado un terregal arriba del techo— hasta miedo le había dado que las vigas se iban a quebrar. Pero, con tanta lluvia, pues el agua tenía que pasar.

Éramos una familia muy unida, sí —pero encerrados todos juntos por tantos días— pues, estaba duro. Especialmente para una joven de diez años que ya le gustaba imaginarse mujer y que necesitaba estar solita de vez en cuando. Y luego, en aquellos tiempos —igual que hoy en día— la mujer hacía todo el trabajo en la casa. Nosotras aceptábamos eso —¿qué más íbamos a hacer?— pero cuando todos los hombres se quedaban adentro de la casa, emporcándola y luego estorbándonos para limpiarla, pues se ponía doble de trabajoso. Y mi papá —él era el peor. Era la clase de hombre que siempre tenía que estar ocupado— todo el tiempo trabajando afuera. Todavía cuando me acuerdo de él, lo veo con una herramienta en la mano —un hacha, una pala, un martillo— él siempre andaba con algún negocio. Y cuando llegaban estos tiempos de las goteras —o las nevadas que nos encerraban cada invierno— pues, mi papá se ponía tan nervioso que casi no lo aguantaba uno. Se ponía de muy mal humor y caminaba de un cuarto al otro, como un león enjaulado. Y nos maltrataba a todos nosotros —pero más a mamá, pobrecita— tanto que trabajaba y luego también tenía que aguantar todas las quejas de él en silencio.

Pero yo le ayudaba a mi mamá —pues, ya tenía diez años. Yo ya no era una muchachita. Ya le ayudaba con la casa y también hacía de cenar. Ésa era la única ocasión que mi papá me halagaba. Decía que yo hacía papas fritas mejor que cualquier otra mujercita. Eso sí me gustaba —cuando él decía que «mejor que cualquier *mujercita*». Yo quería ser adulta en aquellos tiempos —ahora diera mi vida por volver a ser una muchacha, pero eso es otra historia.

Bueno —la lluvia había caído por cuatro días y ya teníamos ollitas y botes por toda la casa llenándose con las gotas que salían del techo, cuando mi tía Juana y mi tío Plácido llegaron. Mis tíos tenían un techo peor que el nuestro y ya no podían quedarse dentro de su casa. —Es la misma cosa que afuera —dijo mi tía Juana. Y aunque mi mamá está muy contenta de ver a su hermana, mi papá se puso hasta más genioso. Bien sabía yo su opinión de su cuñado— pues, le había oído cuando le decía a mi mamá que el Plácido era un hombre que no servía para nada. Y yo sabía qué estaba pensando —que si mi tío Plácido hubiera compuesto su techo en lugar de gastar su tiempo con sus «tonterías», pues, entonces no hubieran llegado aquí.

Pero aquí estaban ya, y yo tuve que dejarles mi cama a mis tíos. Me mudé para la cocina donde no estaba goteando tan malamente. Y mi cama nueva, pues, era una zalea. Nuestra casa —como todas las casas en aquellos tiempos— no era ni tan grande. Y luego éramos muchos para poder acomodar a mis tíos. Pero nunca hubo preguntas. Eran familia y necesitaban nuestra ayuda. Y nosotros les ayudamos —era nuestro modo de vivir entonces.

Y, a pesar de lo mal que mi papá pensaba de mi tío Plácido, de suerte que estaba con nosotros. Así, a lo menos, mi papá tenía alguien con quien podía platicar y el tiempo, tan siquiera, se pasaba un poco más rápido para él. Porque si había una cosa que sí le gustaba más que trabajar con sus caballos, pues era hablar de ellos —tanto orgullo que tenía por ellos. Y sí, eran los mejores caballos de Coyote —no había duda de eso— y yo no sé qué tantas veces mi papá le platicó la historia de su «Morgan» a mi tío Plácido. Ése era su favorito, quizás, porque ya hacía años que ese caballo se había muerto, y mi papá todavía hablaba de él. Yo misma ya sabía todo el cuento de memoria.

Una vez prendió su Morgan con un caballo nuevo que todavía no sabía jalar. Y él mismo tuvo la culpa, mi papá repetía a mi tío Plácido, porque fue y le echó demasiada carga al carro —pura leña verde, sabes. Y luego tuvieron que subir unas laderas bárbaras para sacar el carro de allí— y su pobre Morgan jalando todo ese peso solo. Pues, el otro no le ayudaba nada. Pero ese caballo, ¡mejor se mataba que rajarse! Y ya cuando llegaron, pues el pobre andaba muy enfermo —y, en dos días se murió. Seguro que se había destripado con ese jalón tan terrible— y, ¡qué tristeza! —no había caballo más fuerte que aquel Morgan, mi papá le decía a mi tío.

Y mi tío Plácido —bueno él nomás decía que sí, que sí, mientras trabajaba en sus rompecabezas. Ésas eran las «tonterías» que para mi papá eran una pérdida de tiempo. Sin embargo, le gustaban a mi tío Plácido como a mi papá los caballos. Y era un hombre muy sabio mi tío, sabes, para poder hacer esas cosas. Pues agarraba un cartón y lo cortaba en pedazos de todos tamaños y luego los ponía pa'trás. Algunas veces los hacía de madera que componía con su navajita —y luego molestaba a todos que los hiciera— tú sabes, que uno pusiera los pedazos en su propio lugar. Cuando empezaba con eso, mi papá miraba pa'fuera más que nunca y decía a mi mamá que iba a salir, pero ella no lo permitía. —No 'nito —le decía —, te vas a enfermar. ¿Qué tienes?

Ésa era la única ocasión cuando mi mamá mandaba a mi papá, sabes. Ella no sabía mucho de los animales ni del rancho, pero de la enfermedad —eso sí. Pues, estaba obligada a saber. No había doctores ni hospitales entonces, y luego ella con una familia de ocho hijos, pues tenía que ser la médica de la casa. Y ¡cómo sabía ella de las yerbas!— ooh, todas clases de remedios que hacía a uno tomar. Siempre me repugnaban a mí —¡tan amargosas que eran algunas!— pero ahora tengo que agradecerle porque nos crió a todos nosotros con esos tés tan agrios y mordaces. Me acuerdo que cuando yo le daba guerra para tomar algún remedio, pues nomás me agarraba de las narices. Me abría boca y échamelo.

Segunda parte

Y mi mamá se puso más ocupada que nunca con los remedios cuando su hermana llegó en aquel tiempo de las goteras. Mi tía Juana, ves, era una hipocondríaca. Así decían todos —hasta mi mamá lo sabía, yo creo. Mi tía siempre andaba con alguna queja —tú sabes, dolor de esto y del otro, y ahora que se encontraba rodeada de toda la familia, pues, se falteó peor que nunca. Bueno, tenía a todos para darle simpatía, sabes, y mientras que la lluvia seguía cayendo igual que las goteras adentro, mi tía Juana se quejaba a cada uno de nosotros de sus dolores tan fuertes de cabeza.

Y mi mamá le preparaba un remedio nuevo cada rato, se me hacía —inmortal, oshá, poléo, ruda— pero parecía que nada le ayudaba. Eso también le hacía la vida pesada a mi papá, y si mi tía Juana no le daba suficiente pena a mi mamá, pues mi papá le acababa de apenar con sus quejas sobre su cuñada. Cada rato le decía a mi mamá que la Juana lo hacía de adrede, y que si mi mamá no le diera tanta atención, pues pronto sanaría. Pero mi mamá, lo aceptaba todo en silencio. Y me acuerdo que yo, en aquellos tiempos, creía que ella era débil —que no tenía el valor de responderle. No fue hasta años después que entendí que ella era la fuerte— que no peleaba por causa de la familia. Ella nos perdonaba por todas nuestras estupideces y faltas, y siempre hallaba el buen lado de cada uno.

Y así le decía a mi papá cuando se quejaba tanto de mi tía Juana —y un modo muy propio escogió para explicarle. —Ella es la misma cosa que tú —le decía—. No puede quedarse quieta, sin hacer nada. Es muy duro para ella estarse en una casa ajena sin sus quehaceres. Es nerviosa nomás —lo mismo que tú. Por eso se enferma tanto.

Bueno, ¿qué le podía contestar mi papá a eso?

Otra maña también tenía mi tía Juana. Era tartamuda —quizás siempre había sido. Y, para mí a lo menos, su modo de pronunciar las palabras me daba tanta risa que no me importaban todas sus «enfermedades». Risa en secreto, seguro —porque eso era una cosa de muchísima importancia entonces, sabes —uno siempre respetaba a sus mayores, especialmente a la gente anciana. Pero no podía esconder una sonrisa cuando ella decía:

—Vamos a mealos, litas, pa'acostalos.

Y ella se acostaba muy re-temprano, sabes —nomás se hacía

«Tía Juliana», Gustavo Lazarini. 1941. Watercolor on paper, 19¼ × 13⅛″ (48.8 × 33.3 cm). The Museum of Modern Art, New York. Inter-American Fund. Photograph © 2000 The Museum of Modern Art, New York.

oscuro y ya se acostaba. Y luego se levantaba con las meras gallinas. Yo me acuerdo que la primera mañana que pasaron con nosotros, ya pa' cuando yo me levanté, ella estaba planchando. —Ya yo laví y planchí y el Placidí todavía durmiendo —me dijo—. Ay pelo ¡qué dolo' de cabeza me 'ta dando, hijita!

Luego mi mamá se levantó a hacer el almuerzo. Después de almorzar, mi papá vació todas las ollas de agua afuera y entró a avisarnos que todavía seguía mal el tiempo. Luego se puso a hacer un cabrestito de cerdas trenzadas. Mi tío Plácido acabó otro rompecabezas y se lo enseñó a mi tía, pero ella dijo: —No me gutan etas tontelías —y me imaginé que ella había oído a mi papá, porque así decía él también— que esas cosas que hacía mi tío eran «puras tonterías». Pero mi mamá le dijo que mi tío Plácido era muy inteligente para poder pensar todas esas cosas.

Bueno —así pasaron días, uno atrás del otro, y todavía la lluvia metida y las gotas sonando en las ollas, marcando los segundos como un reloj incansable. Pero lo que me acuerdo más que nada —todavía tantos años después— son las noches, porque en las noches mis papaces y mis tíos se juntaban a jugar a la baraja. Mis hermanos se iban al otro cuarto a platicar y jugar sus propios juegos, y a veces me gustaba juntarme con ellos —especialmente cuando mi hermano Belarmio tocaba la guitarra. Pero ellos —como eran puros hombres, y mayores que yo, pues nunca me querían allí. Bueno, pero a mí me cuadraba más quedarme con los adultos de todos modos —para escucharlos, sabes. Jugaban a la rondita y me daba risa con mi tía Juana porque se enojaba tanto con mi tío Plácido. Ella decía que él robaba «grano» todo el tiempo, y luego se excitaba tanto cuando le ofrecía la chanza de darle un portazo.

—¡Polazo! —gritaba ella, y tiraba su baraja sobre la de él con toda su fuerza. Y, en aquellos ratitos, mientras jugaba, ella se olvidaba de sus «dolores» y jugaba con una energía bárbara.

Jugaban todas las noches y algunas veces casi hasta la madrugada, porque mi papá era demasiado terco, y si él no ganaba pues tenían que jugar hasta que, a lo menos, se habían quedado a mano. Y se divertían mucho, sabes —apostaban pollo y platicaban muy bonito, con mi tío Plácido «curando» las barajas con su «brujería» que tanto coraje le daba a mi tía. —Cruz de macho—... si me dejas perder, te empacho —decía. —Cruz de encino—... si me dejas perder, te empino.

Y sabes que casi siempre él y mi mamá ganaban cuando hacía eso.

TERCERA PARTE

Pero lo mejor de todo era cuando acababan el juego. Luego mi mamá y mi tía hacían café y buñuelos y se ponían a sabrosear y platicar. Yo ya me había acostado para esas horas, pero estaba cerca de la mesa y, aunque cerraba los ojos, no me dormía. Era entonces que mitoteaban y platicaban de los parientes y vecinos. Era una noche de esas cuando aprendí yo que mi tía Elena se había casado con su primer esposo con la esperanza de que se muriera. ¡Sí! Era en los tiempos de la guerra mundial, y mi tía se casó con aquel hombre el día antes de que se fuera para la guerra. Ni lo quería, decían, pero estaba convencida que nunca volvería de la guerra —bueno, era un hombre chaparrito y tan saludable. Y quizás mi tía se casó con él porque esperaba su pensión. Luego, ¿sabes qué pasó? Pues, ni lo aceptaron en el ejército —yo no sé si no era grande suficiente o enfermo o qué, pero el cuento es que él volvió— presto. Y mi tía Elena, pues lo dejó, ya que no iba a sacar su dinerito.

También se ponían a hablar de la brujería algunas noches, pero eso no le gustaba a mi papá. Para él, la brujería era nomás otra «tontería». Él nunca había visto ninguna de esas cosas, «ni una pura bola de lumbre» —y él sí se había paseado a caballo por todas estas partes en la noche, y toda la vida también. Pero siempre mi mamá y mis tíos platicaban de las brujas y ¡cómo me espantaba yo! Acostada allí con los ojos apretados y el sonido constante de las gotas en las ollas —pues, muy bien podía imaginar las caras desfiguradas y horribles de las brujas malditas— y sus gatos negros y sus tecolotes. Platicaban de aquella vieja allá en el Cañón de las Grullas —la Petra— que por tradición o por prueba, no sé cuál, tenía la fama de ser una esclava del diablo. Y mi tía hablaba de aquel velorio cuando la Petra trajo una olla de frijoles que nadien atocó —y luego pa' la siguiente mañana ya estaban pudridos y agusanados. Y luego platicaban de unas cosas tan escariotas que yo casi no las podía creer. Como cuando la Petra se enamoró de un hombre casado de las Polvaderas. Y cuando él no quería dejar a su mujer por ella, pues lo embrujó con un cigarro que le dio, y el pobre hombre se hizo mujer. Ooh —cosas increíbles— pero tan mágicas, ¡tan misteriosas para una niña de diez años!

Y yo no sé, pero yo creo que siempre sabía que alguna cosa iba a pasar entonces, en ese año de las goteras tan malas. Es una habilidad que yo siempre he tenido. Ni yo misma la entiendo, pero en veces puedo sentir lo que va a suceder. Y la misma cosa entonces —nomás que era la primera vez que me pegó tan fuerte, y no entendí lo que estaba sintiendo.

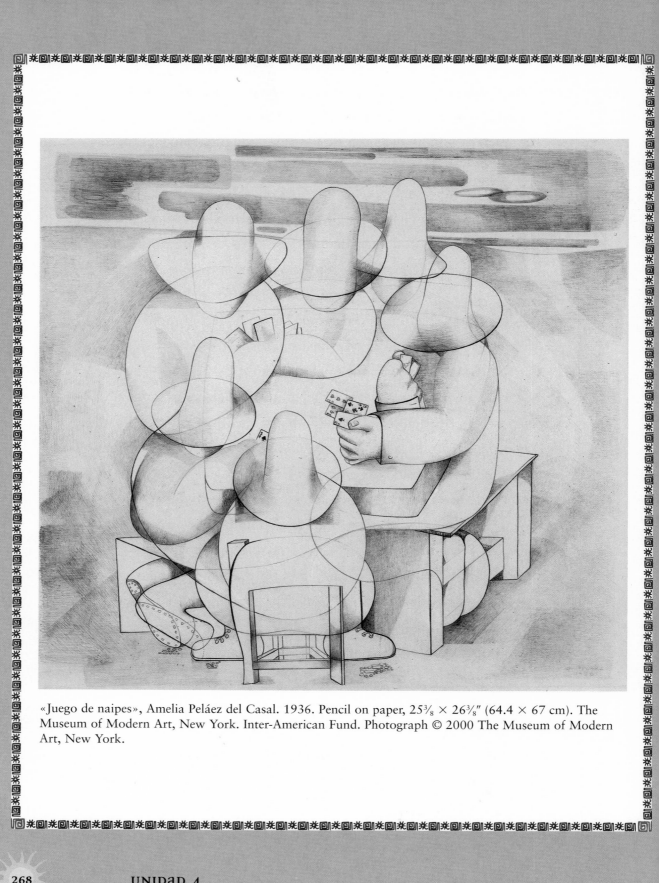

«Juego de naipes», Amelia Peláez del Casal. 1936. Pencil on paper, $25\frac{3}{8} \times 26\frac{3}{8}''$ (64.4 × 67 cm). The Museum of Modern Art, New York. Inter-American Fund. Photograph © 2000 The Museum of Modern Art, New York.

Ya había hecho seis días que mis tíos habían estado con nosotros —y todavía lloviendo. Oh —se quitaba por ratitos, pero luego pronto empezaba a caer otra vez. Y las goteras de adentro —pues, nunca paraban. Ya le estaban dando dolores de cabeza a mi tía Juana más fuertes que nunca, y mi mamá ya estaba bien apenada. Y ese día, al fin decidió de darle otra clase de remedio, porque mi tía dijo que tenía calentura también —y sí, parecía que tenía fiebre. De modo que mi mamá batió unos blanquillos que le puso en la cabeza y en los pies, amarrándole éstos con unas garras. Le dijo que se acostara en el cuarto de atrás. Bueno, la acostaron y, yo no sé qué pasó, pero yo creo que era causa de su nerviosidad —pues, era que pensaba que mis papaces estaban platicando de ella. Nunca supe —pero el cuento es que cuando nos sentamos a cenar, mi hermano Eduardo gritó: —¡Aquí viene mi tía Juana gateando con los zapatos de huevo a greña!

Corrimos pa'llá —y sí, mi tía Juana venía a gatas por el corredor con los «zapatos de huevo» levantaditos atrás. Pues, imposible no reírnos —¡tan curiosa que se miraba! Y toda la noche seguimos riéndonos cada vez que alguien mencionaba «zapatos de huevo». Hasta la mañana, cuando mi tía amaneció muerta.

Nunca supimos qué le había pasado. En aquel entonces, sin doctores, pues la gente nomás decía que «le dió un torzón y se murió». Y esa misma mañana, después de diez días de lluvia, el cielo abrió y el sol salió. La velamos en casa, y aunque la lluvia se había quitado, todavía seguían cayendo algunas gotitas adentro de la casa. Pero nadien las notaba como se mezclaban con las lágrimas.

Mi tío Plácido, me acuerdo, se quedó sentado todo el día con el cuerpo, mirándolo con una intensa confusión casi como si fuera otro rompecabezas que, después de una larga contemplación, tal vez podría resolverlo.

No hay que decir que todos nosotros andábamos con un sentimiento grande por habernos reído de ella —mi papá peor que nadien. Pero entonces pensé —y todavía pienso— que era bueno que nos habíamos reído tanto. Para mí era como un último regalo de mi tía tartamuda que, a pesar de todos sus dolores y quejas, siempre sabía divertir a la gente.

Pues, mira. Ya después de tantos años —con mi mamá y papá también muertos ya— todavía me acuerdo de mi tía Juana y aquel tiempo de las goteras. Y aunque ya no cae agua por aquí, y hasta la casa de mis papaces se ha deshecho con el tiempo, mi tía Juana todavía viene gateando a greña por mi memoria. En sus zapatos —sus zapatitos de huevo.

G. **Análisis de personaje.** Contesta las siguientes preguntas
con oraciones completas.

1. ¿Cómo habría cambiado la historia si la madre hubiera
   tenido una carrera profesional?

2. ¿Cuáles son los valores morales que la madre enseñaba a
   sus hijos a través de sus actos?

3. En tu opinión, ¿cuál es el punto más fuerte de la madre? ¿Y
   el más débil? Explica tus respuestas.

Conozcamos al autor

JIM SAGEL **El mundo de las letras hispanas de los
Estados Unidos sufrió una gran pérdida con la muerte de
Jim Sagel en 1998. Poeta, cuentista y últimamente ensayista,
Sagel se dedicó íntegramente a la sociedad bilingüe y bicultural
de Nuevo México, primeramente como maestro bilingüe y después
como autor.**

**Las ediciones originales de Sagel son bilingües con textos en
español e inglés que frecuentemente se cruzan entre sí con
expresiones inglesas salpimentando los pasajes en español y
viceversa. El temario enfoca todos los aspectos de la vida
comunitaria de Nuevo México con gracia, elegancia y mucho
cariño. Entre sus títulos más populares se incluyen la colección de
cuentos *Tunomás Honey* y *Sabelotodo Entiendelonada*.**

**Jim Sagel fue ganador de varios galardones literarios
internacionales incluyendo el prestigioso Premio Literario de la
Ciudad de San Sebastián (España).**

Personajes. Uno de los elementos claves de una obra narrativa son los personajes. Éstos son cada uno de los seres humanos, sobrenaturales o simbólicos, que toman parte en la acción de una obra literaria.

Motivos de los personajes. Por lo general, los escritores tratan de crear personajes que parezcan reales, con los mismos sentimientos y comportamiento que los seres humanos. No siempre el (la) escritor(a) nos dice directamente cómo se siente un personaje o qué motivos lo llevan a actuar de una determinada manera. ¿Cómo podemos averiguarlo?

Existen tres maneras de conocer a un personaje:

1. a través de sus acciones y de sus palabras
2. por lo que los otros personajes nos dicen de él o de ella
3. por las descripciones directas del (de la) autor(a)

AMPLIEMOS NUESTRA COMPRENSIÓN

H. Escritura en el diario. La narradora del cuento dice: «Y me acuerdo que yo, en aquellos tiempos, creía que ella era débil —que no tenía el valor de responderle. No fue hasta años después que entendí que ella era la fuerte— que no se peleaba por causa de la familia.»

- ¿Estás de acuerdo con ella?
- ¿Crees tú que realmente la madre en este cuento es la persona más fuerte de la familia?
- ¿Qué hace que cambie la percepción que la narradora tiene de su madre?

Escribe tus reflexiones en tu diario, dando ejemplos que justifiquen tu respuesta.

I. **Monólogos colaborativos.** El (La) maestro(a) asignará a cada grupo un personaje del cuento.

- Preparen un monólogo en grupo en el cual discutan lo que el personaje está pensando respecto a la situación familiar.

- En este monólogo se pueden expresar dudas, ideas contradictorias, interrogantes, etc. Utilicen un diagrama «mente abierta» para compartir sus percepciones de lo que su personaje pueda estar pensando y sintiendo.

J. **Escenas congeladas.** El (La) maestro(a) se paseará por la clase y tocará a un(a) alumno(a) en el hombro. Ésta será la señal para que el personaje que el (la) alumno(a) representa cobre vida y actúe su monólogo. De esta manera se cubrirán todos los personajes del cuento.

K. **Reflexión analítica.** Dentro de cada familia existe una cultura familiar constituida por normas, valores, patrones de comportamiento, maneras de ver las cosas. Si bien es verdad que estas reglas rara vez son mencionadas explícitamente, todos las entienden y respetan.

- Trabajando en sus grupos, revisen sus anotaciones en el cuadro Red de personajes.

- Discutan cuáles son las responsabilidades de cada uno de los miembros de esta familia y cuáles son las normas que regulan sus interacciones.

- El producto final de la discusión será una lista de las reglas que rigen el comportamiento de esta familia.

> **MODELO:** *Hay conversaciones de adultos en que los chicos no participan.*
> *El juego no podía terminar mientras el papá estuviera perdiendo.*

L. Taller de composición: Ensayo de comparación y contraste. Piensa en tu propia familia.

- Anota algunas de las normas que rigen dentro de ella.
- Utiliza todas las notas que tienes de esta lección para escribir un ensayo en que compares la familia del cuento con la tuya propia.

M. Revisión de un(a) compañero(a). Intercambia tu composición con la de un(a) compañero(a). Cada uno de ustedes debe leer el ensayo de su compañero(a) y escribirle un comentario que le pueda ayudar a mejorar su composición.

EXPLOREMOS EL LENGUAJE

EL PRESENTE DEL SUBJUNTIVO

En las lecciones de la tercera unidad, estudiamos algunos tiempos verbales del modo indicativo. Las próximas tres lecciones se dedicarán al modo subjuntivo.

El **modo subjuntivo** se usa para expresar órdenes, deseos, consejos y dudas.

Se utiliza el subjuntivo cuando el verbo principal expresa:

- mandato (**decir, exigir, mandar, ordenar, pedir**)

  Ejemplos: La madre de la familia pide a sus hijos que no **se rían de** la tía Juana.

  El padre exige que lo **atiendan** las mujeres de la casa.

- deseo (**desear, esperar, preferir, proponer, querer**)

  Ejemplos: El padre prefiere que la hija **fría** las papas.

  Toda la familia espera que **deje** de llover.

- consejo o ruego (**aconsejar, recomendar, rogar, sugerir, suplicar**)

  Ejemplos: La familia sugiere que los tíos **vengan** a vivir con ellos hasta que pasen las lluvias.

  La madre de la familia aconseja a la tía Juana que **se acueste** con los emplastes de huevo.

- duda

  Ejemplos: La familia no está segura de que la tía Juana **esté** siempre tan enferma como dice.

  No creen que **se vaya** a morir.

- una opinión personal en oraciones impersonales (**es bueno/mejor/malo/necesario/conveniente/preciso**, etcétera)

  Ejemplos: Es necesario que todos los miembros de una familia **se apoyen** mútuamente.

  Es injusto que el esposo del cuento **tenga** tan poca consideración.

N. **¿Qué opinas tú?**   Completa los siguientes comentarios dirigidos a la narradora de «Zapatos de huevos» utilizando **el presente del subjuntivo** según el modelo.

> MODELO: *Es importante **que todos amparemos a nuestros familiares como hicieron Uds.***

1. Te sugiero que...
2. Es mejor que...
3. Me molesta que...
4. Espero que...
5. Te aconsejo que...

CREEMOS LITERATURA

O. **Ensayo analítico.**   ¿Hasta qué punto influye la cultura de la comunidad en las normas, valores, patrones de comportamiento y maneras de ver las cosas dentro de la familia?

- Contesta la pregunta formando una hipótesis que formará la base de un ensayo analítico.
- Utiliza tus apuntes del ejercicio *K* (Reflexión analítica), junto con tu ensayo de comparación y contraste (ejercicio *L*) para organizar tus ideas.

P. **Poema.**   Dedica un poema a tu madre, abuela u otra mujer que haya influido mucho en tu vida.

- Puedes utilizar una de las formas con que hemos practicado en lecciones anteriores: el poema *cinquain*, el poema diamante o el poema *Clerihew*.
- También puedes componer un poema a tu propio gusto, rimado o en verso blanco.

Cuatro poemas

Alistémonos para leer

Los siguientes cuatro poemas plasman la rebeldía de sus autoras frente a la condición de sumisión a que se ve relegada la mujer. Es de especial importancia notar que la mexicana Sor Juana Inés de la Cruz escribe su poema en pleno siglo XVII durante la época de la colonia. Las otras poetisas, la argentina Alfonsina Storni, la puertorriqueña Antonia Darder y la chicana Gloria Velásquez, son contemporáneas.

«Arachne», Diego Velázquez

A. **Si te pudiera decir...** Imagínate que a la madre de la narradora del cuento «Zapatos de huevo» le es posible decirle a su esposo claramente y sin temor a represalias lo que ella piensa de su relación con él. ¿Qué crees que le diría y en qué tono se lo diría?

- En sus grupos escriban unas tres o cuatro ideas como si fuera un pequeño monólogo.
- Luego lo compartirán con el resto de la clase.

VOCABULARIO CLAVE DEL TEXTO

Familiarízate con el vocabulario clave del texto según las indicaciones de tu maestro(a).

liviano   diligencia   desdén
escarcha   casta

LEAMOS ACTIVAMENTE

B. **Rompecabezas de lectura: Primera etapa.** El (La) maestro(a) dividirá la clase en grupos de cuatro y asignará uno de los poemas a cada grupo.

C. **Lectura individual.** Cada alumno(a) lee silenciosamente el poema que le corresponde y anota en su cuaderno las respuestas a las siguientes tres preguntas.

- ¿Cómo ve la autora la presencia del hombre en su vida?
- ¿Qué piensa ella de los hombres en general?
- ¿Qué preguntas tengo yo acerca de este poema? (¿Tendré razón en pensar que... ?, ¿Qué querrá decir... ?)

D. **Lectura a cuatro voces.** Ahora lean el poema en voz alta. Cada alumno(a) leerá las palabras impresas en un color diferente en el texto.

Hombres necios...

SOR JUANA INÉS DE LA CRUZ

Hombres necios que acusáis
a la mujer sin razón,
sin ver que sois la ocasión
de lo mismo que culpáis.

Si con ansia sin igual,
solicitáis su desdén,
¿por qué queréis que obren bien,
si las incitáis al mal?

Combatís su resistencia,
y luego con gravedad
decís que fue liviandad
lo que hizo la diligencia.

¿Qué humor puede ser más raro
que el que falto de consejo,
él mismo empaña el espejo,
y siente que no esté claro?

Con el favor y el desdén,
tenéis condición igual
quejándoos si os tratan mal,
burlándoos si os quieren bien.

Opinión ninguna gana,
pues la que más se recata,

si no os admite, es ingrata,
y si os admite, es liviana.

Siempre tan necios andáis,
que con desigual desdén,
a una culpáis por cruel,
y a otra por fácil culpáis.

¿Pues cómo ha de estar templada
la que vuestro amor pretende,
si la que es ingrata ofende,
y la que es fácil enfada?

Dan vuestras amantes penas,
a sus libertades alas,
y después de hacerlas malas,
las queréis hallar muy buenas.

¿Pues para qué os espantáis
de la culpa que tenéis?
Queredlas cual las hacéis,
o hacedlas cual las buscáis.

Dejad de solicitar,
y después, con más razón,
acusaréis la afición
de la que os fuere a rogar.

Bien con muchas armas fundo
que lidia vuestra arrogancia,
pues en promesa e instancia
juntáis diablo, carne y mundo.

«Muchacha ayacuchana», José Sabogal. 1937. Oil on wood, 30 × 30″ (76.2 × 76.2 cm). The Museum of Modern Art, New York. Lent anonymously. Courtesy of The Museum of Modern Art, New York. Photograph © 2000 The Museum of Modern Art, New York.

«Sin título», Rocío Maldonado

Dueña del camino

ANTONIA DARDER

Compañero
ya no quiero impresionarte
con mi cuerpo o mi mente
o enseñarte que soy fuerte
ni tomar tus chistesitos
o hacerme tu tontita

Ya no quiero ser esclava
por tus besos y sonrisas
o crear tus buen' aspectos
ni buscar el gran respeto
o hacerme tu juguete

ya no quiero andar mi vida
con el hombre como guía

quiero en vez tomar mis pasos
bien o mal yo los jalo
y con esos aceptamos
que la fuerza compañero
se logra sólo en la gente
al tomar su propia mente

y así lo haré...

«Mujer que plancha», Pablo Picasso. 1904. Oil on canvas, 116.2 × 73 cm (45¾ × 28¾ inches). Solomon R. Guggenheim Museum, New York. Tannhauser Collection, gift, Justin K. Tannhauser, 1978.

Superwoman

Gloria Velásquez

Soy la superwoman Chicana
planchando ropa,
lavando trastes,
cuidando niños
sin decir nada.

Soy la super-liberated Chicana
asistiendo a clases,
escribiendo papeles,
discutiendo la psicología,
sin decir nada.

Soy la super-macha Chicana
arreglándote tu cafecito,
trayéndote tu periódico,
haciéndote tu comida,
sin decir nada.

Soy la super-pendeja Chicana
bien, pero rebién
cansada,
oprimida, y
ahuitada.

«El cortejo», Nívea González

Tú me quieres blanca

ALFONSINA STORNI

Tú me quieres alba;
me quieres de espumas;
me quieres de nácar,
Que sea azucena,
sobre todas, casta.
De perfume tenue.
Corola cerrada.

Ni un rayo de luna
filtrado me haya.
Ni una margarita
se diga mi hermana.
Tú me quieres nívea,
tú me quieres blanca,
tú me quieres alba.

Tú que hubiste todas
las copas a mano,
de frutos y mieles
los labios morados.
Tú que en el banquete
cubierto de pámpanos,
dejaste las carnes

festejando a Baco.
Tú que en los jardines
negros del Engaño
vestido de rojo
corriste al Estrago.

Tú que el esqueleto
conservas intacto
no sé todavía
por cuáles milagros,
me pretendes blanca
(Dios te lo perdone)
me pretendes casta
(Dios te lo perdone)
¡me pretendes alba!

Huye hacia los bosques
vete a la montaña;
límpiate la boca;
vive en las cabañas;
toca con las manos
la tierra mojada;
alimenta el cuerpo
con raíz amarga;
bebe de las rocas
duerme sobre escarcha;
renueva tejidos
con salitre y agua;

habla con los pájaros
y lévate al alba.
Y cuando las carnes
te sean tornadas,
y cuando hayas puesto
en ellas el alma
que por las alcobas
se quedó enredada,
entonces, buen hombre,
preténdeme blanca,
preténdeme nívea,
preténdeme casta.

E. Rompecabezas de lectura: Segunda etapa.

Paso 1: Cuatro en turno.   Trabajen en sus grupos, tomando turnos.

- Compartan primero las respuestas a la primera pregunta del ejercicio C de la página 278.
- Luego compartirán las preguntas que les sugirió el poema.

Paso 2: Discusión de grupo.   Se abre una discusión general del grupo acerca de la imagen de la mujer que presenta el poema.

Paso 3: Diagrama «mente abierta».   En un diagrama como el que aparece a continuación representa las ideas y sentimientos expresados por la poetisa. Puedes usar dibujos, símbolos o palabras y frases del poema.

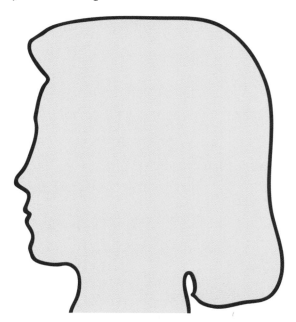

Paso 4: Grupos base.

- Los estudiantes se reorganizan en nuevos grupos llamados *grupos base*.
- Cada estudiante lee su poema y lo explica usando su diagrama de mente abierta.

Conozcamos a las autoras

SOR JUANA INÉS DE LA CRUZ

Sor Juana Inés de la Cruz es considerada la abuela de la literatura latinoamericana y la voz lírica más importante de la época colonial hispanoamericana. Sus poesías, obras de teatro y prosa revelan su profunda inquietud intelectual así como su inconformidad con las limitaciones impuestas sobre la mujer del período.

ALFONSINA STORNI

Alfonsina Storni fue una de las feministas latinoamericanas más afamadas del siglo XX cuya obra incluye todos los géneros literarios. La mujer misma figura como tema principal en gran parte de la obra de esta poetisa que insiste en los derechos femeninos y el reconocimiento de su igualdad con el hombre.

ANTONIA DARDER

Antonia Darder es artista, poeta, ensayista y profesora universitaria cuya especialización abarca la educación bilingüe y los estudios latinos. Poemas escritos en inglés junto con otros compuestos en español componen sus dos obras poéticas *each day I feel more free* y *The Woman With Many Hearts.*

Conozcamos a la autora

GLORIA VELÁSQUEZ

Como Antonia Darder, Gloria Velásquez dedica su obra literaria a temas de justicia social tanto desde la perspectiva femenina como la étnica. Es más conocida por su colección de novelas juveniles llamada *Roosevelt High School Series* que resalta los desasosiegos del adolescente contemporáneo en nuestra sociedad multicultural.

AMPLIEMOS NUESTRA COMPRENSIÓN

F. **Escritura de un poema.** Cada uno de nosotros juega distintos papeles en el trato con los demás. Uno es el de conciliador, otro el de pleitista, otro el de gracioso, etc.

- Explora tus papeles dentro de la familia, la sociedad o con tus amigos.
- Relee silenciosamente los cuatro poemas de esta lección.
- Utilízalos como modelo para escribir tu propio poema en el que expreses tu aceptación o rechazo de dichos papeles y los sentimientos que esto te produce.

G. **Cuadro de comparación y contraste.** Revisa los Apuntes literarios de la primera unidad (páginas 21 y 37) acerca de la poesía lírica: tono, rima, metáfora, símil e imágenes.

- Luego copia en tu cuaderno un cuadro como el que aparece a continuación.
- Escoge dos de los poemas de esta lección y haz un estudio comparativo de ellos.

Elementos del poema	Poema	Poema
Tema (¿De qué trata el poema?)		
Figuras literarias (¿Usa la poetisa metáforas o símiles? Escribe algunas.)		
Rima (¿Tiene rima el poema? Anota ejemplos de palabras que riman.)		
Tono (¿Qué sentimiento predomina en el poema?)		

EXPLOREMOS EL LENGUAJE

EL SUBJUNTIVO EN LAS CLÁUSULAS ADJETIVAS Y ADVERBIALES

Las oraciones compuestas, las que constan de dos predicados, se dividen en dos partes. Estas partes se llaman **cláusulas.** El verbo principal se encuentra en la **cláusula principal.** En la **cláusula subordinada** usamos el indicativo o el subjuntivo dependiendo del significado del verbo principal.

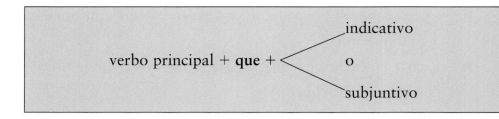

verbo principal + **que** + indicativo o subjuntivo

Una **cláusula adjetiva** ejerce la función del adjetivo mientras que la **cláusula adverbial** funciona como un adverbio.

- Cláusulas adjetivas

  Se utiliza **el indicativo** cuando la cláusula adjetiva se refiere a una persona o cosa que existe o que se conoce.

  Ejemplos: Sor Juana Inés de la Cruz es la poetisa que **escribió** «Hombres necios».

  Los poemas que se **incluyen** en esta unidad tienen un poderoso mensaje.

  Se utiliza **el subjuntivo** cuando la cláusula adjetiva se refiere a una persona o cosa que no existe o que no se conoce.

  Ejemplos: Busco unos libros que me **puedan** dar más información sobre la obra de Darder.

  Gloria Velásquez desafía al hombre que **quiera** mantenerla dentro de un sistema social anticuado.

- Cláusulas adverbiales

  Se utiliza **el indicativo** cuando una expresión de tiempo o concesión introduce una cláusula subordinada que expresa una experiencia real o verdadera.

  Ejemplos: Storni, como las otras poetisas, escribió su poema **cuando se inspiró** por el tema.

  Siempre repasamos lo escrito **en cuanto terminamos** el borrador.

  Se emplea **el subjuntivo** cuando una expresión de tiempo o concesión introduce una cláusula subordinada que expresa una acción que aún no ha tenido lugar.

Ejemplos: Escribirás tu mejor poema **cuando te sientas** más inspirada.

Repasaremos lo escrito **en cuanto terminemos** este borrador.

¡Ojo! Las cláusulas adjetivas que expresan propósito (**a fin de que, para que, a que**), condición (**sin que, a menos que, con tal que,** etcétera) y anterioridad (**antes que, antes de que**) sólo pueden introducir acciones que aún no se han realizado. Por lo tanto, siempre se utiliza el subjuntivo en la cláusula subordinada.

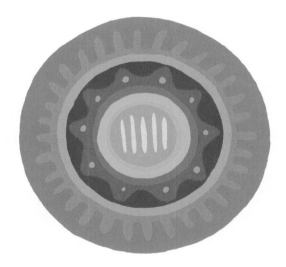

H. **Práctica.** Copia los siguientes fragmentos en tu cuaderno. Conviértelos en oraciones completas usando el subjuntivo y basándote en los poemas de esta lección.

1. Según Sor Juana, no existe hombre que...
2. Storni está dispuesta a la castidad con tal que...
3. Gloria Velásquez se dirige al esposo chicano para que...
4. Darder insiste en tomar su propio camino en la vida aunque...

CREEMOS LITERATURA

I. **Ensayo de comparación y contraste.** Compara y contrasta dos poemas de esta lección en un ensayo.

- Utiliza el cuadro de comparación y contraste que hiciste en el ejercicio G para organizar tus ideas.
- Tu hipótesis tratará las diferencias y semejanzas generales entre los dos poemas que escogiste.

J. **Cambio de género.** Elige el poema que más te haya gustado y escríbelo de nuevo en otro género.

- Elige entre carta, diálogo, artículo periodístico o narrativa.
- Debes utilizar tus propias palabras. Por lo tanto, tu trabajo no es un resumen de lo que escribió la poetisa, sino los mismos sentimientos expresados en otra forma literaria.

LECCIÓN 4

Tres selecciones ensayísticas

A LISTÉMONOS PARA LEER

Los textos de esta lección son fragmentos de ensayos escritos por distintos autores en los que se analiza el fenómeno del «machismo» y el «marianismo».

«La fragua de Vulcano», Diego Velázquez

«Las hilanderas», Diego Velázquez

297

A. **Exploración de un concepto.** En un pequeño ensayo explica qué significa para ti «el machismo». Da ejemplos de situaciones y personas que puedan aclarar este concepto.

B. **Cuatro en turno.** En grupos de cuatro compartan sus ensayos.

- Discutan luego las ideas presentadas en las cuatro composiciones.
- Como tarea, revisen sus ensayos y escriban una copia en limpio del mismo incluyendo las ideas que se generaron en el grupo.

VOCABULARIO CLAVE DEL TEXTO

Familiarízate con el vocabulario clave del texto según las indicaciones de tu maestro(a).

> hipócrita
> condescendiente
> preponderancia
> intransigente
> sumiso
> obstinado
> abnegado

LEAMOS ACTIVAMENTE

C. **Rompecabezas de lectura: Primera etapa.** El (La) maestro(a) dividirá la clase en grupos de tres. Cada alumno(a) leerá una de las selecciones.

Paso 1: Cuadro de apoyo. Copia el siguiente cuadro en tu cuaderno.

| ¿Qué dicen los expertos? | | |
Concepto que presenta	Tres ideas que discute	Impacto que tienen esas ideas
Octavio Paz		
Labarca y Halty (1er fragmento)		
Labarca y Halty (2º fragmento)		

Paso 2: Lectura y toma de notas. Lee el ensayo que tu maestro(a) te haya asignado. A medida que lees, debes completar la parte del cuadro ¿Qué dicen los expertos? que corresponda.

«Máscaras mexicanas» (Fragmento)

Octavio Paz

La actitud de los españoles frente a las mujeres es muy simple y se expresa, con brutalidad y concisión en dos refranes «La mujer en casa y con la pata rota» y «Entre santa y santo, pared de cal y

«Jacques Lipchitz», Diego Rivera. 1914. Oil on canvas, 28⅝ × 21⅝″ (65.1 × 54.9 cm). The Museum of Modern Art, New York. Gift of T. Catesby Jones. Photograph © 2000 The Museum of Modern Art, New York.

300 UNIDAD 4

canto». La mujer es una fiera doméstica lujuriosa y pecadora de nacimiento, a quien hay que someter con el palo y conducir con el «freno de la religión». De ahí que muchos españoles consideran a las extranjeras y especialmente a las que pertenecen a países de raza o religión diversas a las suyas como presa fácil. Para los mexicanos la mujer es un ser oscuro, secreto y pasivo. No se le atribuyen malos instintos, se pretende que ni siquiera los tiene. Mejor dicho no son suyos sino de la especie. La mujer encarna la voluntad de la vida que es por esencia impersonal, y en este hecho radica su imposibilidad de tener una vida personal. Ser ella misma, dueña de su deseo, su pasión o su capricho, es ser infiel a sí misma.

...La mujer mexicana, como todas las otras, es un símbolo que representa la estabilidad y continuidad de la raza. A su significación cósmica se alía la social: en la vida diaria su función consiste en hacer imperar la ley y el orden, la piedad y la dulzura. Todos cuidamos que nadie «falte el respeto a las señoras», noción universal, sin duda, pero que en México se lleva hasta las últimas consecuencias. Gracias a ella se suavizan muchas de las asperezas de nuestras relaciones de «hombre a hombre». Naturalmente habría que preguntar a las mexicanas su opinión; ese «respeto» es a veces una hipócrita manera de sujetarlas e impedirles que se expresen. Quizás muchas preferirían ser tratadas con menos «respeto» (que, por lo demás, se les concede solamente en público) y con más libertad y autenticidad. Esto es, como seres humanos y no como símbolos o funciones. Pero, ¿cómo vamos a consentir que ellas se expresen, si toda nuestra vida tiende a paralizarse en una máscara que oculte nuestra intimidad?

El laberinto de la soledad

El machismo

ÁNGELA LABARCA
RAQUEL HALTY

Toda cultura tiene y refuerza patrones de conducta y prácticas que le son características y que la distinguen de otras culturas. Tanto

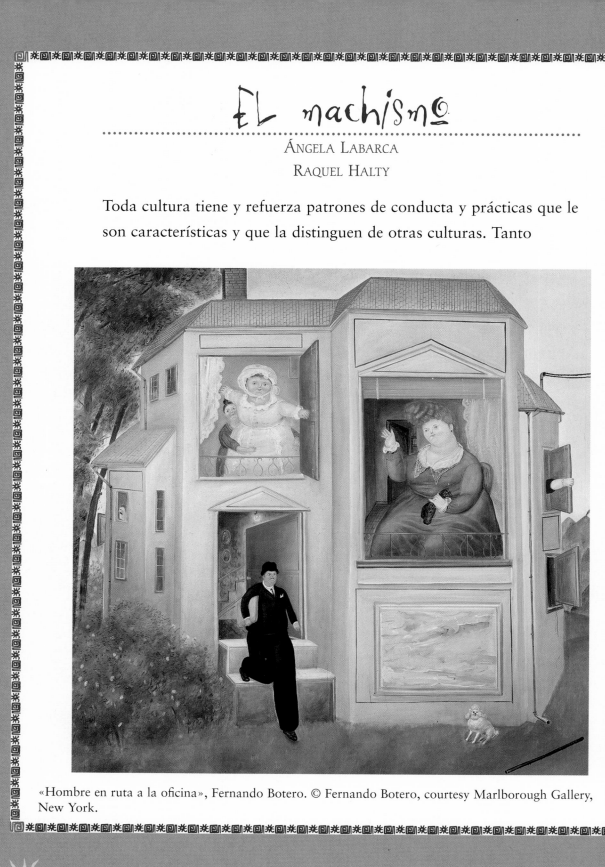

«Hombre en ruta a la oficina», Fernando Botero. © Fernando Botero, courtesy Marlborough Gallery, New York.

patrones como prácticas provienen de antiguas tradiciones que afectan no sólo al individuo sino también la lengua, las instituciones, las leyes, los criterios morales, la manera de gobernarse y de asociarse, entre otros. Una tendencia muy importante en la cultura hispana —y en muchas otras culturas— es la preponderancia de lo masculino: machismo. El machismo se basa en la idea de la superioridad del hombre y en el culto de la virilidad. Esta tendencia está presente no sólo en la tradición judeocristiana, sino también en la greco-romana y en la oriental. Por ejemplo, las madres a menudo reservan lo mejor para sus hijos varones y restringen a sus hijas; las esposas ignoran a veces las aventuras de sus maridos y hasta justifican su conducta. Además, tanto convenciones sociales como leyes les dan más derechos a los hombres que a las mujeres. Estas prácticas pueden tener un enorme impacto social y político —sobre todo si nunca son cuestionadas en las sociedades más conservadoras.

En una sociedad machista, por ejemplo, generalmente se espera que las mujeres se ajusten a los hombres, que dependan de ellos y que sean sumisas y abnegadas. A las mujeres que se destacan por su capacidad intelectual, artística o profesional a menudo se les critica. Éste ha sido el caso de muchas feministas, escritoras, artistas e intelectuales. Estas actitudes afectan profundamente los papeles de hombres y mujeres, así como la relación entre los sexos. Los hombres que crecen en culturas machistas a veces son agresivos e intransigentes en sus relaciones con otros hombres y condescendientes o agresivos en sus relaciones con las mujeres.

El marianismo

Ángela Labarca
Raquel Halty

El marianismo es una tradición que tiende a definir el papel de la mujer en la cultura hispana. El nombre viene del culto a la Virgen María, quien es el modelo de sacrificio y devoción a los hijos y la familia. Esta tendencia significa que una mujer debe sacrificarlo todo por su marido/padre/hermano y sus hijos/hermanos/ahijados y es por tanto unilateralmente responsable de la crianza de los niños y el bienestar del hogar —a pesar de problemas como la infidelidad del marido o el desapego a la casa y los niños. En general, las mujeres piensan que los hombres deben ser perdonados porque son impulsivos y obstinados como niños, además de pecadores. Esta actitud femenina refuerza la preponderancia de los hombres en las sociedades hispanas y además implica que las mujeres usan una o más de las siguientes estrategias en la vida diaria:

- esforzarse por pasar desapercibida en presencia de los hombres
- concordar con las opiniones de los hombres en las situaciones que lo requieran, aún cuando ella piense lo contrario
- no decir «yo», sino «nosotros» y usar otros mecanismos lingüísticos que suavizan la expresión de opiniones
- esconder, postergar o disfrazar los intereses propios

- ocuparse de la casa a la perfección (con sirvientes o familiares) para poder tener también una ocupación o carrera profesional
- seleccionar ocupaciones y carreras eminentemente «femeninas»
- agradar y defender al hombre, no importa lo que él haya hecho

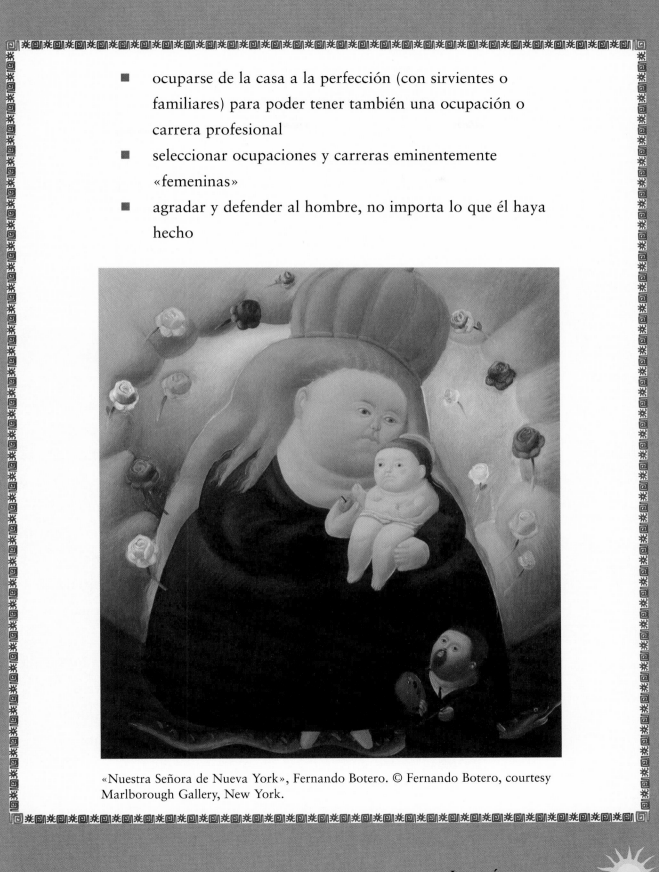

«Nuestra Señora de Nueva York», Fernando Botero. © Fernando Botero, courtesy Marlborough Gallery, New York.

D. Rompecabezas de lectura: Segunda etapa.

Paso 1: Análisis literario.   Según el ensayo que hayas leído, contesta las siguientes preguntas.

1.   ¿Cuál es la hipótesis del (de las) ensayista(s)?

2.   ¿Cómo apoya(n) su hipótesis?

3.   ¿Estás de acuerdo con las ideas expresadas? Explica tu respuesta.

Paso 2: Tres en turno.   Cada estudiante compartirá sus anotaciones de los pasos 2 y 3.

Conozcamos al autor

OCTAVIO PAZ

Laureado con el Premio Nobel en 1990, Octavio Paz fue primeramente poeta mexicano y sobre todo conocedor del espíritu humano. El famoso escritor, nacido en 1914, dedicó su obra a la poesía, el ensayo y la filosofía. Sin embargo, Paz no consagró toda su vida profesional exclusivamente a la literatura, sirviendo en el servicio diplomático de su país durante veintitrés años.

Los temas predilectos de Paz incluyen la soledad, la búsqueda del porqué de la vida, la identidad del hombre y la falta de comunicación entre las personas. Sus ideas filosóficas son una síntesis de pensamientos y actitudes occidentales, orientales y aztecas.

Octavio Paz murió en 1997.

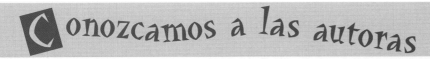

Conozcamos a las autoras

ÁNGELA LABARCA

Ángela Labarca Bravo nació en Santiago de Chile en 1942. A los 16 años entró a la Universidad de Chile donde se recibió de profesora de inglés en 1968. En 1973, la Dra. Labarca se trasladó a los Estados Unidos donde se doctoró en la adquisición de idiomas en la universidad estatal de Ohio.

La Dra. Labarca ha publicado varios artículos y volúmenes sobre la adquisición de idiomas y más de quince libros de texto para la enseñanza del español e inglés. Entre los más conocidos está *Convocación de palabras*.

RAQUEL MARÍA HALTY

Raquel María Halty nació en Montevideo, Uruguay en 1945. De niña vivió y se educó en Uruguay, en Francia y en los Estados Unidos. Se licenció en letras de Chatham College y recibió su maestría y doctorado de Harvard University.

Los temas de investigación que le interesan son el papel de la mujer y la política en la literatura latinoamericana. Ha publicado varios artículos y volúmenes, entre los cuales figura *Convocación de palabras*, una antología de lecturas que escribió con la Dra. Labarca. Actualmente es Jefa del Departamento de Lenguas y Literatura Modernas en Simmons College y vive en Cambridge, Massachusetts.

AMPLIEMOS NUESTRA COMPRENSIÓN

E. **Diagrama de Venn.** Trabajando en el mismo grupo, utiliza un diagrama de Venn para comparar las ideas expresadas en los tres ensayos.

F. **Revisión del ensayo.** Revisa el ensayo que escribiste al principio de esta lección (ejercicio *A*) y edítalo citando opiniones específicas que apoyas o criticas.

EXPLOREMOS EL LENGUAJE

PROBLEMÁTICA DEL SUBJUNTIVO PARA EL HISPANOHABLANTE

Normalmente el uso del subjuntivo o indicativo en la cláusula subordinada no presenta dificultades para el hispanohablante, menos en las construcciones hipotéticas. Las construcciones hipotéticas son las que presentan una situación posible o deseada.

En este tipo de cláusula se podrían incluir las siguientes frases hipotéticas:

- si yo pudiera hablar con la ensayista
- si el machismo fuera rechazado por todas las mujeres

Cuando la cláusula subordinada es hipotética, **se utiliza el condicional y no el subjuntivo** en la cláusula principal ya que ésta describe una acción plausible o ansiada.

- Si yo fuera periodista, **escribiría** un artículo sobre el eclipse del machismo gracias al movimiento feminista de los últimos años.
- Se **habría terminado** con el machismo mucho antes si las mujeres hispanas se hubieran rebelado contra el dominio del hombre.

G. **Síntesis.**   Termina estas oraciones utilizando **el condicional** o **el subjuntivo** según tus propias interpretaciones.

1. Si el machismo fuera una planta, ...
2. Si el marianismo fuera una flor, ...
3. Si yo hubiera escrito un ensayo sobre el machismo, ...
4. Si los fragmentos hubieran sido más largos, ...
5. Si tuviera que elegir mi lectura preferida de *Sendas literarias*, ...

H. **Diálogo.**   Escribe un diálogo entre uno(a) de los (las) ensayistas y una de las poetisas cuyos poemas aparecen en la Lección 3 de esta unidad.

- Ambos participantes explicarán su postura ante la cuestión de la mujer.
- Cada participante opinará sobre la discusión del otro. Puede estar de acuerdo o en desacuerdo, pero siempre a base de las ideas expresadas en su poema o ensayo.

I. **Informe.**   Investiga los movimientos feministas en la Internet y haz un pequeño informe del estado actual del feminismo en tres países.

- Utiliza un cuadro de comparación y contraste para organizar los datos que recojas.
- Tu informe debe constar de cuatro párrafos.
- Acompaña el texto con un gráfico u otra presentación visual.

Como agua para chocolate

ALISTÉMONOS PARA LEER

Como agua para chocolate *es una novela de la escritora mexicana Laura Esquivel. En un estilo lleno de colorido y de sugestivas imágenes culinarias nos presenta la historia de una familia manejada férreamente por una madre dominante y apegada a las tradiciones. El siguiente es el primer capítulo de la novela.*

A. Predicción en base al título.   ¿Qué te sugiere el título de esta novela?

- ¿Cuál crees que pueda ser la temática de esta obra?
- Comparte tus ideas con un(a) compañero(a).

B. Entrevista.   Con un(a) compañero(a), preparen una entrevista semi-estructurada que van a hacerle a un familiar, a un(a) vecino(a) o a un(a) amigo(a) acerca de alguna tradición o costumbre que tengan en su familia.

- Comiencen por repasar las explicaciones acerca de este tipo de testimonio que aparecen en la página 248 del texto.
- Luego escriban una introducción y una serie de preguntas para hacerle al (a la) entrevistado(a).
- Cada estudiante realiza su entrevista como tarea.

C. Intercambio de ideas.   Ahora van a compartir los resultados de sus entrevistas.

- Con un(a) compañero(a) intercambien los resultados de sus entrevistas.
- A continuación cada estudiante compartirá con la clase la tradición que escogió su compañero(a).
- Si hay varios estudiantes que han investigado una misma tradición, bastará con que sólo mencionen de qué se trata sin volverla a relatar en detalle.

VOCABULARIO CLAVE DEL TEXTO

Familiarízate con el vocabulario clave del texto según las indicaciones de tu maestro(a).

senectud	despectivo	agasajar
progenitora	perceptible	imperecedero

$\mathcal{L}$EAMOS ACTIVAMENTE

D. **Lectura silenciosa.** Lee la primera parte del capítulo (páginas 315–323) silenciosamente. A medida que leas, enfoca tu atención en las siguientes preguntas:

- ¿Qué caracteriza a cada una de las hermanas?
- ¿Qué importancia tienen las reglas para la madre?

E. **Discusión de grupo.** En el texto la protagonista se hace una serie de preguntas. ¿Cuáles creen ustedes que pueden ser algunas respuestas a esas interrogantes? Discútanlas en sus grupos.

F. **Lectura en voz alta.** Terminen de leer la segunda parte (páginas 323–330) en voz alta bajo la dirección del (de la) maestro(a).

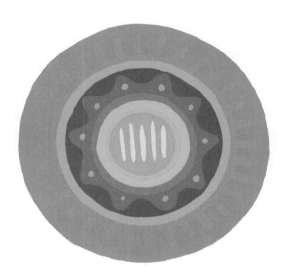

«Frutas de la tierra», Frida Kahlo

Como agua para chocolate

LAURA ESQUIVEL

PRIMERA PARTE

ENERO

Tortas de Navidad

Ingredientes

1 Lata de Sardinas	Orégano
1/2 de Chorizo	1 Lata de chiles Serranos
1 Cebolla	10 Teleras

Manera de hacerse:

La cebolla tiene que estar finamente picada. Les sugiero ponerse un pequeño trozo de cebolla en la mollera con el fin de evitar el molesto lagrimeo que se produce cuando uno la está cortando. Lo malo de llorar cuando uno pica cebolla no es el simple hecho de llorar, sino que a veces uno empieza, como quien dice, se pica, y ya no puede parar. No sé si a ustedes les ha pasado pero a mí la mera verdad sí. Infinidad de veces. Mamá decía que era porque yo soy igual de sensible a la cebolla que Tita, mi tía abuela.

Dicen que Tita era tan sensible que desde que estaba en el vientre de mi bisabuela lloraba y lloraba cuando ésta picaba cebolla; su llanto era tan fuerte que Nacha, la cocinera de la casa, que era medio sorda, lo escuchaba sin esforzarse. Un día los sollozos fueron tan fuertes que provocaron que el parto se adelantara. Y sin que mi bisabuela pudiera decir ni pío, Tita arribó a este mundo prematuramente, sobre la mesa de la cocina, entre los olores de una sopa de fideos que se estaba cocinando, los del tomillo, el laurel, el cilantro, el de la leche hervida, el de los ajos y, por supuesto, el de la cebolla. Como se imaginarán, la consabida nalgada no fue necesaria pues Tita nació llorando de antemano, tal vez porque ella sabía que su oráculo determinaba que en esta vida le estaba negado el matrimonio. Contaba Nacha que Tita fue literalmente empujada a este mundo por un torrente impresionante de lágrimas que se desbordaron sobre la mesa y el piso de la cocina.

En la tarde, ya cuando el susto había pasado y el agua, gracias al efecto de los rayos del sol, se había evaporado, Nacha barrió el residuo de las lágrimas que había quedado sobre la loseta roja que cubría el piso. Con esta sal rellenó un costal de cinco kilos que utilizaron para cocinar por bastante tiempo. Este inusitado nacimiento determinó el hecho de que Tita sintiera un inmenso amor por la cocina y que la mayor parte de su vida la pasara en ella, prácticamente desde que nació, pues cuando contaba con dos días de edad, su padre, o sea mi bisabuelo, murió de un infarto. A Mamá Elena, de la impresión, se le fue la leche. Como en esos tiempos no había leche en polvo ni nada que se le pareciera, y no pudieron conseguir nodriza por ningún lado, se vieron en un verdadero lío para calmar el hambre de la niña. Nacha, que se las sabía todas respecto a la cocina —y a muchas otras cosas que ahora no vienen al caso— se ofreció a hacerse cargo de la alimentación de Tita. Ella se consideraba la más capacitada para «formarle el estómago a la inocente criaturita», a pesar de que nunca se casó ni tuvo hijos. Ni siquiera sabía leer ni escribir, pero eso sí sobre cocina tenía tan profundos conocimientos como la que más. Mamá Elena aceptó con agrado la sugerencia pues bastante tenía ya con la tristeza y la enorme responsabilidad de manejar correctamente el rancho, para así poderles dar a sus hijos la alimentación y educación que se merecían, como para encima tener que preocuparse por nutrir debidamente a la recién nacida.

Por tanto, desde ese día, Tita se mudó a la cocina y entre atoles y tés creció de lo más sana y rozagante. Es de explicarse entonces el que se le haya desarrollado un sexto sentido en todo lo que a comida se refiere. Por ejemplo, sus hábitos alimenticios estaban condicionados al horario de la cocina: cuando en la mañana Tita olía que los frijoles ya estaban cocidos, o cuando a medio día sentía que el agua ya estaba lista para desplumar a las gallinas, o cuando en la tarde se horneaba el pan para la cena, ella sabía que había llegado la hora de pedir sus alimentos. Algunas veces lloraba de balde, como cuando Nacha picaba cebolla, pero como las dos sabían la razón de esas lágrimas, no se tomaban en serio. Inclusive se convertían en motivo de diversión, a tal grado que durante su niñez Tita no diferenciaba bien las lágrimas de la risa de las del llanto. Para ella reír era una manera de llorar.

De igual forma confundía el gozo del vivir con el de comer. No era fácil para una persona que conoció la vida a través de la cocina entender el mundo exterior. Ese gigantesco mundo que empezaba de la puerta de la cocina hacia el interior de la casa, porque el que colindaba con la puerta trasera de la cocina y que daba al patio, a la huerta, a la hortaliza, sí le pertenecía por completo, lo dominaba. Todo lo contrario de sus hermanas, a quienes este mundo les atemorizaba y encontraban lleno de peligros incógnitos. Les parecían absurdos y arriesgados los juegos dentro de la cocina, sin embargo, un día Tita las convenció de que era un espectáculo asombroso el ver cómo bailaban las gotas de agua al caer sobre el comal bien caliente.

Pero mientras Tita cantaba y sacudía rítmicamente sus manos mojadas para que las gotas de agua se precipitaran sobre el comal y «danzaran», Rosaura permanecía en un rincón, pasmada por lo que observaba. En cambio Gertrudis, como con todo aquello donde interviniera el ritmo, el movimiento o la música, se vio fuertemente atraída hacia el juego y se integró con entusiasmo. Entonces a Rosaura no le quedó otra que tratar de hacer lo propio, pero como casi no se mojó las manos y lo hacía con tanto miedo, no logró el efecto deseado. Tita entonces trató de ayudarla acercándole las manos al comal. Rosaura se resistió y esta lucha no paró hasta que Tita, muy enojada, le soltó las manos y éstas, por inercia, cayeron sobre el ardiente comal. Además de ganarse una soberana paliza, Tita quedó privada de jugar con sus hermanas dentro de su mundo. Entonces Nacha se convirtió en su compañera de diversión. Juntas se dedicaban a inventar juegos y actividades siempre en relación con la cocina. Como el día en que vieron en la plaza del pueblo a un señor que formaba figuras de animales con globos alargados y se les ocurrió repetir el mecanismo pero utilizando trozos de chorizo. Armaron no sólo animales conocidos sino que además inventaron algunos con cuello de cisne, patas de perro y cola de caballo, por citar sólo algunos.

El problema surgía cuando tenían que deshacerlos para freír el chorizo. La mayoría de las veces Tita se negaba. La única manera en que accedía voluntariamente a hacerlo era cuando se trataba de elaborar las tortas de navidad, pues le encantaban. Entonces no sólo permitía que se desbaratara a uno de sus animales, sino que alegremente observaba cómo se freía.

Hay que tener cuidado de freír el chorizo para las tortas a fuego muy lento, para que de esta manera quede bien cocido, pero sin dorarse excesivamente. En cuanto está listo se retira del fuego y se le incorporan las sardinas, a las que con anterioridad se les ha despojado del esqueleto. Es necesario, también, rasparles con un cuchillo las manchas negras que tienen sobre la piel. Junto con las sardinas se mezclan la cebolla, los chiles picados y el orégano molido. Se deja reposar la preparación antes de rellenar las tortas.

Tita gozaba enormemente este paso ya que mientras reposa el relleno es muy agradable gozar del olor que despide, pues los olores tienen la característica de reproducir tiempos pasados junto con sonidos y olores nunca igualados en el presente. A Tita le gustaba hacer una gran inhalación y viajar junto con el humo y el olor tan peculiar que percibía hacia los recovecos de su memoria.

Vanamente trataba de evocar la primera vez que olió una de estas tortas, sin resultados, porque tal vez fue antes de que naciera. Quizá la rara combinación de las sardinas con el chorizo llamó tanto su atención que la hizo decidirse a renunciar a la paz del éter, escoger el vientre de Mamá Elena para que fuera su madre y de esta manera ingresar a la familia De la Garza, que comía tan deliciosamente y que preparaba un chorizo tan especial.

En el rancho de Mamá Elena la preparación del chorizo era todo un rito. Con un día de anticipación se tenían que empezar a pelar ajos, limpiar chiles y a moler especias. Todas las mujeres de la familia tenían que participar: Mamá Elena, sus hijas Gertrudis, Rosaura y Tita, Nacha la cocinera y Chencha la sirvienta. Se sentaban por las tardes en la mesa del comedor y entre pláticas y bromas el tiempo se iba volando hasta que empezaba a oscurecer. Entonces Mamá Elena decía:

—Por hoy ya terminamos con esto.

Dicen que al buen entendedor pocas palabras, así que después de escuchar esta frase todas sabían qué era lo que tenían que hacer. Primero recogían la mesa y después se repartían las labores: una metía a las gallinas, otra sacaba agua del pozo y la dejaba lista para utilizarla en el desayuno y otra se encargaba de la leña para la estufa. Ese día ni se planchaba ni se bordaba ni se cosía ropa. Después todas se iban a sus recámaras a leer, rezar y dormir. Una de esas tardes, antes de que Mamá Elena dijera que ya se podían levantar de la mesa, Tita, que entonces contaba con quince años, le anunció con voz temblorosa que Pedro Muzquiz quería venir a hablar con ella...

—¿Y de qué me tiene que venir a hablar ese señor?

Dijo Mamá Elena luego de un silencio interminable que encogió el alma de Tita.

Con voz apenas perceptible respondió:

—Yo no sé.

Mamá Elena le lanzó una mirada que para Tita encerraba todos los años de represión que habían flotado sobre la familia y dijo:

—Pues más vale que le informes que si es para pedir tu mano, no lo haga. Perdería su tiempo y me haría perder el mío. Sabes muy bien que por ser la más chica de las mujeres a ti te corresponde cuidarme hasta el día de mi muerte.

Dicho esto, Mamá Elena se puso lentamente de pie, guardó sus lentes dentro del delantal y a manera de orden final repitió:

—¡Por hoy, hemos terminado con esto!

Tita sabía que dentro de las normas de comunicación de la casa no estaba incluido el diálogo, pero aun así, por primera vez en su vida intentó protestar a un mandato de su madre.

—Pero es que yo opino que...

—¡Tú no opinas nada y se acabó! Nunca, por generaciones, nadie en mi familia ha protestado ante esta costumbre y no va a ser una de mis hijas quien lo haga.

Tita bajó la cabeza y con la misma fuerza con que sus lágrimas cayeron sobre la mesa, así cayó sobre ella su destino. Y desde ese momento supieron ella y la mesa que no podían modificar ni tantito la dirección de estas fuerzas desconocidas que las obligaban, a la una, a compartir con Tita su sino, recibiendo sus amargas lágrimas desde el momento en que nació, y a la otra a asumir esta absurda determinación.

Sin embargo, Tita no estaba conforme. Una gran cantidad de dudas e inquietudes acudían a su mente. Por ejemplo, le agradaría tener conocimiento de quién había iniciado esta tradición familiar. Sería bueno hacerle saber a esta ingeniosa persona que en su perfecto plan para asegurar la vejez de las mujeres había una ligera falla. Si Tita no podía casarse ni tener hijos, ¿quién la cuidaría entonces al llegar a la senectud? ¿Cuál era la solución acertada en estos casos? ¿O es que no se esperaba que las hijas que se quedaban a cuidar a sus madres sobrevivieran mucho tiempo después del fallecimiento de sus progenitoras? ¿Y dónde se quedaban las mujeres que se casaban y no podían tener hijos, quién se encargaría de atenderlas? Es más, quería saber, ¿cuáles fueron las investigaciones que se llevaron a cabo para concluir que la hija menor era la más

«Boda en San Lorenzo (detalle)», Pablo O'Higgins

indicada para velar por su madre y no la hija mayor? ¿Se había tomado alguna vez en cuenta la opinión de las hijas afectadas? ¿Le estaba permitido al menos, si es que no se podía casar, el conocer el amor? ¿O ni siquiera eso?

Tita sabía muy bien que todas estas interrogantes tenían que pasar irremediablemente a formar parte del archivo de preguntas sin respuesta. En la familia De la Garza se obedecía y punto. Mamá Elena, ignorándola por completo, salió muy enojada de la cocina y por una semana no le dirigió la palabra.

SEGUNDA PARTE

La reanudación de esta semicomunicación se originó cuando, al revisar los vestidos que cada una de las mujeres había estado cosiendo, Mamá Elena descubrió que aun cuando el confeccionado por Tita era el más perfecto no lo había hilvanado antes de coserlo.

—Te felicito —le dijo—, las puntadas son perfectas, pero no lo hilvanaste, ¿verdad?

—No —respondió Tita, asombrada de que le hubiera levantado la ley del silencio.

—Entonces lo vas a tener que deshacer. Lo hilvanas, lo coses nuevamente y después vienes a que te lo revise. Para que recuerdes que el flojo y el mezquino andan doble su camino.

—Pero eso es cuando uno se equivoca y usted misma dijo hace un momento que el mío era...

—¿Vamos a empezar otra vez con la rebeldía? Ya bastante tenías con la de haberte atrevido a coser rompiendo las reglas.

—Perdóneme, mami. No lo vuelvo a hacer.

Tita logró con estas palabras calmar el enojo de Mamá Elena.

Había puesto mucho cuidado al pronunciar el «mami» en el momento y con el tono adecuado. Mamá Elena opinaba que la palabra mamá sonaba despectiva, así que obligó a sus hijas desde niñas a utilizar la palabra «mami» cuando se dirigieran a ella. La única que se resistía o que pronunciaba la palabra en un tono inadecuado era Tita, motivo por el cual había recibido infinidad de bofetadas. ¡Pero qué bien lo había hecho en ese momento! Mamá Elena se sentía reconfortada con el pensamiento de que tal vez ya estaba logrando doblegar el carácter de la más pequeña de sus hijas. Pero desgraciadamente albergó esta esperanza por muy poco tiempo pues al día siguiente se presentó en casa Pedro Muzquiz acompañado de su señor padre con la intención de pedir la mano de Tita. Su presencia en la casa causó gran desconcierto. No esperaban su visita. Días antes, Tita le había mandado a Pedro un recado con el hermano de Nacha pidiéndole que desistiera de sus propósitos. Aquél juró que se lo había entregado a don Pedro, pero el caso es que ellos se presentaron en la casa. Mamá Elena los recibió en la sala, se comportó muy amable y les explicó la razón por la que Tita no se podía casar.

—Claro que si lo que les interesa es que Pedro se case, pongo a su consideración a mi hija Rosaura, sólo dos años mayor que Tita, pero está plenamente disponible y preparada para el matrimonio...

Al escuchar estas palabras, Chencha por poco tira encima de Mamá Elena la charola con café y galletas que había llevado a la sala para agasajar a don Pascual y a su hijo. Disculpándose, se retiró apresuradamente hacia la cocina, donde la estaban esperando Tita, Rosaura y Gertrudis para que les diera un informe detallado de lo que acontecía en la sala. Entró atropelladamente y todas suspendieron de inmediato sus labores para no perderse una sola de sus palabras.

Se encontraban ahí reunidas con el propósito de preparar tortas de navidad. Como su nombre lo indica, estas tortas se elaboran durante la época navideña, pero en esta ocasión las estaban haciendo para festejar el cumpleaños de Tita. El 30 de septiembre cumpliría 16 años y quería celebrarlos comiendo uno de sus platillos favoritos.

—¿Ay sí, no? ¡Su 'amá habla d'estar preparada para el matrimoño, como si juera un plato de enchiladas! ¡Y ni ansina, porque pos no es lo mismo que lo mesmo! ¡Uno no puede cambiar unos tacos por unas enchiladas así como así!

Chencha no paraba de hacer este tipo de comentarios mientras les narraba a su manera, claro, la escena que acababa de presenciar. Tita conocía lo exagerada y mentirosa que podía ser Chencha, por lo que no dejó que la angustia se apoderara de ella. Se negaba a aceptar como cierto lo que acababa de escuchar. Fingiendo serenidad, siguió partiendo las teleras, para que sus hermanas y Nacha se encargaran de rellenarlas.

De preferencia las teleras deben ser horneadas en casa. Pero si no se puede lo más conveniente es encargar en la panadería unas teleras pequeñas, pues las grandes no funcionan adecuadamente para esta receta. Después de rellenarlas se meten 10 minutos al horno y se sirven calientes. Lo ideal es dejarlas al sereno toda una noche envueltas en una tela, para que el pan se impregne con la grasa del chorizo.

Cuando Tita estaba acabando de envolver las tortas que comerían al día siguiente, entró en la cocina Mamá Elena para informarles que había aceptado que Pedro se casara, pero con Rosaura.

Al escuchar la confirmación de la noticia, Tita sintió como si el invierno le hubiera entrado al cuerpo de golpe y porrazo: era tal el frío y tan seco que le quemó las mejillas y se las puso rojas, rojas, como el color de las manzanas que tenía frente a ella. Este frío sobrecogedor la habría de acompañar por mucho tiempo sin que nada lo pudiera atenuar, ni tan siquiera cuando Nacha le contó lo que había escuchado cuando acompañaba a don Pascual Muzquiz y a su hijo hasta la entrada del rancho. Nacha caminaba por delante, tratando de aminorar el paso para escuchar mejor la conversación entre padre e hijo. Don Pascual y Pedro caminaban lentamente y hablaban en voz baja, reprimida por el enojo.

—¿Por qué hiciste esto, Pedro? Quedamos en ridículo aceptando la boda con Rosaura. ¿Dónde quedó pues el amor que le juraste a Tita? ¿Qué no tienes palabra?

—Claro que la tengo, pero si a usted le negaran de una manera rotunda casarse con la mujer que ama y la única salida que le dejaran para estar cerca de ella fuera la de casarse con la hermana, ¿no tomaría la misma decisión que yo?

Nacha no alcanzó a escuchar la respuesta porque el Pulque, el perro del rancho, salió corriendo, ladrándole a un conejo al que confundió con un gato.

—Entonces, ¿te vas a casar sin sentir amor?

—No, papá, me caso sintiendo un inmenso e imperecedero amor por Tita.

Las voces se hacían cada vez menos perceptibles pues eran apagadas por el ruido que hacían los zapatos al pisar las hojas secas. Fue extraño que Nacha, que para entonces estaba más sorda, dijera haber escuchado la conversación. Tita igual le agradeció que se lo hubiera contado pero esto no modificó la actitud de frío respeto que desde entonces tomó para con Pedro. Dicen que el sordo no oye, pero compone. Tal vez Nacha sólo escuchó las palabras que todos callaron. Esa noche fue imposible que Tita conciliara el sueño; no sabía explicar lo que sentía. Lástima que en aquella época no se hubieran descubierto los hoyos negros en el espacio porque entonces le hubiera sido muy fácil comprender que sentía un hoyo negro en medio del pecho, por donde se le colaba un frío infinito.

Cada vez que cerraba los ojos podía revivir muy claramente las escenas de aquella noche de navidad, un año atrás, en que Pedro y su familia habían sido invitados por primera vez a cenar a su casa y el frío se le agudizaba. A pesar del tiempo transcurrido, ella podía recordar perfectamente los sonidos, los olores, el roce de su vestido nuevo sobre el piso recién encerado; la mirada de Pedro sobre sus hombros... ¡Esa mirada! Ella caminaba hacia la mesa llevando una charola con dulces de yemas de huevo cuando la sintió, ardiente, quemándole la piel. Giró la cabeza y sus ojos se encontraron con los de Pedro. En ese momento comprendió perfectamente lo que debe sentir la masa de un buñuelo al entrar en contacto con el aceite hirviendo. Era tan real la sensación de calor que invadía todo su cuerpo que ante el temor de que, como a un buñuelo, le empezaran a brotar burbujas por todo el cuerpo —la cara, el vientre, el corazón, los senos— Tita no pudo sostenerle esa mirada y bajando la vista cruzó rápidamente el salón hasta el extremo opuesto, donde Gertrudis pedaleaba en la pianola el vals Ojos de juventud. Depositó la charola sobre una mesita de centro, tomó distraídamente una copa de licor de Noyó que encontró en su camino y se sentó junto a Paquita Lobo, vecina del rancho. El poner distancia entre Pedro y ella de nada le sirvió; sentía la sangre correr abrasadoramente por sus venas. Un intenso rubor le cubrió las mejillas y por más esfuerzos que hizo no pudo encontrar un lugar donde posar su mirada. Paquita notó que algo raro le pasaba y mostrando gran preocupación la interrogó:

—Qué rico está el licorcito, ¿verdad?

—¿Mande usted?

—Te veo muy distraída, Tita, ¿te sientes bien?

—Sí, muchas gracias.

—Ya tienes edad suficiente como para tomar un poco de licor en ocasiones especiales, pilluela, pero dime, ¿cuentas con la autorización de tu mamá para hacerlo? Porque te noto agitada y temblorosa —y añadió lastimeramente—, mejor ya no tomes, no vayas a dar un espectáculo.

¡Nada más eso le faltaba! Que Paquita Lobo pensara que estaba borracha. No podía permitir que le quedara la menor duda o se exponía a que fuera a llevarle el chisme a su mamá. El terror a su madre la hizo olvidarse por un momento de la presencia de Pedro y trató por todos los medios de convencer a Paquita de la lucidez de su pensamiento y de su agilidad mental. Platicó con ella de algunos chismes y bagatelas. Inclusive le proporcionó la receta del Noyó, que tanto la inquietaba. Este licor se fabrica poniendo cuatro onzas de almendras de alberchigo y media libra de almendras de albaricoque en una azumbre de agua, por veinticuatro horas, para que aflojen la piel; luego se pelan, se quebrantan y se ponen en infusión en dos azumbres de agua ardiente por quince días. Después se procede a la destilación. Cuando se han desleído perfectamente dos libras y media de azúcar quebrantada en el agua se le añaden cuatro onzas de flor de naranja, se forma la mezcla y se filtra. Y para que no quedara ninguna duda referente a su salud física y mental, le recordó a Paquita, así como de refilón, que la equivalencia del azumbre es de 2.016 litros, ni más ni menos.

Así que cuando Mamá Elena se acercó a ellas para preguntarle a Paquita si estaba bien atendida, ésta entusiasmada respondió:

—¡Estoy perfectamente! Tienes unas hijas maravillosas. ¡Y su conversación es fascinante!

Mamá Elena le ordenó a Tita que fuera a la cocina por unos bocadillos para repartir entre todos los presentes. Pedro, que en ese momento pasaba por ahí, no por casualidad, se ofreció a ayudarla. Tita caminaba apresuradamente hacia la cocina, sin pronunciar una sola palabra. La cercanía de Pedro la ponía muy nerviosa. Entró y se dirigió con rapidez a tomar una de las charolas con deliciosos bocadillos que esperaban pacientemente en la mesa de la cocina.

Nunca olvidaría el roce accidental de sus manos cuando ambos trataron torpemente de tomar la misma charola al mismo tiempo. Fue entonces cuando Pedro le confesó su amor.

—Señorita Tita, quisiera aprovechar la oportunidad de poder hablarle a solas para decirle que estoy profundamente enamorado de usted. Sé que esta declaración es atrevida y precipitada, pero es tan difícil acercársele que tomé la decisión de hacerlo esta misma noche. Sólo le pido que me diga si puedo aspirar a su amor.

—No sé qué responderle; déme tiempo para pensar.

—No, no podría, necesito una respuesta en este momento: el amor no se piensa: se siente o no se siente. Yo soy un hombre de pocas, pero muy firmes palabras. Le juro que tendrá mi amor por siempre. ¿Qué hay del suyo? ¿Usted también lo siente por mí?

—¡Sí!

Sí, sí, y mil veces sí. Lo amó desde esa noche para siempre.

Pero ahora tenía que renunciar a él. No era decente desear al futuro esposo de una hermana. Tenía que tratar de ahuyentarlo de su mente de alguna manera para poder dormir. Intentó comer la torta de Navidad que Nacha le había dejado sobre su buró, junto con un vaso de leche. En muchas otras ocasiones le había dado excelentes resultados. Nacha, con su gran experiencia, sabía que para Tita no había pena alguna que no lograra desaparecer mientras comía una deliciosa torta de Navidad. Pero no en esta ocasión. El vacío que sentía en el estómago no se alivió. Por el contrario, una sensación de náusea la invadió. Descubrió que el hueco no era de hambre; más bien se trataba de una álgida sensación dolorosa. Era necesario deshacerse de este molesto frío. Como primera medida se cubrió con una pesada cobija y ropa de lana. El frío permanecía inamovible. Entonces se puso zapatos de estambre y otras dos cobijas. Nada. Por último, sacó de su costurero una colcha que había empezado a tejer el día en que Pedro le habló de matrimonio. Una colcha como ésta, tejida a gancho, se termina aproximadamente en un año. Justo el tiempo que Pedro y Tita habían pensado dejar pasar antes de contraer nupcias. Decidió darle utilidad al estambre en lugar de desperdiciarlo y rabiosamente tejió y lloró, y lloró y tejió, hasta que en la madrugada terminó la colcha y se la echó encima. De nada sirvió. Ni esa noche ni muchas otras mientras vivió logró controlar el frío.

«Las mujeres de Tehuantepec», Rufino Tamayo. 1939. Oil on canvas, $33\frac{7}{8} \times 57\frac{1}{8}''$, Albright-Knox Art Gallery, Buffalo, New York. Room of Contemporary Art Fund, 1941.

G. Mapa de personajes. Completa los mapas de personajes.

- Copia los mapas en tu cuaderno.
- En los rectángulos [ ] anota las calidades que describen al personaje.
- En los círculos ( ) anota ejemplos de esas calidades.

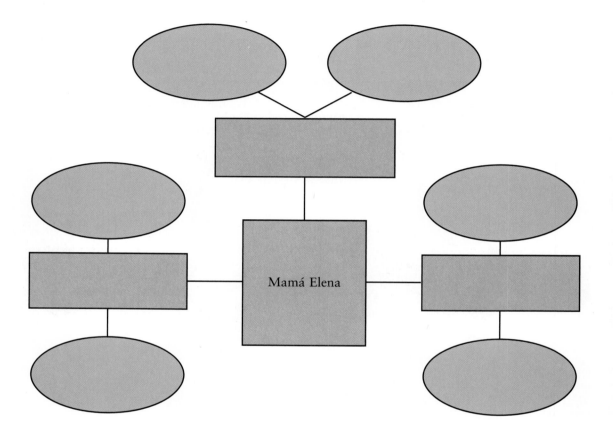

[ ] Calidades que describen al personaje

( ) Ejemplos de esas calidades

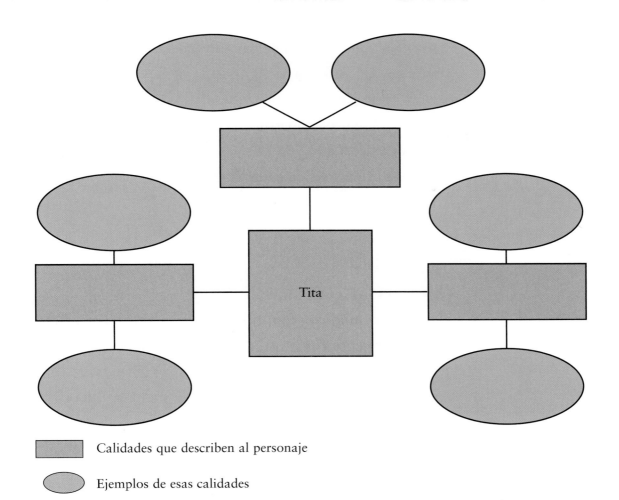

Calidades que describen al personaje

Ejemplos de esas calidades

Conozcamos a la autora

LAURA ESQUIVEL

Como agua para chocolate fue la primera novela de la escritora mexicana, Laura Esquivel, nacida en el Distrito Federal en 1950. Cuando se publicó fue un éxito inmediato siendo traducida a varios idiomas poco después. Hoy día se conoce *Como agua para chocolate* en todos los continentes del mundo gracias a la versión de cine que ganó un Óscar por mejor película extranjera.

Esquivel, una maestra de párvulos además de ser escritora, empezó su carrera literaria escribiendo obras de niños creando primeramente obras de teatro y después programas de televisión. Actualmente se dedica plenamente a la elaboración de guiones cinematográficos.

Laura Esquivel reside en la Ciudad de México.

AMPLIEMOS NUESTRA COMPRENSIÓN

H. **Cuadro de dos columnas.** Vuelve a leer la selección de *Como agua para chocolate* con un(a) compañero(a). Anoten los elementos reales y fantásticos que aparecen en ella.

Elementos reales	Elementos fantásticos

I.   Proyecto en grupo.   Ahora que ya has terminado la lectura del pasaje, vas a producir un estudio literario de *Como agua para chocolate* en colaboración con tus compañeros de grupo.

Paso 1.

- Discutan las preguntas de enfoque que aparecen al comienzo de la lectura. Cada uno debe tomar notas sobre las ideas generadas por el grupo.
- Comenten también las siguientes preguntas.

1. ¿Creen que es importante conservar las tradiciones? ¿En qué casos? Den ejemplos específicos.
2. Si estuvieran en el lugar de Tita, ¿qué hubieran hecho? ¿Creen que era posible para ella liberarse de la dominación de su madre? Tengan presente que esta novela se desarrolla en un pueblo pequeño durante la época de la Revolución mexicana de 1910.

Paso 2.

Cuando hayan terminado de discutir las cuatro preguntas como grupo:

- Distribuyan las cuatro preguntas entre los miembros del equipo.
- Cada uno debe usar sus notas y citas del texto para contestar una de las preguntas.

Paso 3.

- Al terminar junten los cuatro trabajos.
- Diseñen una portada con una ilustración, el título del libro, el nombre de la autora y los nombres de los cuatro estudiantes.
- Éste será el producto final del equipo para entregar al (a la) maestro(a).

J. **Diálogo: Lo que nunca se dijo.** Formen grupos de cuatro. Divídanse en dos parejas. Dentro de cada pareja, un(a) estudiante asumirá el papel de Mamá Elena y el otro el de Tita.

- En una hoja de papel que se pasarán de uno a otro en silencio, escribirán el diálogo que ustedes se imaginan podría desarrollarse entre la madre y Tita si ésta última tuviera la libertad de expresar sus ideas y sentimientos abiertamente.
- Al concluir compartan sus diálogos con la otra pareja del grupo.
- El (La) maestro(a) llamará a algunas parejas al frente para que representen sus diálogos a la clase.

K. **Trabajo en parejas: Análisis del estilo.** En la Unidad 3 estudiamos el «realismo mágico» a través de obras como «El ahogado más hermoso del mundo» de Gabriel García Márquez.

- Repasen la definición y los ejemplos que analizamos en esa unidad.
- Luego lean de nuevo el capítulo primero de *Como agua para chocolate*.
- Busquen algunos ejemplos de este estilo literario y anótenlos en su cuaderno.

L. **Escena ilustrada.** Observen las reproducciones de los cuadros que aparecen en el texto en las páginas 1, 5 y 150. Éstos son ejemplos de arte surrealista, que al igual que la literatura del realismo mágico, combina elementos de la realidad y de los sueños.

- Ilustren una escena evocada por la lectura del primer capítulo tratando de imitar el estilo surrealista.
- Las ilustraciones serán exhibidas en la cartelera de la clase.

EXPLOREMOS EL LENGUAJE

EL IMPERATIVO

El imperativo se usa para dar órdenes directas. Los pronombres **Ud.** y **Uds.** o el nombre se añaden generalmente después del verbo como forma de cortesía. El pronombre **tú** se omite excepto cuando se quiere dar énfasis al mandato.

> *Ejemplos del texto:* «**Perdóname,** mami. No lo vuelvo a hacer.»
>
> «¿**Mande** usted?»
>
> «...no **vayas** a dar un espectáculo.»
>
> «No sé que responderle; **déme** tiempo para pensar.»

M. El personaje y tú.   ¿Qué les dirías tú a Mamá Elena y a Tita?

- Escribe tres oraciones en el imperativo dirigidas a Tita y otras tres dirigidas a Mamá Elena.
- Para Tita, utiliza la forma familiar.
- Para Mamá Elena, utiliza el imperativo formal.

CREEMOS LITERATURA

N. Una receta.   Escribe una receta de algún plato que te trae recuerdos especiales.

- Empieza con un párrafo de introducción en el que explicas el significado del plato para ti. Incluye por lo menos un símil.
- Después escribe las instrucciones utilizando el imperativo formal.
- No olvides incluir los ingredientes necesarios antes de empezar a escribir las instrucciones.

*Políticas, autoras, madres e hijas son **las mujeres en primer plano** que se instalan al lado del hombre para crear un mundo de igualdad y justicia para todos.*

SÍNTESIS Y CONEXIÓN DE CONCEPTOS

A. **¿Quién es este personaje?** Todas las selecciones de esta unidad presentan personajes femeninos que o bien desempeñan un papel destacado dentro de la familia o la comunidad, o son objeto de la opresión de otros.

- En grupos de cuatro, seleccionen cuatro de los personajes femeninos que más les hayan impactado.
- En varios ramilletes de ideas anoten las características de estos personajes.
- A continuación, cada miembro del grupo hará un diagrama «mente abierta» de uno de los personajes sin poner el nombre del personaje.
- Los diagramas serán intercambiados con los de otro grupo y tratarán de adivinar quién es cada uno de los personajes.

B. **Lo que él contestó.** Escoge uno de los poemas de esta unidad. Imagínate que eres la voz masculina que va a dar respuesta a las quejas, los reproches o las inquietudes de la poetisa.

- ¿Qué le dirías? ¿Cómo le explicarías las injusticias y los valores morales distintos con que se juzga a hombres y mujeres?
- ¿Cómo podrías hacerle comprender que tu posición no ha sido resultado de tu elección personal, sino el producto de la cultura que te rodea?

- ¿Qué cambios puedes prometerle ahora que has reflexionado acerca de esta situación? (cambios que puedas cumplir)
- Contéstale a la poetisa en verso o en prosa.

C. **Diagrama de Venn.**   En un diagrama de Venn compara a la madre del cuento «Zapatos de huevo» con la madre de *Como agua para chocolate.*

D. **Estás en el banquillo.**   Esta actividad te va a permitir asumir el papel de uno de los personajes de las historias que has leído en esta unidad. Deberás estudiar muy bien a tu personaje para que puedas contestar las preguntas que te harán otros personajes.

- Con tus compañeros de grupo escoge a un personaje. Puede ser, por ejemplo, la narradora de «Zapatos de huevo», su madre, Tita, etc.
- Cada grupo escoge a un personaje. No puede haber personajes repetidos.
- Después de decidir qué personaje van a representar deben hacer lo siguiente:

1. Hacer una lista de las características de su personaje. Traten de analizarlo muy bien para que sepan cómo responder a las preguntas de los otros personajes.

2. Escribir dos preguntas que su personaje le haría a cada uno de los personajes escogidos por los otros grupos.

- A continuación, cada grupo pasará al frente para responder a las preguntas que le harán los otros grupos.
- Los miembros del grupo que está al frente se turnarán para responder a las preguntas de los otros personajes. Como cada grupo ha preparado dos preguntas para cada personaje, se harán dos rondas de preguntas.

MÁS HORIZONTES CREATIVOS

E. **Trabajo de investigación.** Haz un trabajo de investigación sobre un personaje hispano femenino que se haya destacado en cualquier campo del saber, del arte o de la vida pública.

F. **En honor de una ilustre hispana.** Planea un día de celebración en honor de la hispana ilustre a quien dedicas tu trabajo de investigación. Escoge una fecha significativa para el homenaje y diseña:

- un afiche anunciando el homenaje
- una circular explicando el propósito de la celebración
- el programa de eventos

Ellen Ochoa, astronauta

Antonia Novello, la antigua Cirujana General de los Estudos Unidos

Rosie Pérez, actriz

Rebecca Lobo, jugadora profesional de baloncesto.

Elizabeth Vargas, presentadora de televisión

UNIDAD 5

La casa de Bernarda Alba

La casa de Bernarda Alba *es la obra teatral más lograda de la dramaturgia española contemporánea. Si bien es cierto que para entenderla es necesario conocer aspectos del contexto en el cual se desenvuelve, su tema refleja pasiones y conflictos humanos universales.*

«Nacimiento de una divinidad», Salvador Dalí

LECCIÓN 1

La casa de Bernarda Alba, Acto I

A LISTÉMONOS PARA LEER

La casa de Bernarda Alba, *Acto I: Habitación blanquísima del interior de la casa de Bernarda. Muros gruesos. Puertas en arco con cortinas de yute rematadas con madroños y volantes. Sillas de anea. Cuadros con paisajes inverosímiles de ninfas o reyes de leyenda.*

A. **Exploración del título.** En grupos de cuatro discutan qué ideas les sugiere el título *La casa de Bernarda Alba*.

B. **Rompecabezas de predicción.** El (La) maestro(a) le entregará a cada estudiante una tira de papel con un pasaje diferente de la obra.

- Paséate por el salón de clase y, cada vez que te encuentres con un (una) compañero(a), léele tu cita y escucha la de él (ella).
- Repitan el proceso hasta que cada estudiante haya tenido la oportunidad de escuchar todas las citas.
- Luego, trabajando en grupos de cuatro y basándose en lo que han escuchado, especulen sobre qué va a tratar esta obra.

C. **Visualización.** Tu maestro(a) va a leer en voz alta la descripción de la escena donde se desarrolla el primer acto de la obra. Mientras escuchas, cierra los ojos y trata de visualizarla en tu mente.

VOCABULARIO CLAVE DEL TEXTO

Familiarízate con el vocabulario clave del texto según las indicaciones de tu maestro(a).

tirano	dominio	era	noria
cofre	gañán	delatar	inquisitivo

LEAMOS ACTIVAMENTE

D. **Diario de reflexión léxica.** Destina una sección de tu cuaderno para anotar palabras de vocabulario cuyo significado te gustaría saber.

- En tu cuaderno, copia el cuadro de tres columnas que aparece a continuación.
- Escoge de tres a cinco palabras en cada acto y anota las palabras, la frase donde se encuentra cada una de ellas y lo que crees que significa.
- Usa pistas del contexto para tratar de adivinar el significado.
- Al final de cada acto, trabajando en grupos o en parejas, compartirás tu lista y discutirás el significado de las palabras.

Palabras	Cita donde se encuentra	Significado posible

E. **Lectura silenciosa.** Lee silenciosamente el primer acto de la obra.

La casa de Bernarda Alba

FEDERICO GARCÍA LORCA

DRAMA DE MUJERES DE ESPAÑA

Personajes

BERNARDA: (60 años)

MARÍA JOSEFA: (madre de Bernarda, 80 años)

ANGUSTIAS: (hija de Bernarda, 39 años)

MAGDALENA: (hija de Bernarda, 30 años)

AMELIA: (hija de Bernarda, 27 años)

MARTIRIO: (hija de Bernarda, 24 años)

ADELA: (hija de Bernarda, 20 años)

LA PONCIA: (criada, 60 años)

CRIADA: (50 años)

Prudencia: (50 años)

Mendiga

Mujer 1ª

Mujer 2ª

Mujer 3ª

Mujer 4ª

Muchacha

Mujeres de luto

El poeta advierte que estos tres actos intentan ser un documental fotográfico.

ACTO PRIMERO

Habitación blanquísima del interior de la casa de Bernarda. Muros gruesos. Puertas con cortinas de yute rematadas con madroños y volantes. Sillas de anea. Cuadros con paisajes inverosímiles de ninfas o reyes de leyenda. Es verano. Un gran silencio umbroso se extiende por la escena. Al levantarse el telón está la escena sola. Se oyen doblar las campanas. Sale la Criada.

CRIADA: Ya tengo el doble de esas campanas metido entre las sienes.

LA PONCIA: (*Sale comiendo chorizo y pan.*)   Llevan ya más de

UNIDAD 5

dos horas de gori-gori. Han venido curas de todos los pueblos. La iglesia está hermosa. En el primer responso se desmayó la Magdalena.

CRIADA: Es la que se queda más sola.

LA PONCIA: Era la única que quería al padre. ¡Ay! ¡Gracias a Dios que estamos solas un poquito! Yo he venido a comer.

CRIADA: ¡Si te viera Bernarda!...

LA PONCIA: ¡Quisiera que ahora, como no come ella, que todas nos muriéramos de hambre! ¡Mandona! ¡Dominanta! ¡Pero se fastidia! Le he abierto la orza de los chorizos.

CRIADA: (*con tristeza, ansiosa*) ¿Por qué no me das para mi niña, Poncia?

LA PONCIA: Entra y llévate también un puñado de garbanzos. ¡Hoy no se dará cuenta!

VOZ: (*dentro*) ¡Bernarda!

LA PONCIA: La vieja. ¿Está bien cerrada?

CRIADA: Con dos vueltas de llave.

LA PONCIA: Pero debes poner también la tranca. Tiene unos dedos como cinco ganzúas.

VOZ: ¡Bernarda!

LA PONCIA: (*a voces*) ¡Ya viene! (*a la* CRIADA) Limpia bien todo. Si Bernarda no ve relucientes las cosas me arrancará los pocos pelos que me quedan.

CRIADA: ¡Qué mujer!

LA PONCIA: Tirana de todos los que la rodean. Es capaz de sentarse encima de tu corazón y ver cómo te mueres durante un año sin que se le cierre esa sonrisa fría que lleva en su maldita cara. ¡Limpia, limpia ese vidriado!

CRIADA: Sangre en las manos tengo de fregarlo todo.

LA PONCIA: Ella, la más aseada; ella la más decente; ella la más alta. ¡Buen descanso ganó su pobre marido! (*Cesan las campanas.*)

CRIADA: ¿Han venido todos sus parientes?

LA PONCIA: Los de ella. La gente de él la odia. Vinieron a verlo muerto y le hicieron la cruz.

CRIADA: ¿Hay bastantes sillas?

LA PONCIA: Sobran. Que se sienten en el suelo. Desde que murió el padre de Bernarda no han vuelto a entrar las gentes bajo estos techos. Ella no quiere que la vean en su dominio. ¡Maldita sea!

CRIADA: Contigo se portó bien.

LA PONCIA: Treinta años lavando sus sábanas; treinta años comiendo sus sobras; noches en vela cuando tose; días enteros mirando por la rendija para espiar a los vecinos y llevarle el cuento, vida sin secretos una con otra, y sin embargo, ¡maldita sea! ¡Mal dolor de clavo le pinche en los ojos!

CRIADA: ¡Mujer!

LA PONCIA: Pero yo soy buena perra; ladro cuando me lo dicen y muerdo los talones de los que piden limosna cuando ella me azuza; mis hijos trabajan en sus tierras y ya están los dos casados, pero un día me hartaré.

CRIADA: Y ese día...

LA PONCIA: Ese día me encerraré con ella en un cuarto y le estaré escupiendo un año entero. «Bernarda, por esto, por aquello, por lo otro», hasta ponerla como un lagarto machacado por los niños, que es lo que es ella y toda su parentela. Claro es que no le envidio la vida. La quedan cinco mujeres, cinco hijas feas, que quitando Angustias, la mayor, que es la hija del primer marido y tiene dineros, las demás, mucha puntilla bordada, muchas camisas de hilo, pero pan y uvas por toda herencia.

CRIADA: ¡Ya quisiera tener yo lo que ellas!

LA PONCIA: Nosotras tenemos nuestras manos y un hoyo en la tierra de la verdad.

CRIADA: Ésa es la única tierra que nos dejan a las que no tenemos nada.

LA PONCIA: (*en la alacena*) Este cristal tiene unas motas.

CRIADA: Ni con jabón ni con bayeta se le quitan. (*Suenan las campanas.*)

LA PONCIA: El último responso. Me voy a oírlo. A mí me gusta mucho cómo canta el párroco. En el «Pater Noster» subió, subió la voz que parecía un cántaro de agua llenándose poco a poco; claro es que al final dio un gallo; pero da gloria oírlo. Ahora que nadie como el antiguo sacristán Tronchapinos. En la misa de mi madre, que esté en gloria, cantó. Retumbaban las paredes, y cuando decía Amén era como si un lobo hubiese entrado en la iglesia. (*Imitándolo.*) ¡Améé-én! (*Se echa a toser.*)

CRIADA: Te vas a hacer el gaznate polvo.

LA PONCIA: ¡Otra cosa hacía polvo yo! (*Sale riendo.*)

(*La* CRIADA *limpia. Suenan las campanas.*)

CRIADA: (*llevando el canto*) Tin, tin, tan. Tin, tin, tan. ¡Dios lo haya perdonado!

MENDIGA: (*con una niña*) ¡Alabado sea Dios!

CRIADA: Tin, tin, tan. ¡Que nos espere muchos años! Tin, tin, tan.

MENDIGA: (*fuerte y con cierta irritación*) ¡Alabado sea Dios!

CRIADA: (*irritada*) ¡Por siempre!

MENDIGA: Vengo por las sobras. (*Cesan las campanas.*)

CRIADA: Por la puerta se va a la calle. Las sobras de hoy son para mí.

MENDIGA: Mujer, tú tienes quien te gane. ¡Mi niña y yo estamos solas!

CRIADA: También están solos los perros y viven.

MENDIGA: Siempre me las dan.

CRIADA: Fuera de aquí. ¿Quién os dijo que entraseis? Ya me habéis dejado los pies señalados. (*Se van. Limpia.*) Suelos barnizados con aceite, alacenas, pedestales, camas de acero, para que traguemos quina las que vivimos en las chozas de tierra con un plato y una cuchara. Ojalá que un día no quedáramos ni uno para contarlo. (*Vuelven a sonar las campanas.*) Sí, sí, ¡vengan clamores! ¡Venga caja con filos dorados y toalla para llevarla! ¡Que lo mismo estarás tú que estaré yo! Fastídiate, Antonio María Benavides, tieso con tu traje de paño y tus botas enterizas. ¡Fastídiate! ¡Ya no volverás a levantarme las enaguas detrás de la puerta de tu corral! (*Por el fondo, de dos en dos, empiezan a entrar MUJERES DE LUTO, con pañuelos grandes, faldas y abanicos negros. Entran lentamente hasta llenar la escena. La CRIADA, rompiendo a gritar.*) ¡Ay Antonio María Benavides, que ya no verás estas paredes ni comerás el pan de esta casa! Yo fui la que más te quiso de las que te sirvieron. (*tirándose del cabello*) ¿Y he de vivir yo después de haberte marchado? ¿Y he de vivir?

(*Terminan de entrar las doscientas MUJERES y aparece BERNARDA y sus cinco HIJAS.*)

BERNARDA: (*a la CRIADA*) ¡Silencio!

CRIADA: (*llorando*) ¡Bernarda!

BERNARDA: Menos gritos y más obras. Debías haber procurado que todo esto estuviera más limpio para recibir al duelo. Vete. No es éste tu lugar. (*La* CRIADA *se va llorando.*) Los pobres son como los animales; parece como si estuvieran hechos de otras sustancias.

MUJER 1ª: Los pobres sienten también sus penas.

BERNARDA: Pero las olvidan delante de un plato de garbanzos.

MUCHACHA: (*con timidez*) Comer es necesario para vivir.

BERNARDA: A tu edad no se habla delante de las personas mayores.

MUJER 1ª: Niña, cállate.

BERNARDA: No he dejado que nadie me dé lecciones. Sentarse. (*Se sientan. Pausa. Fuerte.*) Magdalena, no llores; si quieres llorar te metes debajo de la cama. ¿Me has oído?

MUJER 2ª: (*a* BERNARDA) ¿Habéis empezado los trabajos en la era?

BERNARDA: Ayer.

MUJER 3ª: Cae el sol como plomo.

MUJER 1ª: Hace años no he conocido calor igual. (*Pausa. Se abanican todas.*)

BERNARDA: ¿Está hecha la limonada?

LA PONCIA: Sí, Bernarda. (*Sale con una gran bandeja llena de jarritas blancas, que distribuye.*)

BERNARDA: Dale a los hombres.

LA PONCIA: Ya están tomando en el patio.

BERNARDA: Que salgan por donde han entrado. No quiero que pasen por aquí.

MUCHACHA: (*a* ANGUSTIAS) Pepe el Romano estaba con los hombres del duelo.

ANGUSTIAS: Allí estaba.

BERNARDA: Estaba su madre. Ella ha visto a su madre. A Pepe no lo ha visto ella ni yo.

MUCHACHA: Me pareció...

BERNARDA: Quien sí estaba era el viudo de Darajalí. Muy cerca de tu tía. A ése lo vimos todas.

MUJER 2ª: (*aparte, en voz baja*) ¡Mala, más que mala!

MUJER 3ª: (*lo mismo*) ¡Lengua de cuchillo!

BERNARDA: Las mujeres en la iglesia no deben de mirar más hombre que al oficiante, y ése porque tiene faldas. Volver la cabeza es buscar el calor de la pana.

MUJER 1ª: (*en voz baja*) ¡Vieja lagarta recocida!

LA PONCIA: (*entre dientes*) ¡Sarmentosa por calentura de varón!

BERNARDA: ¡Alabado sea Dios!

TODAS: (*santiguándose*) Sea por siempre bendito y alabado.

BERNARDA: ¡Descansa en paz con la santa compañía de cabecera!

TODAS: ¡Descansa en paz!

BERNARDA: Con el ángel San Miguel y su espada justiciera.

TODAS: ¡Descansa en paz!

BERNARDA: Con la llave que todo lo abre y la mano que todo lo cierra.

TODAS: ¡Descansa en paz!

BERNARDA: Con los bienaventurados y las lucecitas del campo.

TODAS: ¡Descansa en paz!

BERNARDA: Con nuestra santa caridad y las almas de tierra y mar.

TODAS: ¡Descansa en paz!

«Elisa arrodillada», Tina Modotti. Mexico, North America. 1924. Platinum print, $8\frac{7}{8} \times 6\frac{3}{4}''$ (22.6 × 17.2 cm). The Museum of Modern Art, New York. Gift of Edward Weston. Copyright © 2000 The Museum of Modern Art, New York.

BERNARDA: Concede el reposo a tu siervo Antonio María Benavides y dale la corona de tu santa gloria.

TODAS: Amén.

BERNARDA: (*Se pone en pie y canta.*) «Requiem aeternam dona eis Domine.»

TODAS: (*de pie y cantando al modo gregoriano*) «Ex lux perpetua luceat eis.» (*Se santiguan.*)

MUJER 1ª: Salud para rogar por su alma. (*Van desfilando.*)

MUJER 3ª: No te faltará la hogaza de pan caliente.

MUJER 2ª: Ni el techo para tus hijas. (*Van desfilando todas por delante de BERNARDA y saliendo.*)

(*Sale ANGUSTIAS por otra puerta que da al patio.*)

MUJER 4ª: El mismo trigo de tu casamiento lo sigas disfrutando.

LA PONCIA: (*entrando con una bolsa*) De parte de los hombres esta bolsa de dineros para responsos.

BERNARDA: Dales las gracias y échales una copa de aguardiente.

MUCHACHA: (*a MAGDALENA*) Magdalena...

BERNARDA: (*a MAGDALENA, que inicia el llanto*) Chiss. (*Salen todas. A las que se han ido.*) ¡Andar a vuestras casas a criticar todo lo que habéis visto! ¡Ojalá tardéis muchos años en pasar el arco de mi puerta!

LA PONCIA: No tendrás queja ninguna. Ha venido todo el pueblo.

BERNARDA: Sí; para llenar mi casa con el sudor de sus refajos y el veneno de sus lenguas.

AMELIA: ¡Madre, no hable usted así!

BERNARDA: Es así como se tiene que hablar en este maldito pueblo sin río, pueblo de pozos, donde siempre se bebe el agua con el miedo de que esté envenenada.

LA PONCIA: ¡Cómo han puesto la solería!

BERNARDA: Igual que si hubiese pasado por ella una manada de cabras. (*LA PONCIA limpia el suelo.*) Niña, dame el abanico.

ADELA: Tome usted. (*Le da un abanico redondo con flores rojas y verdes.*)

BERNARDA: (*Arrojando el abanico al suelo.*) ¿Es éste el abanico que se da a una viuda? Dame uno negro y aprende a respetar el luto de tu padre.

MARTIRIO: Tome usted el mío.

BERNARDA: ¿Y tú?

MARTIRIO: Yo no tengo calor.

BERNARDA: Pues busca otro, que te hará falta. En ocho años que dure el luto no ha de entrar en esta casa el viento de la calle. Hacemos cuenta que hemos tapiado con ladrillos puertas y ventanas. Así pasó en casa de mi padre y en casa de mi abuelo. Mientras, podéis empezar a bordar el ajuar. En el arca tengo veinte piezas de hilo con el que podréis cortar sábanas y embozos. Magdalena puede bordarlas.

MAGDALENA: Lo mismo me da.

ADELA: (*agria*) Si no quieres bordarlas, irán sin bordados. Así las tuyas lucirán más.

MAGDALENA: Ni las mías ni las vuestras. Sé que yo no me voy a casar. Prefiero llevar sacos al molino. Todo menos estar sentada días y días dentro de esta sala oscura.

BERNARDA: Esto tiene ser mujer.

MAGDALENA: Malditas sean las mujeres.

BERNARDA: Aquí se hace lo que yo mando. Ya no puedes ir con el cuento a tu padre. Hilo y aguja para las hembras. Látigo y mula para el varón. Eso tiene la gente que nace con posibles. (*Sale* ADELA.)

VOZ: ¡BERNARDA! ¡Déjame salir!

BERNARDA: (*en voz alta*) ¡Dejadla ya! (*Sale la* CRIADA.)

CRIADA: Me ha costado mucho sujetarla. A pesar de sus ochenta años, tu madre es fuerte como un roble.

BERNARDA: Tiene a quien parecerse. Mi abuelo fue igual.

CRIADA: Tuve durante el duelo que taparle varias veces la boca con un costal vacío porque quería llamarte para que le dieras agua de fregar siquiera para beber, y carne de perro, que es lo que ella dice que tú le das.

MARTIRIO: ¡Tiene mala intención!

BERNARDA: (*a la* CRIADA) Dejadla que se desahogue en el patio.

CRIADA: Ha sacado del cofre sus anillos y los pendientes de amatista; se los ha puesto; y me ha dicho que se quiere casar. (*Las* HIJAS *ríen.*)

BERNARDA: Ve con ella y ten cuidado que no se acerque al pozo.

CRIADA: No tengas miedo que se tire.

BERNARDA: No es por eso... Pero desde aquel sitio las vecinas pueden verla desde su ventana. (*Sale la* CRIADA.)

MARTIRIO: Nos vamos a cambiar de ropa.

BERNARDA: Sí, pero no el pañuelo de la cabeza. (*Entra* ADELA.) ¿Y Angustias?

ADELA: (*con intención*) La he visto asomada a las rendijas del portón. Los hombres se acaban de ir.

BERNARDA: ¿Y tú a qué fuiste también al portón?

ADELA: Me llegué a ver si habían puesto las gallinas.

BERNARDA: ¡Pero el duelo de los hombres habría salido ya!

ADELA: (*con intención*) Todavía estaba un grupo parado por fuera.

BERNARDA: (*furiosa*) ¡Angustias! ¡Angustias!

ANGUSTIAS: (*entrando*) ¿Qué manda usted?

BERNARDA: ¿Qué mirabas y a quién?

ANGUSTIAS: A nadie.

BERNARDA: ¿Es decente que una mujer de tu clase vaya con el anzuelo detrás de un hombre el día de la misa de su padre? ¡Contesta! ¿A quién mirabas? (*pausa*)

ANGUSTIAS: Yo...

BERNARDA: ¡Tú!

ANGUSTIAS: ¡A nadie!

BERNARDA: (*avanzando y golpeándola*) ¡Suave! ¡Dulzarrona!

LA PONCIA: (*corriendo*) ¡Bernarda, cálmate! (*La sujeta.*)

(*ANGUSTIAS llora.*)

BERNARDA: ¡Fuera de aquí todas! (*Salen.*)

LA PONCIA: Ella lo ha hecho sin dar alcance a lo que hacía, que está francamente mal. Ya me chocó a mí verla escabullirse hacia el patio. Luego estuvo detrás de una ventana oyendo la conversación que traían los hombres, que, como siempre, no se puede oír.

BERNARDA: A eso vienen a los duelos. (*con curiosidad*) ¿De qué hablaban?

LA PONCIA: Hablaban de Paca la Roseta. Anoche ataron a su marido a un pesebre y a ella se la llevaron en la grupa del caballo hasta lo alto del olivar.

BERNARDA: ¿Y ella?

LA PONCIA: Ella, tan conforme. Dicen que iba con los pechos fuera y Maximiliano la llevaba cogida como si tocara la guitarra. ¡Un horror!

BERNARDA: ¿Y qué pasó?

LA PONCIA: Lo que tenía que pasar. Volvieron casi de día. Paca la Roseta traía el pelo suelto y una corona de flores en la cabeza.

BERNARDA: Es la única mujer mala que tenemos en el pueblo.

LA PONCIA: Porque no es de aquí. Es de muy lejos. Y los que fueron con ella son también hijos de forasteros. Los hombres de aquí no son capaces de eso.

BERNARDA: No; pero les gusta verlo y comentarlo y se chupan los dedos de que esto ocurra.

LA PONCIA: Contaban muchas cosas más.

BERNARDA: (*mirando a un lado y otro con cierto temor*) ¿Cuáles?

LA PONCIA: Me da vergüenza referirlas.

BERNARDA: ¿Y mi hija las oyó?

LA PONCIA: ¡Claro!

BERNARDA: Ésa sale a sus tías; blandas y untuosas y que ponían los ojos de carnero al piropo de cualquier barberillo. ¡Cuánto hay que sufrir y luchar para hacer que las personas sean decentes y no tiren al monte demasiado!

LA PONCIA: ¡Es que tus hijas están ya en edad de merecer! Demasiada poca guerra te dan. Angustias ya debe tener mucho más de los treinta.

BERNARDA: Treinta y nueve justos.

LA PONCIA: Figúrate. Y no ha tenido nunca novio...

BERNARDA: (*furiosa*) ¡No ha tenido novio ninguna ni les hace falta! Pueden pasarse muy bien.

LA PONCIA: ¡No he querido ofenderte!

BERNARDA: No hay en cien leguas a la redonda quien se pueda acercar a ellas. Los hombres de aquí no son de su clase. ¿Es que quieres que las entregue a cualquier gañán?

LA PONCIA: Debías haberte ido a otro pueblo.

BERNARDA: Eso. ¡A venderlas!

LA PONCIA: No, Bernarda, a cambiar... Claro que en otros sitios ellas resultan las pobres.

BERNARDA: ¡Calla esa lengua atormentadora!

LA PONCIA: Contigo no se puede hablar. ¿Tenemos o no tenemos confianza?

BERNARDA: No tenemos. Me sirves y te pago. ¡Nada más!

CRIADA: (*entrando*) Ahí está don Arturo, que viene a arreglar las particiones.

BERNARDA: Vamos. (*a la* CRIADA) Tú empieza a blanquear el patio. (*a* LA PONCIA) Y tú ve guardando en el arca grande toda la ropa del muerto.

LA PONCIA: Algunas cosas las podíamos dar.

BERNARDA: Nada, ¡ni un botón! Ni el pañuelo con que le hemos tapado la cara. (*Sale lentamente y al salir vuelve la cabeza y mira a sus* CRIADAS.)

(*Las* CRIADAS *salen después. Entran* AMELIA *y* MARTIRIO.)

AMELIA: ¿Has tomado la medicina?

MARTIRIO: ¡Para lo que me va a servir!

AMELIA: Pero la has tomado.

MARTIRIO: Yo hago las cosas sin fe, pero como un reloj.

AMELIA: Desde que vino el médico nuevo estás más animada.

MARTIRIO: Yo me siento lo mismo.

AMELIA: ¿Te fijaste? Adelaida no estuvo en el duelo.

MARTIRIO: Ya lo sabía. Su novio no la deja salir ni al tranco de la calle. Antes era alegre; ahora ni polvos se echa en la cara.

AMELIA: Ya no sabe una si es mejor tener novio o no.

MARTIRIO: Es lo mismo.

AMELIA: De todo tiene la culpa esta crítica que no nos deja vivir. Adelaida habrá pasado mal rato.

MARTIRIO: Le tiene miedo a nuestra madre. Es la única que conoce la historia de su padre y el origen de sus tierras. Siempre que viene le tira puñaladas en el asunto. Su padre mató en Cuba al marido de su primera mujer para casarse con ella. Luego aquí la abandonó y se fue con otra que tenía una hija y luego tuvo relaciones con esta muchacha, la madre de Adelaida, y se casó con ella después de haber muerto loca la segunda mujer.

AMELIA: Y ese infame, ¿por qué no está en la cárcel?

MARTIRIO: Porque los hombres se tapan unos a otros las cosas de esta índole y nadie es capaz de delatar.

AMELIA: Pero Adelaida no tiene culpa de esto.

MARTIRIO: No. Pero las cosas se repiten. Y veo que todo es una terrible repetición. Y ella tiene el mismo sino de su madre y de su abuela, mujeres las dos del que la engendró.

AMELIA: ¡Qué cosa más grande!

MARTIRIO: Es preferible no ver a un hombre nunca. Desde niña les tuve miedo. Los veía en el corral uncir los bueyes y levantar los costales de trigo entre voces y zapatazos y siempre tuve miedo de crecer por temor de encontrarme de pronto abrazada por ellos. Dios me ha hecho débil y fea y los ha apartado definitivamente de mí.

AMELIA: ¡Eso no digas! Enrique Humanas estuvo detrás de ti y le gustabas.

MARTIRIO: ¡Invenciones de la gente! Una vez estuve en camisa detrás de la ventana hasta que fue de día porque me avisó con la hija de su gañán que iba a venir y no vino. Fue todo cosa de lenguas. Luego se casó con otra que tenía más que yo.

AMELIA: ¡Y fea como un demonio!

MARTIRIO: ¡Qué les importa a ellos la fealdad! A ellos les importa la tierra, las yuntas, y una perra sumisa que les dé de comer.

AMELIA: ¡Ay! (*Entra* MAGDALENA.)

MAGDALENA: ¿Qué hacéis?

MARTIRIO: Aquí.

AMELIA: ¿Y tú?

MAGDALENA: Vengo de correr las cámaras. Por andar un poco. De ver los cuadros bordados de cañamazo de nuestra abuela, el perrito de lanas y el negro luchando con el león, que tanto nos gustaba de niñas. Aquélla era una época más alegre. Una boda duraba diez días y no se usaban las malas lenguas. Hoy hay más finura, las novias se ponen de velo blanco como en las poblaciones y se bebe vino de botella, pero nos pudrimos por el qué dirán.

MARTIRIO: ¡Sabe Dios lo que entonces pasaría!

AMELIA: (*a* MAGDALENA) Llevas desabrochados los cordones de un zapato.

MAGDALENA: ¡Qué más da!

AMELIA: Te los vas a pisar y te vas a caer.

MAGDALENA: ¡Una menos!

MARTIRIO: ¿Y Adela?

MAGDALENA: ¡Ah! Se ha puesto el traje verde que se hizo para estrenar el día de su cumpleaños, se ha ido al corral, y ha comenzado a voces «¡Gallinas! ¡Gallinas, miradme!» ¡Me he tenido que reír!

AMELIA: ¡Si la hubiera visto madre!

MAGDALENA: ¡Pobrecilla! Es la más joven de nosotras y tiene ilusión. Daría algo por verla feliz. (*Pausa. ANGUSTIAS cruza la escena con unas toallas en la mano.*)

ANGUSTIAS: ¿Qué hora es?

MAGDALENA: Ya deben ser las doce.

ANGUSTIAS: ¿Tanto?

AMELIA: Estarán al caer. (*Sale ANGUSTIAS.*)

MAGDALENA: (*con intención*) ¿Sabéis ya la cosa? (*señalando a ANGUSTIAS*)

AMELIA: No.

MAGDALENA: ¡Vamos!

MARTIRIO: No sé a qué cosa te refieres...

MAGDALENA: Mejor que yo lo sabéis las dos. Siempre cabeza con cabeza como dos ovejitas, pero sin desahogarse con nadie. ¡Lo de Pepe el Romano!

MARTIRIO: ¡Ah!

MAGDALENA: (*remedándola*) ¡Ah! Ya se comenta por el pueblo. Pepe el Romano viene a casarse con Angustias. Anoche estuvo rondando la casa y creo que pronto va a mandar un emisario.

MARTIRIO: Yo me alegro. Es buen mozo.

AMELIA: Yo también. Angustias tiene buenas condiciones.

MAGDALENA: Ninguna de las dos os alegráis.

MARTIRIO: ¡Magdalena! ¡Mujer!

MAGDALENA: Si viniera por el tipo de Angustias, por Angustias como mujer, yo me alegraría; pero viene por el dinero. Aunque Angustias es nuestra hermana, aquí estamos en familia y reconocemos que está vieja, enfermiza, y que siempre ha sido la que ha tenido menos méritos de todas nosotras. Porque si con veinte años parecía un palo vestido, ¡qué será ahora que tiene cuarenta!

MARTIRIO: No hables así. La suerte viene a quien menos la aguarda.

AMELIA: ¡Después de todo dice la verdad! ¡Angustias tiene todo el dinero de su padre, es la única rica de la casa y por eso ahora que nuestro padre ha muerto y ya se harán particiones viene por ella!

MAGDALENA: Pepe el Romano tiene veinticinco años y es el mejor tipo de todos estos contornos. Lo natural sería que te pretendiera a ti, Amelia, o a nuestra Adela, que tiene veinte años, pero no que venga a buscar lo más oscuro de esta casa, a una mujer que, como su padre, habla con las narices.

MARTIRIO: ¡Puede que a él le guste!

MAGDALENA: ¡Nunca he podido resistir tu hipocresía!

MARTIRIO: ¡Dios me valga! (*Entra* ADELA.)

MAGDALENA: ¿Te han visto ya las gallinas?

ADELA: ¿Y qué queríais que hiciera?

AMELIA: ¡Si te ve nuestra madre te arrastra del pelo!

ADELA: Tenía mucha ilusión con el vestido. Pensaba ponérmelo el día que vamos a comer sandías a la noria. No hubiera habido otro igual.

MARTIRIO: Es un vestido precioso.

ADELA: Y que me está muy bien. Es lo mejor que ha cortado Magdalena.

MAGDALENA: ¿Y las gallinas qué te han dicho?

ADELA: Regalarme unas cuantas pulgas que me han acribillado las piernas. (*Ríen.*)

MARTIRIO: Lo que puedes hacer es teñirlo de negro.

MAGDALENA: Lo mejor que puedes hacer es regalárselo a Angustias para la boda con Pepe el Romano.

ADELA: (*con emoción contenida*) Pero Pepe el Romano...

AMELIA: ¿No lo has oído decir?

ADELA: No.

MAGDALENA: ¡Pues ya lo sabes!

ADELA: ¡Pero si no puede ser!

MAGDALENA: ¡El dinero lo puede todo!

ADELA: ¿Por eso ha salido detrás del duelo y estuvo mirando el portón? (*pausa*) Y ese hombre es capaz de...

MAGDALENA: Es capaz de todo. (*pausa*)

MARTIRIO: ¿Qué piensas, Adela?

ADELA: Pienso que este luto me ha cogido en la peor época de mi vida para pasarlo.

MAGDALENA: Ya te acostumbrarás.

ADELA: (*rompiendo a llorar con ira*) No me acostumbraré. Yo no puedo estar encerrada. No quiero que se me pongan las carnes como a vosotras; no quiero perder mi blancura en estas habitaciones; mañana me pondré mi vestido verde y me echaré a pasear a la calle. ¡Yo quiero salir! (*Entra la* CRIADA.)

MAGDALENA: (*autoritaria*) ¡Adela!

CRIADA: ¡La pobre! Cuánto ha sentido a su padre... (*Sale.*)

MARTIRIO: ¡Calla!

AMELIA: Lo que sea de una será de todas. (*ADELA se calma.*)

MAGDALENA: Ha estado a punto de oírte la criada. (*Aparece la CRIADA.*)

CRIADA: Pepe el Romano viene por lo alto de la calle. (*AMELIA, MARTIRIO y MAGDALENA corren presurosas.*)

MAGDALENA: ¡Vamos a verlo! (*Salen rápidas.*)

CRIADA: (*a Adela*) ¿Tú no vas?

ADELA: No me importa.

CRIADA: Como dará la vuelta a la esquina, desde la ventana de tu cuarto se verá mejor. (*Sale.*)

(*ADELA queda en escena dudando; después de un instante se va también rápida hasta su habitación. Salen BERNARDA y LA PONCIA.*)

BERNARDA: ¡Malditas particiones!

LA PONCIA: ¡Cuánto dinero le queda a Angustias!

BERNARDA: Sí.

LA PONCIA: Y a las otras, bastante menos.

BERNARDA: Ya me lo has dicho tres veces y no te he querido replicar. Bastante menos, mucho menos. No me lo recuerdes más.

(*Sale ANGUSTIAS muy compuesta de cara.*)

BERNARDA: ¡Angustias!

ANGUSTIAS: Madre.

BERNARDA: ¿Pero has tenido valor de echarte polvos en la cara? ¿Has tenido valor de lavarte la cara el día de la muerte de tu padre?

ANGUSTIAS: No era mi padre. El mío murió hace tiempo. ¿Es que ya no lo recuerda usted?

BERNARDA: Más debes a este hombre, padre de tus hermanas,
que al tuyo. Gracias a este hombre tienes colmada tu fortuna.

ANGUSTIAS: ¡Eso lo teníamos que ver!

BERNARDA: Aunque fuera por decencia. ¡Por respeto!

ANGUSTIAS: Madre, déjeme usted salir.

BERNARDA: ¿Salir? Después de que te hayas quitado esos polvos
de la cara. ¡Suavona! ¡Yeyo! ¡Espejo de tus tías! (*Le quita
violentamente con un pañuelo los polvos.*) ¡Ahora, vete!

LA PONCIA: ¡Bernarda, no seas tan inquisitiva!

BERNARDA: Aunque mi madre esté loca, yo estoy en mis cinco
sentidos y sé perfectamente lo que hago. (*Entran todas.*)

MAGDALENA: ¿Qué pasa?

BERNARDA: No pasa nada.

MAGDALENA: (*a* ANGUSTIAS) Si es que discuten por las
particiones, tú que eres la más rica te puedes quedar con todo.

ANGUSTIAS: Guárdate la lengua en la madriguera.

BERNARDA: (*golpeando en el suelo*) No os hagáis ilusiones de
que vais a poder conmigo. ¡Hasta que salga de esta casa con los pies
delante mandaré en lo mío y en lo vuestro!

(*Se oyen unas voces y entra en escena* MARÍA JOSEFA, *la madre
de* BERNARDA, *viejísima, ataviada con flores en la cabeza y en el
pecho.*)

MARÍA JOSEFA: Bernarda, ¿dónde está mi mantilla? Nada de lo
que tengo quiero que sea para vosotras. Ni mis anillos ni mi traje
negro de «moaré». Porque ninguna de vosotras se va a casar.
¡Ninguna! Bernarda, dame mi gargantilla de perlas.

BERNARDA: (*a la* CRIADA) ¿Por qué la habéis dejado entrar?

CRIADA: (*temblando*) ¡Se me escapó!

MARÍA JOSEFA: Me escapé porque me quiero casar, porque quiero casarme con un varón hermoso de la orilla del mar, ya que aquí los hombres huyen de las mujeres.

BERNARDA: ¡Calle usted, madre!

MARÍA JOSEFA: No, no me callo. No quiero ver a estas mujeres solteras rabiando por la boda, haciéndose polvo el corazón, y yo me quiero ir a mi pueblo. Bernarda, yo quiero un varón para casarme y para tener alegría.

BERNARDA: ¡Encerradla!

MARÍA JOSEFA: ¡Déjame salir, Bernarda! (*La* CRIADA *coge a* MARÍA JOSEFA.)

BERNARDA: ¡Ayudadla vosotras! (*Todas arrastran a la vieja.*)

MARÍA JOSEFA: ¡Quiero irme de aquí! ¡Bernarda! ¡A casarme a la orilla del mar, a la orilla del mar!

Telón rápido

F. Familiaricémonos con un personaje. Para esta actividad vas a trabajar en grupos de cuatro. Tu maestro(a) le asignará un personaje diferente a cada grupo.

- Relean el texto y anoten todo lo que puedan sobre este personaje: ¿quién es? ¿cómo es? ¿cómo actúa? ¿qué piensan los otros personajes de él?
- Pueden utilizar un cuadro de dos columnas o cualquier otro diagrama que les parezca conveniente para tomar sus notas.
- Cada persona deberá hacer sus propias anotaciones.
- El (La) maestro(a) llamará a un(a) estudiante de cada grupo para que presente a la clase las conclusiones del grupo.

G. Lectura dramatizada. El (La) maestro(a) asignará a varios alumnos los distintos personajes que intervienen en el primer acto para realizar una lectura dramatizada frente a la clase.

H. ¿Cierto o falso? Indica si las siguientes afirmaciones son ciertas o falsas.

1. El «qué dirán» es uno de los temas principales de *La casa de Bernarda Alba*.
2. Bernarda cree que los pobres son inferiores a los de otras clases sociales.
3. Angustias y Pepe el Romano se van a casar después de un noviazgo feliz.
4. Las hijas de Bernarda se resignan a los deseos de su madre.
5. A pesar de su aparente locura, María Josefa acierta en su evaluación de los acontecimientos.

Conozcamos al autor

FEDERICO GARCÍA LORCA

Federico García Lorca nació en la provincia de Granada en Andalucía, la región sureña de España, en 1898. Aunque viajaba mucho, pasando largas temporadas en Madrid, en Gerona con su amigo Salvador Dalí e incluso en América, García Lorca siempre se ha identificado apasionadamente con su tierra natal.

Las *Obras completas* de García Lorca incluyen dibujos, conferencias, cartas y música además de sus poemarios y obras de teatro, por los cuales ha alcanzado inigualado renombre mundial. Campeón del oprimido —el gitano, el negro norteamericano y la mujer— en su obra Lorca abarca temas de la justicia social, la destrucción de la naturaleza y la frustración, donde el ansia de libertad se enfrenta persistentemente con el poder de la autoridad.

El lirismo de su poesía así como su maestría en el dominio de la metáfora y el símbolo dan testimonio del *duende* lorquiano.

Federico García Lorca fue ejecutado por un pelotón franquista en 1936, el primer año de la Guerra Civil española.

APUNTES LITERARIOS

EL TEATRO

A diferencia de las obras narrativas, las obras de teatro se escriben para ser representadas en un escenario a través del diálogo de los distintos personajes que intervienen en ella. Por lo mismo, cuando uno las lee, debe suplir con la imaginación los detalles que son obvios en una representación teatral. En una escenificación hay muchas maneras de comunicar mensajes: el gesto, la declamación, el vestuario, los decorados y el montaje técnico son elementos de los que se vale el (la) autor(a) para expresar su pensamiento.

Las dos grandes clases de composición teatral son la **tragedia** y la **comedia.** El primer término se aplica, de una manera general, a toda obra dramática que representa una acción solemne y que termina casi siempre con una catástrofe. El término **comedia** se refiere a la representación de una pieza que refleja los aspectos jocosos y ridículos de la vida cotidiana y que termina casi siempre alegremente.

Compañía española de teatro «Els Joglars»

AMPLIEMOS NUESTRA COMPRENSIÓN

I. Taller de composición: Ensayo de comparación y contraste. Vas a escribir un ensayo en el que relaciones situaciones de tu familia, tu pueblo o de la sociedad actual en general con lo planteado en la obra de García Lorca.

- Trabajando en equipo, elaboren una lista de los diversos temas que se presentan en el primer acto de *La casa de Bernarda Alba*. Por ejemplo: «Las costumbres asociadas con el luto que debe guardar una familia después de la muerte de un padre o una madre».

- El (La) maestro(a) les pedirá que compartan su lista con el resto de la clase. Anoten las ideas nuevas que surjan en los otros grupos.

- Luego, en forma individual, escoge por lo menos tres de esos temas para escribir tu ensayo de comparación y contraste.

- Usa citas de la obra y ejemplos concretos de tu experiencia para sustentar tus ideas.

J. Revisión de un(a) compañero(a). Cuando hayas terminado de escribir el borrador de tu composición, intercámbialo con el de un(a) compañero(a) para que cada uno revise el del otro y le conteste las siguientes preguntas.

- ¿Es interesante la introducción del ensayo? ¿De qué otra forma podría empezar?

- ¿Usa citas de la obra y ejemplos de su realidad para apoyar sus aseveraciones? ¿Son las citas apropiadas? Si no, anótale una alternativa más apropiada.

- ¿Incluye el (la) autor(a) un párrafo de conclusión? ¿Es este párrafo efectivo? ¿Puedes sugerirle algunas ideas para cerrar su ensayo?

EXPLOREMOS EL LENGUAJE

LAS ORACIONES REFLEXIVAS

Una oración reflexiva es una oración en la que el sujeto realiza la acción y también la recibe. Estudia estos ejemplos del primer acto de *La casa de Bernarda Alba*.

- «¡Quisiera que ahora, como no come ella, que todas **nos muriéramos** de hambre!»
- «Que **se sienten** en el suelo.»
- «Magdalena, no llores; si quieres llorar **te metes** debajo de la cama.»
- «**Se ha puesto** el traje verde que **se hizo** para estrenar el día de su cumpleaños, **se ha ido** al corral, y ha comenzado a voces «¡Gallinas! ¡Gallinas, miradme!»
- «Ninguna de las dos **os alegráis.**»
- «Pepe el Romano viene a **casarse** con Angustias.»
- «No **me acostumbraré.**» [al luto]

K. **Deducción lingüística.**   Completa las oraciones para formular las reglas para la formación de una oración reflexiva.

- El verbo de la oración reflexiva funciona como cualquier verbo de una oración no reflexiva en cuanto a la conjugación, —————————— y el tiempo.
- El infinitivo de un verbo reflexivo consiste del infinitivo no reflexivo más la terminación ——————————.
- En una oración reflexiva, el verbo se acompaña de —————————— .

L. **Aplicación.**   Utilizando los apuntes que hiciste en el ejercicio *F*, redacta cinco oraciones con verbos reflexivos sobre tu personaje.

MODELO: *Angustias va a casarse con Pepe el Romano.*

CREEMOS LITERATURA

M. Anuncios de empleo.   Redacta dos anuncios de empleo para la casa y los campos de Bernarda Alba. El primero tratará de servicio doméstico —una muchacha para servir con La Poncia. El segundo solicitará a un gañán para trabajar en la finca de Bernarda.

- Los anuncios no deben ser largos, con frases claves en vez de oraciones completas.
- Incluye las responsabilidades de cada puesto de trabajo, el pago y el modo de hacer la solicitud del puesto.

N. Poema biográfico.   Escribe un poema biográfico sobre el personaje que estudia tu grupo. Sigue este formato según el modelo.

> **MODELO:** (Nombre)
> *Hija de Bernarda*
> (tres adjetivos que describen al personaje)
> *Quiere* (termina la frase)
> *Sueña con* (termina la frase)
> *Teme* (termina la frase)
> (Apellido)
>
> *Bernarda*
> *Hija de María Josefa*
> *Burguesa, tirana, orgullosa*
> *Quiere dominar a todos*
> *Sueña con el poder absoluto*
> *Teme el qué dirán*
> *Alba*

La casa de Bernarda Alba, Acto II

A LISTÉMONOS PARA LEER

La casa de Bernarda Alba, *Acto II: Habitación blanca del interior de la casa de Bernarda. Las puertas de la izquierda dan a los dormitorios.*

A. Escritura en el diario. Toma cinco minutos para escribir en tu diario las ideas que más te han impresionado de la tragedia.

- Coméntalas y proyecta lo que crees que va a suceder en el segundo acto.
- Al terminar comparte tus anotaciones con un(a) compañero(a).

VOCABULARIO CLAVE DEL TEXTO

Familiarízate con el vocabulario clave del texto según las indicaciones de tu maestro(a).

jaca	modoso
tuerto	maroma
bengala	

LEAMOS ACTIVAMENTE

B. Lectura silenciosa. Lee silenciosamente el segundo acto.

ACTO SEGUNDO

Habitación blanca del interior de la casa de Bernarda. Las puertas de la izquierda dan a los dormitorios. Las hijas de Bernarda están sentadas en sillas bajas cosiendo. MAGDALENA *borda. Con ellas está* LA PONCIA.

ANGUSTIAS: Ya he cortado la tercera sábana.

MARTIRIO: Le corresponde a Amelia.

MAGDALENA: Angustias. ¿Pongo también las iniciales de Pepe?

ANGUSTIAS: (*seca*) No.

MAGDALENA: (*a voces*) Adela, ¿no vienes?

AMELIA: Estará echada en la cama.

LA PONCIA: …Ésta tiene algo. La encuentro sin sosiego, temblona, asustada, como si tuviese una lagartija entre los pechos.

MARTIRIO: No tiene ni más ni menos que lo que tenemos todas.

MAGDALENA: Todas, menos Angustias.

ANGUSTIAS: Yo me encuentro bien, y al que le duela, que reviente.

MAGDALENA: Desde luego hay que reconocer que lo mejor que has tenido siempre es el talle y la delicadeza.

ANGUSTIAS: Afortunadamente, pronto voy a salir de este infierno.

MAGDALENA: ¡A lo mejor no sales!

MARTIRIO: Dejar esa conversación.

ANGUSTIAS: Y, además, ¡más vale onza en el arca que ojos negros en la cara!

MAGDALENA: Por un oído me entra y por otro me sale.

«Casas», Alfredo Volpi

AMELIA: (*a La Poncia*) Abre la puerta del patio a ver si nos entra un poco de fresco. (*La Criada lo hace.*)

MARTIRIO: Esta noche pasada no me podía quedar dormida por el calor.

AMELIA: Yo tampoco.

MAGDALENA: Yo me levanté a refrescarme. Había un nublo negro de tormenta y hasta cayeron algunas gotas.

LA PONCIA: Era la una de la madrugada y subía fuego de la tierra. También me levanté yo. Todavía estaba Angustias con Pepe en la ventana.

MAGDALENA: (*con ironía*) ¿Tan tarde? ¿A qué hora se fue?

ANGUSTIAS: Magdalena, ¿a qué preguntas, si lo viste?

AMELIA: Se iría a eso de la una y media.

ANGUSTIAS: ¿Sí? ¿Tú por qué lo sabes?

AMELIA: Lo sentí toser y oí los pasos de su jaca.

LA PONCIA: Pero si yo lo sentí marchar a eso de las cuatro.

ANGUSTIAS: No sería él.

LA PONCIA: Estoy segura.

MARTIRIO: A mí también me pareció.

MAGDALENA: ¡Qué cosa más rara! (*pausa*)

LA PONCIA: Oye, Angustias, ¿qué fue lo que te dijo la primera vez que se acercó a tu ventana?

ANGUSTIAS: Nada. ¡Qué me iba a decir! Cosas de conversación.

MARTIRIO: Verdaderamente es raro que dos personas que no se conocen se vean de pronto en una reja y ya novios.

ANGUSTIAS: Pues a mí no me chocó.

AMELIA: A mí me daría no sé qué.

ANGUSTIAS: No, porque cuando un hombre se acerca a una reja ya sabe por los que van y vienen, llevan y traen, que se le va a decir que sí.

MARTIRIO: Bueno; pero él te lo tendría que decir.

ANGUSTIAS: ¡Claro!

AMELIA: (*curiosa*) ¿Y cómo te lo dijo?

ANGUSTIAS: Pues nada: «Ya sabes que ando detrás de ti, necesito una mujer buena, modosa, y ésa eres tú si me das la conformidad.»

AMELIA: ¡A mí me da vergüenza de estas cosas!

ANGUSTIAS: Y a mí, pero hay que pasarlas.

LA PONCIA: ¿Y habló más?

ANGUSTIAS: Sí, siempre habló él.

MARTIRIO: ¿Y tú?

ANGUSTIAS: Yo no hubiera podido. Casi se me salió el corazón por la boca. Era la primera vez que estaba sola de noche con un hombre.

MAGDALENA: Y un hombre tan guapo.

ANGUSTIAS: No tiene mal tipo.

LA PONCIA: Esas cosas pasan entre personas ya un poco instruidas que hablan y dicen y mueven la mano... La primera vez que mi marido Evaristo el Colín vino a mi ventana... Ja, ja, ja.

AMELIA: ¿Qué pasó?

LA PONCIA: Era muy oscuro. Lo vi acercarse y al llegar me dijo: «Buenas noches.» «Buenas noches», le dije yo, y nos quedamos callados más de media hora. Me corría el sudor por todo el cuerpo. Entonces Evaristo se acercó, se acercó que se quería meter por los hierros, y dijo con voz muy baja: «¡Ven que te tiente!» (*Ríen todas.*)

(AMELIA *se levanta corriendo y espía por una puerta.*)

«Gertrude Stein», Pablo Picasso. The Metropolitan Museum of Art, bequest of Gertrude Stein, 1947.
(47.106). Photograph © 1996 The Metropolitan Museum of Art.

AMELIA: ¡Ay!, creí que llegaba nuestra madre.

MAGDALENA: ¡Buenas nos hubiera puesto! (*Siguen riendo.*)

AMELIA: Chissss... ¡Que nos van a oír!

LA PONCIA: Luego se portó bien. En vez de darle por otra cosa le dio por criar colorines hasta que se murió. A vosotras que sois solteras, os conviene saber de todos modos que el hombre, a los quince días de boda, deja la cama por la mesa y luego la mesa por la tabernilla, y la que no se conforma se pudre llorando en un rincón.

AMELIA: Tú te conformaste.

LA PONCIA: ¡Yo pude con él!

MARTIRIO: ¿Es verdad que le pegaste algunas veces?

LA PONCIA: Sí, y por poco si le dejo tuerto.

MAGDALENA: ¡Así debían ser todas las mujeres!

LA PONCIA: Yo tengo la escuela de tu madre. Un día me dijo no sé qué cosa y le maté todos los colorines con la mano de almirez. (*Ríen.*)

MAGDALENA: Adela, niña, no te pierdas esto.

AMELIA: Adela. (*pausa*)

MAGDALENA: Voy a ver. (*Entra.*)

LA PONCIA: Esa niña está mala.

MARTIRIO: Claro, no duerme apenas.

LA PONCIA: ¿Pues qué hace?

MARTIRIO: ¡Yo qué sé lo que hace!

LA PONCIA: Mejor lo sabrás tú que yo, que duermes pared por medio.

ANGUSTIAS: La envidia la come.

AMELIA: No exageres.

ANGUSTIAS: Se lo noto en los ojos. Se le está poniendo mirar de loca.

MARTIRIO: No habléis de locos. Aquí es el único sitio donde no se puede pronunciar esta palabra. (*Sale MAGDALENA con ADELA.*)

MAGDALENA: Pues ¿no estabas dormida?

ADELA: Tengo mal cuerpo.

MARTIRIO: (*con intención*) ¿Es que no has dormido bien esta noche?

ADELA: Sí.

MARTIRIO: ¿Entonces?

ADELA: (*fuerte*) ¡Déjame ya! ¡Durmiendo o velando, no tienes por qué meterte en lo mío! ¡Yo hago con mi cuerpo lo que me parece!

MARTIRIO: ¡Sólo es interés por ti!

ADELA: Interés o inquisición. ¿No estabais cosiendo? Pues seguir. ¡Quisiera ser invisible, pasar por las habitaciones sin que me preguntarais dónde voy!

CRIADA: (*Entra.*) Bernarda os llama. Está el hombre de los encajes. (*Salen.*)

(*Al salir, MARTIRIO mira fijante a ADELA.*)

ADELA: ¡No me mires más! Si quieres te daré mis ojos, que son frescos, y mis espaldas para que te compongas la joroba que tienes, pero vuelve la cabeza cuando yo paso. (*Se va MARTIRIO.*)

LA PONCIA: ¡Que es tu hermana y además la que más te quiere!

ADELA: Me sigue a todos lados. A veces se asoma a mi cuarto para ver si duermo. No me deja respirar. Y siempre: «¡Qué lástima de cara!», «¡Qué lástima de cuerpo que no vaya a ser para nadie!» ¡Y eso no! Mi cuerpo será de quien yo quiera.

LA PONCIA: (*con intención y en voz baja*) De Pepe el Romano. ¿No es eso?

ADELA: (*sobrecogida*) ¿Qué dices?

LA PONCIA: Lo que digo, Adela.

ADELA: ¡Calla!

LA PONCIA: (*alto*) ¿Crees que no me he fijado?

ADELA: ¡Baja la voz!

LA PONCIA: ¡Mata esos pensamientos!

ADELA: ¿Qué sabes tú?

LA PONCIA: Las viejas vemos a través de las paredes. ¿Dónde vas de noche cuando te levantas?

ADELA: ¡Ciega debías estar!

LA PONCIA: Con la cabeza y las manos llenas de ojos cuando se trata de lo que se trata. Por mucho que pienso no sé lo que te propones. ¿Por qué te pusiste casi desnuda con la luz encendida y la ventana abierta al pasar Pepe el segundo día que vino a hablar con tu hermana?

ADELA: ¡Eso no es verdad!

LA PONCIA: No seas como los niños chicos. ¡Deja en paz a tu hermana, y si Pepe el Romano te gusta, te aguantas! (ADELA *llora*.) Además, ¿quién dice que no te puedes casar con él? Tu hermana Angustias es una enferma. Ésa no resiste el primer parto. Es estrecha de cintura, vieja, y con mi conocimiento te digo que se morirá. Entonces Pepe hará lo que hacen todos los viudos de esta tierra: se casará con la más joven, la más hermosa, y ésa serás tú. Alimenta esa esperanza, olvídalo, lo que quieras, pero no vayas contra la ley de Dios.

ADELA: ¡Calla!

LA PONCIA: ¡No callo!

ADELA: Métete en tus cosas, ¡oledora!, ¡pérfida!

LA PONCIA: Sombra tuya he de ser.

ADELA: En vez de limpiar la casa y acostarte para rezar a tus muertos, buscas como una vieja marrana asuntos de hombres y mujeres para babosear en ellos.

LA PONCIA: ¡Velo! Para que las gentes no escupan al pasar por esta puerta.

ADELA: ¡Qué cariño tan grande te ha entrado de pronto por mi hermana!

LA PONCIA: No os tengo ley a ninguna, pero quiero vivir en casa decente. ¡No quiero mancharme de vieja!

ADELA: Es inútil tu consejo. Ya es tarde. No por encima de ti, que eres una criada; por encima de mi madre saltaría para apagarme este fuego que tengo levantado por piernas y boca. ¿Qué puedes decir de mí? ¿Que me encierro en mi cuarto y no abro la puerta? ¿Que no duermo? ¡Soy más lista que tú! Mira a ver si puedes agarrar la liebre con tus manos.

LA PONCIA: No me desafíes, Adela, no me desafíes. Porque yo puedo dar voces, encender luces y hacer que toquen las campanas.

ADELA: Trae cuatro mil bengalas amarillas y ponlas en las bardas del corral. Nadie podrá evitar que suceda lo que tiene que suceder.

LA PONCIA: ¡Tanto te gusta ese hombre!

ADELA: ¡Tanto! Mirando sus ojos me parece que bebo su sangre lentamente.

LA PONCIA: Yo no te puedo oír.

ADELA: ¡Pues me oirás! Te he tenido miedo. ¡Pero ya soy más fuerte que tú!

(*Entra* ANGUSTIAS.)

ANGUSTIAS: ¡Siempre discutiendo!

LA PONCIA: Claro. Se empeña que con el calor que hace vaya a traerle no sé qué de la tienda.

ANGUSTIAS: ¿Me compraste el bote de esencia?

LA PONCIA: El más caro. Y los polvos. En la mesa de tu cuarto los he puesto.

(*Sale ANGUSTIAS.*)

ADELA: ¡Y chitón!

LA PONCIA: ¡Lo veremos! (*Entran MARTIRIO, AMELIA y MAGDALENA.*)

MAGDALENA: (*a ADELA*) ¿Has visto los encajes?

AMELIA: Los de Angustias para sus sábanas de novia son preciosos.

ADELA: (*a MARTIRIO, que trae unos encajes*) ¿Y éstos?

MARTIRIO: Son para mí. Para una camisa.

ADELA: (*con sarcasmo*) Se necesita buen humor.

MARTIRIO: (*con intención*) Para verlo yo. No necesito lucirme ante nadie.

LA PONCIA: Nadie la ve a una en camisa.

MARTIRIO: (*con intención y mirando a ADELA*) ¡A veces! Pero me encanta la ropa interior. Si fuera rica la tendría de holanda. Es uno de los pocos gustos que me quedan.

LA PONCIA: Estos encajes son preciosos para las gorras de niños, para mantehuelos de cristianar. Yo nunca pude usarlos en los míos. A ver si ahora Angustias los usa en los suyos. Como le dé por tener crías, vais a estar cosiendo mañana y tarde.

MAGDALENA: Yo no pienso dar una puntada.

AMELIA: Y mucho menos criar niños ajenos. Mira tú cómo están las vecinas del callejón, sacrificadas por cuatro monigotes.

LA PONCIA: Ésas están mejores que vosotras. ¡Siquiera allí se ríe y se oyen porrazos!

MARTIRIO: Pues vete a servir con ellas.

LA PONCIA: No. Ya me ha tocado en suerte este convento. (*Se oyen unos campanillos lejanos como a través de varios muros.*)

MAGDALENA: Son los hombres que vuelven al trabajo.

LA PONCIA: Hace un minuto dieron las tres.

MARTIRIO: ¡Con este sol!

ADELA: (*sentándose*) ¡Ay, quién pudiera salir también a los campos!

MAGDALENA: (*sentándose*) ¡Cada clase tiene que hacer lo suyo!

MARTIRIO: (*sentándose*) ¡Así es!

AMELIA: (*sentándose*) ¡Ay!

LA PONCIA: No hay alegría como la de los campos en esta época. Ayer de mañana llegaron los segadores. Cuarenta o cincuenta buenos mozos.

MAGDALENA: ¿De dónde son este año?

LA PONCIA: De muy lejos. Vinieron de los montes. ¡Alegres! ¡Como árboles quemados! ¡Dando voces y arrojando piedras! Anoche llegó al pueblo una mujer vestida de lentejuelas y que bailaba con un acordeón, y quince de ellos la contrataron para llevársela al olivar. Yo los vi de lejos. El que la contrataba era un muchacho de ojos verdes, apretado como una gavilla de trigo.

AMELIA: ¿Es eso cierto?

ADELA: ¡Pero es posible!

LA PONCIA: Hace años vino otra de éstas y yo misma di dinero a mi hijo mayor para que fuera. Los hombres necesitan estas cosas.

ADELA: Se les perdona todo.

AMELIA: Nacer mujer es el mayor castigo.

MAGDALENA: Y ni nuestros ojos siquiera nos pertencen. (*Se oye un cantar lejano que se va acercando.*)

LA PONCIA: Son ellos. Traen unos cantos preciosos.

AMELIA: Ahora salen a segar.

CORO: Ya salen los segadores

en busca de las espigas;

se llevan los corazones

de las muchachas que miran.

(*Se oyen panderos y carrañacas. Pausa. Todas oyen en un silencio traspasado por el sol.*)

AMELIA: ¡Y no les importa el calor!

MARTIRIO: Siegan entre llamaradas.

ADELA: Me gustaría segar para ir y venir. Así se olvida lo que nos muerde.

MARTIRIO: ¿Qué tienes tú que olvidar?

ADELA: Cada una sabe sus cosas.

MARTIRIO: (*profunda*) ¡Cada una!

LA PONCIA: ¡Callar! ¡Callar!

CORO: (*muy lejano*)

   Abrir puertas y ventanas,

   las que vivís en el pueblo,

   el segador pide rosas

   para adornar su sombrero.

LA PONCIA: ¡Qué canto!

MARTIRIO: (*con nostalgia*)

   Abrir puertas y ventanas

   las que vivís en el pueblo...

ADELA: (con pasión)

...el segador pide rosas

para adornar el sombrero.

(Se va alejando el cantar.)

LA PONCIA: Ahora dan vuelta a la esquina.

ADELA: Vamos a verlos por la ventana de mi cuarto.

LA PONCIA: Tened cuidado con no entreabrirla mucho, porque son capaces de dar un empujón para ver quién mira.

(Se van las tres, MARTIRIO queda sentada en la silla baja con la cabeza entre las manos.)

AMELIA: (acercándose) ¿Qué te pasa?

MARTIRIO: Me sienta mal el calor.

AMELIA: ¿No es más que eso?

MARTIRIO: Estoy deseando que llegue noviembre, los días de lluvias, la escarcha, todo lo que no sea este verano interminable.

AMELIA: Ya pasará y volverá otra vez.

MARTIRIO: ¡Claro! (pausa) ¿A qué hora te dormiste anoche?

AMELIA: No sé. Yo duermo como un tronco. ¿Por qué?

MARTIRIO: Por nada, pero me pareció oír gente en el corral.

AMELIA: ¿Sí?

MARTIRIO: Muy tarde.

AMELIA: ¿Y no tuviste miedo?

MARTIRIO: No. Ya lo he oído otras noches.

AMELIA: Debiéramos tener cuidado. ¿No serían los gañanes?

MARTIRIO: Los gañanes llegan a las seis.

AMELIA: Quizá una mulilla sin desbravar.

MARTIRIO: (entre dientes y llena de segunda intención) Eso, ¡eso!, una mulilla sin desbravar.

AMELIA: ¡Hay que prevenir!

MARTIRIO: No. No. No digas nada, puede ser un barrunto mío.

AMELIA: Quizás. (*Pausa.* AMELIA *inicia el mutis.*)

MARTIRIO: Amelia.

AMELIA: (*en la puerta*) ¿Qué? (*pausa*)

MARTIRIO: Nada. (*pausa*)

AMELIA: ¿Por qué me llamaste? (*pausa*)

MARTIRIO: Se me escapó. Fue sin darme cuenta. (*pausa*)

AMELIA: Acuéstate un poco.

ANGUSTIAS: (*Entrando furiosa en escena, de modo que haya un gran contraste con los silencios anteriores.*) ¿Dónde está el retrato de Pepe que tenía yo debajo de mi almohada? ¿Quién de vosotras lo tiene?

MARTIRIO: Ninguna.

AMELIA: Ni que Pepe fuera un San Bartolomé de plata.

ANGUSTIAS: ¿Dónde está el retrato? (*Entran* LA PONCIA, MAGDALENA *y* ADELA.)

ADELA: ¿Qué retrato?

ANGUSTIAS: Una de vosotras me lo ha escondido.

MAGDALENA: ¿Tienes la desvergüenza de decir esto?

ANGUSTIAS: Estaba en mi cuarto y ya no está.

MARTIRIO: ¿Y no se habrá escapado a medianoche al corral? A Pepe le gusta andar con la luna.

ANGUSTIAS: ¡No me gastes bromas! Cuando venga se lo contaré.

LA PONCIA: ¡Eso no, porque aparecerá! (*mirando a* ADELA)

ANGUSTIAS: ¡Me gustaría saber cuál de vosotras lo tiene!

ADELA: (*mirando a* MARTIRIO) ¡Alguna! ¡Todas menos yo!

MARTIRIO: (*con intención*) ¡Desde luego!

BERNARDA: (*entrando*) ¡Qué escándalo es éste en mi casa y en el silencio del peso del calor! Estarán las vecinas con el oído pegado a los tabiques.

ANGUSTIAS: Me han quitado el retrato de mi novio.

BERNARDA: (*fiera*) ¿Quién? ¿Quién?

ANGUSTIAS: ¡...Éstas!

BERNARDA: ¿Cuál de vosotras? (*silencio*) ¡Contestarme! (*Silencio. A LA PONCIA.*) Registra los cuartos, mira por las camas. ¡Esto tiene no ataros más cortas! ¡Pero me vais a soñar! (*a ANGUSTIAS*) ¿Estás segura?

ANGUSTIAS: Sí.

BERNARDA: ¿Lo has buscado bien?

ANGUSTIAS: Sí, madre. (*Todas están de pie en medio de un embarazoso silencio.*)

BERNARDA: Me hacéis al final de mi vida beber el veneno más amargo que una madre puede resistir. (*a LA PONCIA*) ¿No lo encuentras?

LA PONCIA: (*saliendo*) Aquí está.

BERNARDA: ¿Dónde lo has encontrado?

LA PONCIA: Estaba...

BERNARDA: Dilo sin temor.

LA PONCIA: (*extrañada*) Entre las sábanas de la cama de Martirio.

BERNARDA: (*a MARTIRIO*) ¿Es verdad?

MARTIRIO: ¡Es verdad!

BERNARDA: (*avanzando y golpeándola*) Mala puñalada te den. ¡Mosca muerta! ¡Sembradura de vidrios!

MARTIRIO: (*fiera*) ¡No me pegue usted, madre!

BERNARDA: ¡Todo lo que quiera!

MARTIRIO: ¡Si yo la dejo! ¿Lo oye? ¡Retírese usted!

LA PONCIA: No faltes a tu madre.

ANGUSTIAS: (*cogiendo a* BERNARDA) Déjala. ¡Por favor!

BERNARDA: Ni lágrimas te quedan en esos ojos.

MARTIRIO: No voy a llorar para darle gusto.

BERNARDA: ¿Por qué has cogido el retrato?

MARTIRIO: ¿Es que yo no puedo gastar una broma a mi hermana? ¿Para qué lo iba a querer?

ADELA: (*saltando llena de celos*) No ha sido broma, que tú nunca has gustado jamás de juegos. Ha sido otra cosa que te reventaba en el pecho por querer salir. Dilo ya claramente.

MARTIRIO: ¡Calla y no me hagas hablar, que si hablo se van a juntar las paredes unas con otras de vergüenza!

ADELA: ¡La mala lengua no tiene fin para inventar!

BERNARDA: ¡Adela!

MAGDALENA: Estáis locas.

AMELIA: Y nos apedreáis con malos pensamientos.

MARTIRIO: Otras hacen cosas más malas.

ADELA: Hasta que se pongan en cueros de una vez y se las lleve el río.

BERNARDA: ¡Perversa!

ANGUSTIAS: Yo no tengo la culpa de que Pepe el Romano se haya fijado en mí.

ADELA: ¡Por tus dineros!

ANGUSTIAS: ¡Madre!

BERNARDA: ¡Silencio!

MARTIRIO: Por tus marjales y tus arboledas.

MAGDALENA: ¡Eso es lo justo!

BERNARDA: ¡Silencio digo! Yo veía la tormenta venir, pero no creía que estallara tan pronto. ¡Ay, qué pedrisco de odio habéis echado sobre mi corazón! Pero todavía no soy anciana y tengo cinco cadenas para vosotras y esta casa levantada por mi padre para que ni las hierbas se enteren de mi desolación. ¡Fuera de aquí! (*Salen. BERNARDA se sienta desolada. LA PONCIA está de pie arrimada a los muros. BERNARDA reacciona, da un golpe en el suelo y dice:*) ¡Tendré que sentarles la mano! Bernarda: acuérdate que ésta es tu obligación.

LA PONCIA: ¿Puedo hablar?

BERNARDA: Habla. Siento que hayas oído. Nunca está bien una extraña en el centro de la familia.

LA PONCIA: Lo visto, visto está.

BERNARDA: Angustias tiene que casarse en seguida.

LA PONCIA: Claro, hay que retirarla de aquí.

BERNARDA: No a ella. ¡A él!

LA PONCIA: Claro. A él hay que alejarlo de aquí. Piensas bien.

BERNARDA: No pienso. Hay cosas que no se pueden ni se deben pensar. Yo ordeno.

LA PONCIA: ¿Y tú crees que él querrá marcharse?

BERNARDA: (*levantándose*) ¿Qué imagina tu cabeza?

LA PONCIA: Él, ¡claro!, se casará con Angustias.

BERNARDA: Habla, te conozco demasiado para saber que ya me tienes preparada la cuchilla.

LA PONCIA: Nunca pensé que se llamara asesinato al aviso.

BERNARDA: ¿Me tienes que prevenir algo?

LA PONCIA: Yo no acuso, Bernarda. Yo sólo te digo: abre los ojos y verás.

BERNARDA: ¿Y verás qué?

LA PONCIA: Siempre has sido lista. Has visto lo malo de las gentes a cien leguas; muchas veces creí que adivinabas los pensamientos. Pero los hijos son los hijos. Ahora estás ciega.

BERNARDA: ¿Te refieres a Martirio?

LA PONCIA: Bueno, a Martirio... (*con curiosidad*) ¿Por qué habrá escondido el retrato?

BERNARDA: (*queriendo ocultar a su hija*) Después de todo, ella dice que ha sido una broma. ¿Qué otra cosa puede ser?

LA PONCIA: ¿Tú lo crees así? (*con sorna*)

BERNARDA: (*enérgica*) No lo creo. ¡Es así!

LA PONCIA: Basta. Se trata de lo tuyo. Pero si fuera la vecina de enfrente, ¿qué sería?

BERNARDA: Ya empiezas a sacar la punta del cuchillo.

LA PONCIA: (*siempre con crueldad*) Bernarda: aquí pasa una cosa muy grande. Yo no te quiero echar la culpa, pero tú no has dejado a tus hijas libres. Martirio es enamoradiza, digas lo que tú quieras. ¿Por qué no la dejaste casar con Enrique Humanas? ¿Por qué el mismo día que iba a venir a la ventana le mandaste recado que no viniera?

BERNARDA: ¡Y lo haría mil veces! ¡Mi sangre no se junta con la de los Humanas mientras yo viva! Su padre fue gañán.

LA PONCIA: ¡Y así te va a ti con esos humos!

BERNARDA: Los tengo porque puedo tenerlos. Y tú no los tienes porque sabes muy bien cuál es tu origen.

LA PONCIA: (*con odio*) No me lo recuerdes. Estoy ya vieja. Siempre agradecí tu protección.

BERNARDA: (*crecida*) ¡No lo parece!

LA PONCIA: (*con odio envuelto en suavidad*) A Martirio se le olvidará esto.

BERNARDA: Y si no lo olvida peor para ella. No creo que ésta sea la «cosa muy grande» que aquí pasa. Aquí no pasa nada. ¡Eso quisieras tú! Y si pasa algún día, estate segura que no traspasará las paredes.

LA PONCIA: Eso no lo sé yo. En el pueblo hay gentes que leen también de lejos los pensamientos escondidos.

BERNARDA: ¡Cómo gozarías de vernos a mí y a mis hijas camino del lupanar!

LA PONCIA: ¡Nadie puede conocer su fin!

BERNARDA: ¡Yo sí sé mi fin! ¡Y el de mis hijas! El lupanar se queda para alguna mujer ya difunta.

LA PONCIA: ¡Bernarda, respeta la memoria de mi madre!

BERNARDA: ¡No me persigas tú con tus malos pensamientos!

(*pausa*)

LA PONCIA: Mejor será que no me meta en nada.

BERNARDA: Eso es lo que debías hacer. Obrar y callar a todo. Es la obligación de los que viven a sueldo.

LA PONCIA: Pero no se puede. ¿A ti no te parece que Pepe estaría mejor casado con Martirio o..., ¡sí!, con Adela?

BERNARDA: No me parece.

LA PONCIA: Adela. ¡Ésa es la verdadera novia del Romano!

BERNARDA: Las cosas no son nunca a gusto nuestro.

LA PONCIA: Pero les cuesta mucho trabajo desviarse de la verdadera inclinación. A mí me parece mal que Pepe esté con Angustias, y a las gentes, y hasta al aire. ¡Quién sabe si se saldrán con la suya!

BERNARDA: ¡Ya estamos otra vez!... Te deslizas para llenarme de malos sueños. Y no quiero entenderte, porque si llegara al alcance de todo lo que dices te tendría que arañar.

LA PONCIA: ¡No llegará la sangre al río!

BERNARDA: Afortunadamente mis hijas me respetan y jamás torcieron mi voluntad.

LA PONCIA: ¡Eso sí! Pero en cuanto las dejes sueltas se te subirán al tejado.

BERNARDA: ¡Ya las bajaré tirándoles cantos!

LA PONCIA: ¡Desde luego eres la más valiente!

BERNARDA: ¡Siempre gasté sabrosa pimienta!

LA PONCIA: ¡Pero lo que son las cosas! A su edad. ¡Hay que ver el entusiasmo de Angustias con su novio! ¡Y él también parece muy picado! Ayer me contó mi hijo mayor que a las cuatro y media de la madrugada, que pasó por la calle con la yunta, estaban hablando todavía.

BERNARDA: ¡A las cuatro y media!

ANGUSTIAS: (*saliendo*) ¡Mentira!

LA PONCIA: Eso me contaron.

BERNARDA: (*a ANGUSTIAS*) ¡Habla!

ANGUSTIAS: Pepe lleva más de una semana marchándose a la una. Que Dios me mate si miento.

MARTIRIO: (*saliendo*) Yo también lo sentí marcharse a las cuatro.

BERNARDA: Pero ¿lo viste con tus ojos?

MARTIRIO: No quise asomarme. ¿No habláis ahora por la ventana del callejón?

ANGUSTIAS: Yo hablo por la ventana de mi dormitorio.

(*Aparece ADELA en la puerta.*)

«Muchacha sentada vista por atrás», Salvador Dalí

MARTIRIO: Entonces...

BERNARDA: ¿Qué es lo que pasa aquí?

LA PONCIA: ¡Cuida de enterarte! Pero, desde luego, Pepe estaba a las cuatro de la madrugada en una reja de tu casa.

BERNARDA: ¿Lo sabes seguro?

LA PONCIA: Seguro no se sabe nada en esta vida.

ADELA: Madre, no oiga usted a quien nos quiere perder a todas.

BERNARDA: ¡Yo sabré enterarme! Si las gentes del pueblo quieren levantar falsos testimonios, se encontrarán con mi pedernal. No se hable de este asunto. Hay a veces una ola de fango que levantan los demás para perdernos.

MARTIRIO: A mí no me gusta mentir.

LA PONCIA: Y algo habrá.

BERNARDA: No habrá nada. Nací para tener los ojos abiertos. Ahora vigilaré sin cerrarlos ya hasta que me muera.

ANGUSTIAS: Yo tengo derecho de enterarme.

BERNARDA: Tú no tienes derecho más que a obedecer. Nadie me traiga ni me lleve. (*a* LA PONCIA) Y tú te metes en los asuntos de tu casa. ¡Aquí no se vuelve a dar un paso sin que yo lo sienta!

CRIADA: (*entrando*) En lo alto de la calle hay un gran gentío y todos los vecinos están en sus puertas.

BERNARDA: (*a* LA PONCIA) ¡Corre a enterarte de lo que pasa! (*LAS MUJERES corren para salir.*) ¿Dónde vais? Siempre os supe mujeres ventaneras y rompedoras de su luto. ¡Vosotras, al patio! (*Salen y sale* BERNARDA. *Se oyen rumores lejanos. Entran* MARTIRIO *y* ADELA, *que se quedan escuchando y sin atreverse a dar un paso más de la puerta de salida.*)

MARTIRIO: Agradece a la casualidad que no desaté mi lengua.

ADELA: También hubiera hablado yo.

MARTIRIO: ¿Y qué ibas a decir? ¡Querer no es hacer!

ADELA: Hace la que puede y la que se adelanta. Tú querías, pero no has podido.

MARTIRIO: No seguirás mucho tiempo.

ADELA: ¡Lo tendré todo!

MARTIRIO: Yo romperé tus abrazos.

ADELA: (*suplicante*) ¡Martirio, déjame!

MARTIRIO: ¡De ninguna!

ADELA: ¡Él me quiere para su casa!

MARTIRIO: ¡He visto cómo te abrazaba!

ADELA: Yo no quería. He sido como arrastrada por una maroma.

MARTIRIO: ¡Primero muerta! (*Se asoman* MAGDALENA *y* ANGUSTIAS. *Se siente crecer el tumulto.*)

LA PONCIA: (*entrando con* BERNARDA) ¡Bernarda!

BERNARDA: ¿Qué ocurre?

LA PONCIA: La hija de la Librada, la soltera, tuvo un hijo no se sabe con quién.

ADELA: ¿Un hijo?

LA PONCIA: Y para ocultar su vergüenza lo mató y lo metió debajo de unas piedras, pero unos perros con más corazón que muchas criaturas lo sacaron, y como llevados por la mano de Dios lo han puesto en el tranco de su puerta. Ahora la quieren matar. La traen arrastrando por la calle abajo, y por las trochas y los terrenos del olivar vienen los hombres corriendo, dando unas voces que estremecen los campos.

BERNARDA: Sí, que vengan todos con varas de olivo y mangos de azadones, que vengan todos para matarla.

ADELA: No, no. Para matarla, no.

MARTIRIO: Sí, y vamos a salir también nosotras.

BERNARDA: Y que pague la que pisotea la decencia. (*Fuera se oye un grito de mujer y un gran rumor.*)

ADELA: ¡Que la dejen escapar! ¡No salgáis vosotras!

MARTIRIO: (*mirando a* ADELA) ¡Que pague lo que debe!

BERNARDA: (*Bajo el arco.*) ¡Acabad con ella antes que lleguen los guardias! ¡Carbón ardiendo en el sitio de su pecado!

ADELA: (*cogiéndose el vientre*) ¡No! ¡No!

BERNARDA: ¡Matadla! ¡Matadla!

Telón

C. **Familiaricémonos con un personaje.** Trabajando con el mismo grupo con el que iniciaste el análisis de un personaje en el primer acto, continúen desarrollando sus diagramas. Recuerden que cada estudiante debe hacer sus propias anotaciones.

D. **Diagrama «mente abierta».** Trabajen en parejas y discutan las inquietudes, los deseos y las preocupaciones de Adela y La Poncia en este segundo acto.

- Cada uno de ustedes utilizará un diagrama «mente abierta» como el que aparece a continuación para representar lo que está pensando o sintiendo uno de estos dos personajes.
- Utilicen dibujos, símbolos, palabras y citas del libro.

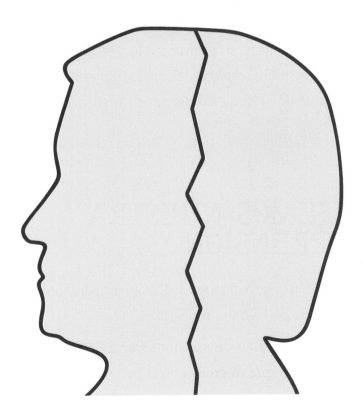

E. Lectura dramatizada. Algunos estudiantes seleccionados por el (la) maestro(a), harán la lectura dramatizada del segundo acto.

F. Análisis. Responde a las siguientes preguntas con oraciones completas.

1. Si Bernarda fuera un cuerpo de agua, ¿sería un arroyo, una cascada u otro? Explica tu respuesta.

2. Si Adela fuera un elemento natural, ¿sería la nieve, el viento u otro? Explica tu respuesta.

3. ¿Cuál de los personajes se parece más a ti en su manera de ser? Explica tu respuesta.

APUNTES LITERARIOS

EL SOLILOQUIO

Un soliloquio es un discurso pronunciado por un personaje cuando está solo en el escenario. El soliloquio permite al público enterarse de lo que está pensando o sintiendo el personaje.

AMPLIEMOS NUESTRA COMPRENSIÓN

G. Escritura de un soliloquio. Escoge al personaje que más te ha impresionado hasta el momento.

■ Utiliza un diagrama de «mente abierta» para anotar tus ideas sobre lo que tú crees que el personaje está sintiendo y pensando.

■ Organiza tus ideas en forma de un monólogo.

■ El (La) maestro(a) pedirá a algunos estudiantes que dramaticen sus soliloquios.

H. Grupo de discusión. El segundo acto termina con un episodio muy dramático y conmovedor.

- En sus grupos recuenten dicho episodio.
- Luego discutan las siguientes preguntas.

1. ¿Por qué se considera que un embarazo es responsabilidad exclusiva de la mujer?

2. ¿Cómo se justifica que las mismas mujeres tengan interés en que se linche a la madre soltera antes que llegue la policía en lugar de tratar de ayudarla?

3. Comenten la actitud de los hombres frente a este evento terrible. Si tú hubieras sido parte de esta multitud, ¿cómo crees que hubieras reaccionado?

4. ¿Crees que es posible que un pueblo actual reaccione de manera similar frente a un embarazo fuera del matrimonio?

EXPLOREMOS EL LENGUAJE

LAS ORACIONES PASIVAS

Las **oraciones pasivas** se parecen a las oraciones reflexivas en que el sujeto recibe la acción. Sin embargo, en las oraciones reflexivas el sujeto desempeña la acción que él (ella) mismo(a) recibe, mientras que en la oración pasiva es un agente, nombrado o no, quien realiza la acción. Las **oraciones pasivas** se construyen con el pronombre **se** y un verbo. Fíjate en estos ejemplos del segundo acto de *La casa de Bernarda Alba*.

- «¡Siquiera allí se ríe y **se oyen** porrazos!»
- «Seguro no **se sabe** nada en esta vida.»
- «No **se hable** de otro asunto.»

También hay oraciones pasivas que se construyen con el **verbo en voz pasiva:** *ser* + **participio pasado.** Los mismos ejemplos del texto, por lo tanto, se escribirían en voz pasiva de la siguiente manera.

- Siquiera allí se ríe y porrazos **son oídos.**
- No **es sabido** nada en esta vida.
- Este asunto no **es tratado** por nada.

I. **Las reglas de Bernarda.** Escribe cinco reglas impuestas por Bernarda utilizando oraciones **pasivas** como en el modelo.

> MODELO: Se guardará el luto durante ocho años.

CREEMOS LITERATURA

J **Descripción del personaje.** Pepe el Romano es un personaje clave de *La casa de Bernarda Alba*. Sin embargo, nunca aparece. ¿Cómo sería? ¿Qué pensamientos tendría? Escribe una descripción de Pepe el Romano. Incluye:

- su apariencia física
- sus pensamientos y sentimientos hacia la familia de Bernarda Alba

K. **Diálogo entre Adela y Pepe el Romano.** En el acto segundo tanto La Poncia como Martirio revelan a Adela que están al tanto de lo que pasa entre ella y Pepe el Romano. ¿Qué pasaría esa misma noche cuando él dejara la ventana de Angustias para acercarse a la de Adela? ¿Confiaría Adela en Pepe lo ocurrido o guardaría el secreto? ¿Qué cosas confiaría Pepe en Adela?

- Escribe un diálogo entre Adela y Pepe el Romano que podría haber transcurrido en la ventana en las horas de la madrugada después de los acontecimientos del segundo acto.
- Usa los ejercicios *D*, *G* y *H* para organizar tus ideas acerca del tema.

La casa de Bernarda Alba, Acto III

ALISTÉMONOS PARA LEER

La casa de Bernarda Alba, *Acto III: Cuatro paredes blancas ligeramente azuladas del patio interior de la casa de Bernarda. Es de noche. El decorado ha de ser de una perfecta simplicidad. Las puertas iluminadas por la luz de los interiores dan un tenue fulgor a la escena.*

«Magdalena arrepentida», José de Ribera

A. **Piensa, anota y comparte.**   Piensa en las siguientes
preguntas por unos segundos.

- ¿Qué crees que va a pasar en el último acto?
- ¿Cómo crees que se va a resolver la situación?
- Tendrás dos minutos para anotar tus predicciones. Luego
  comparte tus anotaciones con un(a) compañero(a).

VOCABULARIO CLAVE DEL TEXTO

Familiarízate con el vocabulario clave del texto según las
indicaciones de tu maestro(a).

letanía	acrecentar	brío	enaguas
manada	atajar	doncella	

LEAMOS ACTIVAMENTE

B. **Lectura silenciosa.**   Lee silenciosamente el último acto.

C. **Familiaricémonos con un personaje.**   Después de
terminar la lectura del tercer acto, siéntate con tus compañeros
de grupo.

- Discutan su personaje.
- Completen el diagrama que iniciaron al comienzo de la obra.

ACTO TERCERO

Cuatro paredes blancas ligeramente azuladas del patio interior de la casa de Bernarda. Es de noche. El decorado ha de ser de una perfecta simplicidad. Las puertas iluminadas por la luz de los interiores dan un tenue fulgor a la escena.

En el centro, una mesa con un quinqué, donde están comiendo BERNARDA *y sus hijas.* LA PONCIA *las sirve.* PRUDENCIA *está sentada aparte. Al levantarse el telón hay un gran silencio, interrumpido por el ruido de platos y cubiertos.*

PRUDENCIA: Ya me voy. Os he hecho una visita larga.
(Se levanta.)

BERNARDA: Espérate, mujer. No nos vemos nunca.

PRUDENCIA: ¿Han dado el último toque para el rosario?

LA PONCIA: Todavía no. *(*PRUDENCIA *se sienta.)*

BERNARDA: ¿Y tu marido cómo sigue?

PRUDENCIA: Igual.

BERNARDA: Tampoco lo vemos.

PRUDENCIA: Ya sabes sus costumbres. Desde que se peleó con sus hermanos por la herencia no ha salido por la puerta de la calle. Pone una escalera y salta las tapias y el corral.

BERNARDA: Es un verdadero hombre. ¿Y con tu hija?

PRUDENCIA: No la ha perdonado.

BERNARDA: Hace bien.

PRUDENCIA: No sé qué te diga. Yo sufro por esto.

BERNARDA: Una hija que desobedece deja de ser hija para convertirse en una enemiga.

PRUDENCIA: Yo dejo que el agua corra. No me queda más

«Jardín de vegetales con burro», Joan Miró

consuelo que refugiarme en la iglesia, pero como me estoy quedando sin vista tendré que dejar de venir para que no jueguen con una los chiquillos. (*Se oye un gran golpe en los muros.*) ¿Qué es eso?

BERNARDA: El caballo garañón, que está encerrado y da coces contra el muro. (*a voces*) ¡Trabadlo y que salga al corral! (*en voz baja*) Debe tener calor.

PRUDENCIA: ¿Vais a echarle las potras nuevas?

BERNARDA: Al amanecer.

PRUDENCIA: Has sabido acrecentar tu ganado.

BERNARDA: A fuerza de dinero y sinsabores.

LA PONCIA: (*interrumpiendo*) Pero tiene la mejor manada de estos contornos. Es una lástima que esté bajo de precio.

BERNARDA: ¿Quieres un poco de queso y miel?

PRUDENCIA: Estoy desganada. (*Se oye otra vez el golpe.*)

LA PONCIA: ¡Por Dios!

PRUDENCIA: Me ha retemblado dentro del pecho.

BERNARDA: (*levantándose furiosa*) ¿Hay que decir las cosas dos veces? ¡Echadlo que se revuelque en los montones de paja! (*pausa, y como hablando con los gañanes*) Pues encerrad las potras en la cuadra, pero dejadlo libre, no sea que nos eche abajo las paredes. (*Se dirige a la mesa y se sienta otra vez.*) ¡Ay, qué vida!

PRUDENCIA: Bregando como un hombre.

BERNARDA: Así es. (*ADELA se levanta de la mesa.*) ¿Dónde vas?

ADELA: A beber agua.

BERNARDA: (*en voz alta*) Trae un jarro de agua fresca. (*a ADELA*) Puedes sentarte. (*ADELA se sienta.*)

PRUDENCIA: Y Angustias, ¿cuándo se casa?

BERNARDA: Vienen a pedirla dentro de tres días.

PRUDENCIA: ¡Estarás contenta!

ANGUSTIAS: ¡Claro!

AMELIA: (*a* MAGDALENA) Ya has derramado la sal.

MAGDALENA: Peor suerte que tienes no vas a tener.

AMELIA: Siempre trae mala sombra.

BERNARDA: ¡Vamos!

PRUDENCIA: (*a* ANGUSTIAS) ¿Te ha regalado ya el anillo?

ANGUSTIAS: Mírelo usted. (*Se lo alarga.*)

PRUDENCIA: Es precioso. Tres perlas. En mi tiempo las perlas significaban lágrimas.

ANGUSTIAS: Pero ya las cosas han cambiado.

ADELA: Yo creo que no. Las cosas significan siempre lo mismo. Los anillos de pedida deben ser de diamantes.

PRUDENCIA: Es más propio.

BERNARDA: Con perlas o sin ellas, las cosas son como uno se las propone.

MARTIRIO: O como Dios dispone.

PRUDENCIA: Los muebles me han dicho que son preciosos.

BERNARDA: Dieciséis mil reales he gastado.

LA PONCIA: (*interviniendo*) Lo mejor es el armario de luna.

PRUDENCIA: Nunca vi un mueble de éstos.

BERNARDA: Nosotras tuvimos arca.

PRUDENCIA: Lo preciso es que todo sea para bien.

ADELA: Nunca se sabe.

BERNARDA: No hay motivo para que no lo sea. (*Se oyen lejanísimas unas campanas.*)

PRUDENCIA: El último toque. (*a* ANGUSTIAS) Ya vendré a que me enseñes la ropa.

ANGUSTIAS: Cuando usted quiera.

PRUDENCIA: Buenas noches nos dé Dios.

BERNARDA: Adiós, Prudencia.

LAS CINCO A LA VEZ: Vaya usted con Dios. (*Pausa. Sale PRUDENCIA.*)

BERNARDA: Ya hemos comido. (*Se levantan.*)

ADELA: Voy a llegarme hasta el portón para estirar las piernas y tomar un poco de fresco. (*MAGDALENA se sienta en una silla baja retrepada contra la pared.*)

AMELIA: Yo voy contigo.

MARTIRIO: Y yo.

ADELA: (*con odio contenido*) No me voy a perder.

AMELIA: La noche quiere compañía. (*Salen.*)

(*BERNARDA se sienta y ANGUSTIAS está arreglando la mesa.*)

BERNARDA: Ya te he dicho que quiero que hables con tu hermana Martirio. Lo que pasó del retrato fue una broma y lo debes olvidar.

ANGUSTIAS: Usted sabe que ella no me quiere.

BERNARDA: Cada uno sabe lo que piensa por dentro. Yo no me meto en los corazones, pero quiero buena fachada y armonía familiar. ¿Lo entiendes?

ANGUSTIAS: Sí.

BERNARDA: Pues ya está.

MAGDALENA: (*casi dormida*) Además, ¡si te vas a ir antes de nada! (*Se duerme.*)

ANGUSTIAS: Tarde me parece.

BERNARDA: ¿A qué hora terminaste anoche de hablar?

ANGUSTIAS: A las doce y media.

BERNARDA: ¿Qué cuenta Pepe?

ANGUSTIAS: Yo lo encuentro distraído. Me habla siempre como pensando en otra cosa. Si le pregunto qué le pasa, me contesta: «Los hombres tenemos nuestras preocupaciones.»

BERNARDA: No le debes preguntar. Y cuando te cases, menos. Habla si él habla y míralo cuando te mire. Así no tendrás disgustos.

ANGUSTIAS: Yo creo, madre, que él me oculta muchas cosas.

BERNARDA: No procures descubrirlas, no le preguntes y, desde luego, que no te vea llorar jamás.

ANGUSTIAS: Debía estar contenta y no lo estoy.

BERNARDA: Eso es lo mismo.

ANGUSTIAS: Muchas veces miro a Pepe con mucha fijeza y se me borra a través de los hierros, como si lo tapara una nube de polvo de las que levantan los rebaños.

BERNARDA: Eso son cosas de debilidad.

ANGUSTIAS: ¡Ojalá!

BERNARDA: ¿Viene esta noche?

ANGUSTIAS: No. Fue con su madre a la capital.

BERNARDA: Así nos acostaremos antes. ¡Magdalena!

ANGUSTIAS: Está dormida. (*Entran* ADELA, MARTIRIO *y* AMELIA.)

AMELIA: ¡Qué noche más oscura!

ADELA: No se ve a dos pasos de distancia.

MARTIRIO: Una buena noche para ladrones, para el que necesita escondrijo.

ADELA: El caballo garañón estaba en el centro del corral ¡blanco! Doble de grande, llenando todo lo oscuro.

AMELIA: Es verdad. Daba miedo. Parecía una aparición.

ADELA: Tiene el cielo unas estrellas como puños.

MARTIRIO: Ésta se puso a mirarlas de modo que se iba a tronchar el cuello.

ADELA: ¿Es que no te gustan a ti?

MARTIRIO: A mí las cosas de tejas arriba no me importan nada. Con lo que pasa dentro de las habitaciones tengo bastante.

ADELA: Así te va a ti.

BERNARDA: A ella le va en lo suyo como a ti en lo tuyo.

ANGUSTIAS: Buenas noches.

ADELA: ¿Ya te acuestas?

ANGUSTIAS: Sí. Esta noche no viene Pepe. (*Sale.*)

ADELA: Madre, ¿por qué cuando se corre una estrella o luce un relámpago se dice:

«Santa Bárbara bendita,

que en el cielo estás escrita

con papel y agua bendita»?

BERNARDA: Los antiguos sabían muchas cosas que hemos olvidado.

AMELIA: Yo cierro los ojos para no verlas.

ADELA: Yo, no. A mí me gusta ver correr lleno de lumbre lo que está quieto y quieto años enteros.

MARTIRIO: Pero estas cosas nada tienen que ver con nosotros.

BERNARDA: Y es mejor no pensar en ellas.

ADELA: ¡Qué noche más hermosa! Me gustaría quedarme hasta muy tarde para disfrutar el fresco del campo.

BERNARDA: Pero hay que acostarse. ¡Magdalena!

AMELIA: Está en el primer sueño.

BERNARDA: ¡Magdalena!

«La costurera», Diego Velázquez

MAGDALENA: (*disgustada*) ¡Déjame en paz!

BERNARDA: ¡A la cama!

MAGDALENA: (*levantándose malhumorada*) ¡No la dejáis a una tranquila! (*Se va refunfuñando.*)

AMELIA: Buenas noches. (*Se va.*)

BERNARDA: Andar vosotras también.

MARTIRIO: ¿Cómo es que esta noche no viene el novio de Angustias?

BERNARDA: Fue de viaje.

MARTIRIO: (*mirando a* ADELA) ¡Ah!

ADELA: Hasta mañana. (*Sale.*)

(MARTIRIO *bebe agua y sale lentamente, mirando hacia la puerta del corral.*)

LA PONCIA: (*saliendo*) ¿Estás todavía aquí?

BERNARDA: Disfrutando este silencio y sin lograr ver por parte alguna «la cosa tan grande» que aquí pasa, según tú.

LA PONCIA: Bernarda, dejemos esa conversación.

BERNARDA: En esta casa no hay ni un sí ni un no. Mi vigilancia lo puede todo.

LA PONCIA: No pasa nada por fuera. Eso es verdad. Tus hijas están y viven como metidas en alacenas. Pero ni tú ni nadie puede vigilar por el interior de los pechos.

BERNARDA: Mis hijas tienen la respiración tranquila.

LA PONCIA: Esto te importa a ti, que eres su madre. A mí, con servir tu casa tengo bastante.

BERNARDA: Ahora te has vuelto callada.

LA PONCIA: Me estoy en mi sitio, y en paz.

BERNARDA: Lo que pasa es que no tienes nada que decir. Si en esta casa hubiera hierbas ya te encargarías de traer a pastar las ovejas del vecindario.

LA PONCIA: Yo tapo más de lo que te figuras.

BERNARDA: ¿Sigue tu hijo viendo a Pepe a las cuatro de la mañana? ¿Siguen diciendo todavía la mala letanía de esta casa?

LA PONCIA: No dicen nada.

BERNARDA: Porque no pueden. Porque no hay carne donde morder. A la vigilancia de mis ojos se debe esto.

LA PONCIA: Bernarda, yo no quiero hablar porque temo tus intenciones. Pero no estés segura.

BERNARDA: ¡Segurísima!

LA PONCIA: A lo mejor, de pronto, cae un rayo. A lo mejor, de pronto, un golpe te para el corazón.

BERNARDA: Aquí no pasa nada. Yo estoy alerta contra tus suposiciones.

LA PONCIA: Pues mejor para ti.

BERNARDA: ¡No faltaba más!

CRIADA: (*entrando*) Ya terminé de fregar los platos. ¿Manda usted algo, Bernarda?

BERNARDA: (*levantándose*) Nada. Voy a descansar.

LA PONCIA: ¿A qué hora quieres que te llame?

BERNARDA: A ninguna. Esta noche voy a dormir bien. (*Se va.*)

LA PONCIA: Cuando una no puede con el mar lo más fácil es volver las espaldas para no verlo.

CRIADA: Es tan orgullosa que ella misma se pone una venda en los ojos.

LA PONCIA: Yo no puedo hacer nada. Quise atajar las cosas, pero ya me asustan demasiado. ¿Tú ves este silencio? Pues hay una tormenta en cada cuarto. El día que estallen nos barrerán a todos. Yo he dicho lo que tenía que decir.

CRIADA: Bernarda cree que nadie puede con ella y no sabe la fuerza que tiene un hombre entre mujeres solas.

LA PONCIA: No es toda la culpa de Pepe el Romano. Es verdad que el año pasado anduvo detrás de Adela y estaba loca por él, pero ella debió estarse en su sitio y no provocarlo. Un hombre es un hombre.

CRIADA: Hay quien cree que habló muchas veces con Adela.

LA PONCIA: Es verdad. (*en voz baja*) Y otras cosas.

CRIADA: No sé lo que va a pasar aquí.

LA PONCIA: A mí me gustaría cruzar el mar y dejar esta casa de guerra.

CRIADA: Bernarda está aligerando la boda y es posible que nada pase.

LA PONCIA: Las cosas se han puesto ya demasiado maduras. Adela está decidida a lo que sea y las demás vigilan sin descanso.

CRIADA: ¿Y Martirio también?

LA PONCIA: Ésa es la peor. Es un pozo de veneno. Ve que el Romano no es para ella y hundiría el mundo si estuviera en su mano.

CRIADA: ¡Es que son malas!

LA PONCIA: Son mujeres sin hombre, nada más. En estas cuestiones se olvida hasta la sangre. ¡Chisss! (*Escucha.*)

CRIADA: ¿Qué pasa?

LA PONCIA: (*Se levanta.*) Están ladrando los perros.

CRIADA: Debe haber pasado alguien por el portón. (*Sale* ADELA *en enaguas blancas y corpiño.*)

LA PONCIA: ¿No te habías acostado?

ADELA: Voy a beber agua. (*Bebe en un vaso de la mesa.*)

LA PONCIA: Yo te suponía dormida.

ADELA: Me despertó la sed. Y vosotras, ¿no descansáis?

CRIADA: Ahora. (*Sale* ADELA.)

LA PONCIA: Vámonos.

CRIADA: Ganado tenemos el sueño. Bernarda no me deja descansar en todo el día.

LA PONCIA: Llévate la luz.

CRIADA: Los perros están como locos.

LA PONCIA: No nos van a dejar dormir. (*Salen.*)

(*La escena queda casi a oscuras. Sale* MARÍA JOSEFA *con una oveja en los brazos.*)

MARÍA JOSEFA:

Ovejita, niño mío,

vámonos a la orilla del mar.

La hormiguita estará en su puerta,

yo te daré la teta y el pan.

Bernarda,

cara de leoparda.

Magdalena,

cara de hiena.

¡Ovejita!

Meee, meeee.

Vamos a los ramos del portal de Belén.

Ni tú ni yo queremos dormir;
la puerta sola se abrirá
y en la playa nos meteremos
en una choza de coral.

Bernarda,
cara de leoparda.
Magdalena,
cara de hiena.
¡Ovejita!
Meee, meeee.
Vamos a los ramos del portal de Belén. (*Se van cantando.*)

(*Entra* ADELA. *Mira a un lado y otro con sigilo y desaparece por la puerta del corral. Sale* MARTIRIO *por otra puerta y queda en angustioso acecho en el centro de la escena. También va en enaguas. Se cubre con un pequeño mantón negro de talle. Sale por enfrente de ella* MARÍA JOSEFA.)

MARTIRIO: Abuela, ¿dónde va usted?

MARÍA JOSEFA: ¿Vas a abrirme la puerta? ¿Quién eres tú?

MARTIRIO: ¿Cómo está aquí?

MARÍA JOSEFA: Me escapé. ¿Tú quién eres?

MARTIRIO: Vaya a acostarse.

MARÍA JOSEFA: Tú eres Martirio, ya te veo. Martirio, cara de Martirio. ¿Y cuándo vas a tener un niño? Yo he tenido éste.

MARTIRIO: ¿Dónde cogió esa oveja?

MARÍA JOSEFA: Ya sé que es una oveja. Pero ¿por qué una oveja no va a ser un niño? Mejor es tener una oveja que no tener nada. Bernarda, cara de leoparda. Magdalena, cara de hiena.

MARTIRIO: No dé voces.

MARÍA JOSEFA: Es verdad. Está todo muy oscuro. Como tengo el pelo blanco crees que no puedo tener crías, y sí, crías y crías y crías. Este niño tendrá el pelo blanco y tendrá otro niño y éste otro, y todos con el pelo de nieve, seremos como las olas, una y otra y otra. Luego nos sentaremos todos y todos tendremos el cabello blanco y seremos espuma. ¿Por qué aquí no hay espumas? Aquí no hay más que mantos de luto.

MARTIRIO: Calle, calle.

MARÍA JOSEFA: Cuando mi vecina tenía un niño yo le llevaba chocolate y luego ella me lo traía a mí y así siempre, siempre, siempre. Tú tendrás el pelo blanco, pero no vendrán las vecinas. Yo tengo que marcharme, pero tengo miedo que los perros me muerdan. ¿Me acompañarás tú a salir al campo? Yo quiero campo. Yo quiero casas, pero casas abiertas y las vecinas acostadas en sus camas con sus niños chiquitos y los hombres fuera sentados en sus sillas. Pepe el Romano es un gigante. Todas lo queréis. Pero él os va a devorar porque vosotras sois granos de trigo. No granos de trigo. ¡Ranas sin lengua!

MARTIRIO: Vamos. Váyase a la cama. (*La empuja.*)

MARÍA JOSEFA: Sí, pero luego tú me abrirás, ¿verdad?

MARTIRIO: De seguro.

MARÍA JOSEFA: (*llorando*)

Ovejita, niño mío,

vámonos a la orilla del mar.

La hormiguita está en su puerta,

yo te daré la teta y el pan.

(*Martirio cierra la puerta por donde ha salido María Josefa y se dirige a la puerta del corral. Allí vacila, pero avanza dos pasos más.*)

Martirio: (*en voz baja*) Adela. (*Pausa. Avance hasta la misma puerta. En voz alta.*) ¡Adela! (*Aparece Adela. Viene un poco despeinada.*)

Adela: ¿Por qué me buscas?

Martirio: ¡Deja a ese hombre!

Adela: ¿Quién eres tú para decírmelo?

Martirio: No es ése el sitio de una mujer honrada.

Adela: ¡Con qué ganas te has quedado de ocuparlo!

Martirio: (*en voz alta*) Ha llegado el momento de que yo hable. Esto no puede seguir así.

Adela: Esto no es más que el comienzo. He tenido fuerza para adelantarme. El brío y el mérito que tú no tienes. He visto la muerte debajo de estos techos y he salido a buscar lo que era mío, lo que me pertenecía.

Martirio: Ese hombre sin alma vino por otra. Tú te has atravesado.

Adela: Vino por el dinero, pero sus ojos los puso siempre en mí.

Martirio: Yo no permitiré que lo arrebates. Él se casará con Angustias.

Adela: Sabes mejor que yo que no la quiere.

Martirio: Lo sé.

Adela: Sabes, porque lo has visto, que me quiere a mí.

Martirio: (*despechada*) Sí.

Adela: (*acercándose*) Me quiere a mí. Me quiere a mí.

MARTIRIO: Clávame un cuchillo si es tu gusto, pero no me lo digas más.

ADELA: Por eso procuras que no vaya con él. No te importa que abrace a la que no quiere; a mí, tampoco. Ya puede estar cien años con Angustias, pero que me abrace a mí se te hace terrible, porque tú lo quieres también, lo quieres.

MARTIRIO: (*dramática*) ¡Sí! Déjame decirlo con la cabeza fuera de los embozos. ¡Sí! Déjame que el pecho se me rompa como una granada de amargura. ¡Le quiero!

ADELA: (*en un arranque y abrazándola*) Martirio, Martirio, yo no tengo la culpa.

MARTIRIO: ¡No me abraces! No quieras ablandar mis ojos. Mi sangre ya no es la tuya. Aunque quisiera verte como hermana, no te miro ya más que como mujer. (*La rechaza.*)

ADELA: Aquí no hay ningún remedio. La que tenga que ahogarse que se ahogue. Pepe el Romano es mío. Él me lleva a los juncos de la orilla.

MARTIRIO: ¡No será!

ADELA: Ya no aguanto el horror de estos techos después de haber probado el sabor de su boca. Seré lo que él quiera que sea. Todo el pueblo contra mí, quemándome con sus dedos de lumbre, perseguida por los que dicen que son decentes, y me pondré la corona de espinas que tienen las que son queridas de algún hombre casado.

MARTIRIO: ¡Calla!

ADELA: Sí, sí. (*en voz baja*) Vamos a dormir, vamos a dejar que se case con Angustias, ya no me importa, pero yo me iré a una casita sola donde él me verá cuando quiera, cuando le venga en gana.

MARTIRIO: Eso no pasará mientras yo tenga una gota de sangre en el cuerpo.

ADELA: No a ti, que eres débil; a un caballo encabritado soy capaz de poner de rodillas con la fuerza de mi dedo meñique.

MARTIRIO: No levantes esa voz que me irrita. Tengo el corazón lleno de una fuerza tan mala, que, sin quererlo yo, a mí misma me ahoga.

ADELA: Nos enseñan a querer a las hermanas. Dios me ha debido dejar sola en medio de la oscuridad, porque te veo como si no te hubiera visto nunca. (*Se oye un silbido y* ADELA *corre a la puerta, pero* MARTIRIO *se le pone delante.*)

MARTIRIO: ¿Dónde vas?

ADELA: ¡Quítate de la puerta!

MARTIRIO: ¡Pasa si puedes!

ADELA: ¡Aparta! (*lucha*)

MARTIRIO: (*a voces*) ¡Madre, madre! (*Aparece* BERNARDA. *Sale en enaguas, con un mantón negro.*)

BERNARDA: Quietas, quietas. ¡Qué pobreza la mía, no poder tener un rayo entre los dedos!

MARTIRIO: (*señalando a* ADELA) ¡Estaba con él! ¡Mira esas enaguas llenas de paja de trigo!

BERNARDA: ¡Ésa es la cama de las mal nacidas! (*Se dirige furiosa hacia* ADELA.)

ADELA: (*haciéndole frente*) ¡Aquí se acabaron las voces de presidio! (ADELA *arrebata un bastón a su madre y lo parte en dos.*) Esto hago yo con la vara de la dominadora. No dé usted un paso más. En mí no manda nadie más que Pepe.

MAGDALENA: (*saliendo.*) ¡Adela! (*Salen LA PONCIA y ANGUSTIAS.*)

ADELA: Yo soy su mujer. (*a ANGUSTIAS*) Entérate tú y ve al corral a decírselo. Él dominará toda esta casa. Ahí fuera está, respirando como si fuera un león.

ANGUSTIAS: ¡Dios mío!

BERNARDA: ¡La escopeta! ¿Dónde está la escopeta? (*Sale corriendo.*)

(*Sale detrás MARTIRIO. Aparece AMELIA por el fondo, que mira aterrada con la cabeza sobre la pared.*)

ADELA: ¡Nadie podrá conmigo! (*Va a salir.*)

ANGUSTIAS: (*sujetándola*) ¡De aquí no sales tú con tu cuerpo en triunfo. ¡Ladrona! ¡Deshonra de nuestra casa!

MAGDALENA: ¡Déjala que se vaya donde no la veamos nunca más! (*Suena un disparo.*)

BERNARDA: (*entrando*) Atrévete a buscarlo ahora.

MARTIRIO: (*entrando*) Se acabó Pepe el Romano.

ADELA: ¡Pepe! ¡Dios mío! ¡Pepe! (*Sale corriendo.*)

LA PONCIA: ¿Pero lo habéis matado?

MARTIRIO: No. Salió corriendo en su jaca.

BERNARDA: No fue culpa mía. Una mujer no sabe apuntar.

MAGDALENA: ¿Por qué lo has dicho entonces?

MARTIRIO: ¡Por ella! Hubiera volcado un río de sangre sobre su cabeza.

LA PONCIA: ¡Maldita!

MAGDALENA: ¡Endemoniada!

BERNARDA: Aunque es mejor así. (*Suena un golpe.*) ¡Adela, Adela!

LA PONCIA: (*en la puerta*) ¡Abre!

BERNARDA: Abre. No creas que los muros defienden de la vergüenza.

CRIADA: (*entrando*) ¡Se han levantado los vecinos!

BERNARDA: (*en voz baja como un rugido*) ¡Abre, porque echaré abajo la puerta! (*Pausa. Todo queda en silencio.*) ¡Adela! (*Se retira de la puerta.*) ¡Trae un martillo! (*LA PONCIA da un empujón y entra. Al entrar da un grito y sale.*) ¿Qué?

LA PONCIA: (*Se lleva las manos al cuello.*) ¡Nunca tengamos ese fin!

(*Las HERMANAS se echan hacia atrás. LA CRIADA se santigua. BERNARDA da un grito y avanza.*)

LA PONCIA: ¡No entres!

BERNARDA: No. ¡Yo no! Pepe, tú irás corriendo vivo por lo oscuro de las alamedas, pero otro día caerás. ¡Descolgarla! ¡Mi hija ha muerto virgen! Llevadla a su cuarto y vestirla como una doncella. ¡Nadie diga nada! Ella ha muerto virgen. Avisad que al amanecer den dos clamores las campanas.

MARTIRIO: Dichosa ella mil veces que lo pudo tener.

BERNARDA: Y no quiero llantos. La muerte hay que mirarla cara a cara. ¡Silencio! (*a la otra HIJA*) ¡Las lágrimas cuando estés sola! Nos hundiremos todas en un mar de luto. Ella, la hija menor de Bernarda Alba, ha muerto virgen. ¿Me habéis oído? ¡Silencio, silencio he dicho! ¡Silencio!

Telón

«El novio», Jacobo Borges

D. **Lectura dramatizada.** El (La) maestro(a) seleccionará a algunos estudiantes para que hagan la lectura dramatizada del último acto.

E. **Comprensión.** Ordena las siguientes oraciones en secuencia según el último acto de *La casa de Bernarda Alba*.

1. Adela intenta escaparse al corral donde la aguarda Pepe.

2. Pensando que Pepe está muerto, Adela se ahorca.

3. La Poncia intenta avisar a Bernarda una vez más de que una desgracia se acerca.

4. Angustias confía a su madre que su noviazgo no marcha como debería.

5. Martirio se pone entre su hermana y su felicidad.

AMPLIEMOS NUESTRA COMPRENSIÓN

F. **Trayectoria del personaje.** Utilizando las anotaciones que hiciste en el diagrama de familiarización con un personaje, vas a trazar una línea que presente la trayectoria de este personaje. ¿Cómo es al comienzo de la historia, qué eventos importantes le suceden y cómo lo afectan estos hechos?

■ En la parte superior de la línea anotas los hechos concretos. Puedes usar dibujos para representar esos eventos.

■ En la parte de abajo, indicarás cómo estos hechos afectaron anímicamente al personaje. Por ejemplo, si estás haciendo la trayectoria de Magdalena, un hecho importante que le sucede al comienzo de la obra es la muerte de su padre.

■ Colocarías este suceso al comienzo de la trayectoria y en la parte de arriba.

- Debajo de la línea podrías anotar: Sufre intensamente. Ella era la única que quería a su padre.

G. **Estás en el banquillo.**   Para esta actividad vas a ponerte en el lugar del personaje que has venido estudiando en tu equipo a través de toda la obra.

- Con tus compañeros elabora dos preguntas que tu personaje le haría a cada uno de los otros siete personajes que estudiaron en los otros grupos. Éstos son: Bernarda, La Poncia, Angustias, Martirio, Magdalena, Adela, Amelia y María Josefa.

- Los cuatro estudiantes que representan al personaje pasarán al frente del salón.

- Representantes de los otros grupos les harán las preguntas que prepararon.

- Ustedes deben turnarse para ofrecer respuestas, aunque es posible que, cuando un(a) estudiante haya terminado, otros miembros del grupo agreguen información, es decir añadan algo, pero sin contradecir lo expresado por el (la) compañero(a).

H. **Carta de recomendación.**   Imagínate que un productor teatral de tu ciudad ha decidido poner en escena *La casa de Bernarda Alba* y ha abierto un concurso para seleccionar al director de la obra y a las actrices que representen los diversos papeles.

- Si eres una chica, selecciona el papel que tú crees que mejor desempeñarías y escribe una carta en la que expliques y trates de convencer al productor de que tú eres la persona indicada para representar a ese personaje. Analiza el personaje y sus requisitos dramáticos y justifica tu petición.

- Si eres un chico, escribe una carta tratando de convencer al productor de que tú serías el director indicado para dirigir la obra. Debe ser convincente y dar razones específicas.

I. **Afiche publicitario.** Con tus compañeros de grupo, deberás diseñar un cartelón publicitario anunciando el estreno de la obra.

EXPLOREMOS EL LENGUAJE

LAS ORACIONES IMPERSONALES

En las **oraciones impersonales,** el sujeto es sólo gramatical: la tercera persona del singular. Las oraciones impersonales más comunes en español son las que contienen el verbo **haber** en su forma impersonal: **hay, ha habido, habrá,** etcétera. Los verbos que indican fenómenos de la naturaleza, como **llover, nevar, anochecer,** etcétera, también son **verbos impersonales.** Considera las siguientes citas del último acto de *La casa de Bernarda Alba.*

- «¿**Hay** que decir las cosas dos veces?»
- «Porque no **hay** carne donde morder.»

- «Pues **hay** una tormenta en cada cuarto.»
- «Aquí no **hay** ningún remedio.»

J. **Práctica.** Copia las siguientes oraciones en tu cuaderno completándolas con la forma correcta del verbo **haber**.

1. En 1998 _____ numerosas representaciones de *La casa de Bernarda Alba* en celebración del centenario del nacimiento de García Lorca.

2. _____ siempre conflictos en las actitudes de los mayores y los jóvenes.

3. Para que no _____ comentarios críticos, Bernarda mandó que se amortajara a Adela como una doncella.

CREEMOS LITERATURA

K. **La lápida de Adela.** Redacta dos posibles inscripciones para la lápida de Adela Benavente Alba.

- La primera debe ser una inscripción que habría mandado Bernarda.
- La segunda será la inscripción que habría deseado Adela.

L. **Ensayo analítico.** Escribe un ensayo en que analices el papel de la tradición en *La casa de Bernarda Alba*.

- Formula tu hipótesis contestando esta pregunta: ¿Cómo influye la tradición en el desenlace catastrófico de *La casa de Bernarda Alba*?

¡Ojo! No te olvides de apoyar tu hipótesis con ejemplos específicos del texto.

CONCLUSIÓN DE LA UNIDAD

Las fuerzas de autoridad y libertad se confrontan en **La casa de Bernarda Alba** *para revelar no sólo la tragedia de Adela, sino la de todo ser humano sujeto a la represión de un desigualado sistema de valores sociales.*

FINAL DEL TRAYECTO

Hemos llegado al final de nuestras *Sendas literarias,* pero en el horizonte nos esperan más aventuras.

SÍNTESIS Y CONEXIÓN DE CONCEPTOS

A. **Mi obra favorita.** Escoge la obra que más te ha gustado de este libro. Escribe una pequeña reseña en la que incluyas un párrafo de síntesis y las razones por las cuales ésta es la obra que más te ha impresionado.

B. **Carta de un personaje a otro.** Selecciona dos personajes de dos obras diferentes incluidas en este libro.

- Escribe una carta desde el punto de vista de uno de ellos.
- Piensa qué podrían decirse estos personajes. Por ejemplo, Martirio, de *La casa de Bernarda Alba,* le escribe a Rigoberta Menchú; Ivo de «El árbol de oro», les escribe a los hermanitos de «Los gallinazos sin plumas».

C. **Si yo pudiera.** Si tú pudieras entrar en una de las obras que has leído en este libro, ¿cuál escogerías? Explica en qué forma actuarías y da razones para justificar tus acciones o decisiones.

D. **Una experiencia mía.** Todos nosotros tenemos vivencias que podrían ser agregadas a algunas de las unidades de este texto. Algunas de ellas las vivimos como participantes activos, otras como meros espectadores, otras como oyentes de testigos presenciales o que escucharon la historia. ¿Cuál es la tuya?

- Prepara una presentación oral para la clase en la cual indiques:

  1. en qué unidad encaja tu historia y por qué
  2. el tema de tu experiencia

- Tu presentación deberá tomar entre tres y seis minutos.

Antes de hacer sus presentaciones, tu maestro(a) repasará los procedimientos para que puedas mantener la atención y el entusiasmo de tus oyentes.

MÁS HORIZONTES CREATIVOS

E. **Poema.** Anota en tu cuaderno lo que significa para ti el título de este texto: *Sendas literarias*.

- Luego escucha a tu maestro(a) mientras lee el poema de Antonio Machado que aparece a continuación.
- Relaciona lo que dice el poeta con lo que escribiste.

> Caminante ...
> Caminante, son tus huellas
> el camino y nada más;
> caminante, no hay camino,
> se hace camino al andar.
> Al andar se hace camino,
> y al volver la vista atrás
> se ve la senda que nunca
> se ha de volver a pisar.
> Caminante, no hay camino,
> sino estelas en la mar.
>
> De *Proverbios y cantares*

Índice de habilidades

Glosario

A

abnegado desinteresado; que se da al sacrificio personal

acequia arroyo, canal para el riego

acólito ayudantes de los sacerdotes en ceremonias religiosas, como monaguillos

acrecentar aumentar, hacer más grande

agasajar halagar; mostrarle consideración a uno

aguamanil palangana con agua para lavarse las manos

alarido grito

altiplano altiplanicie; meseta en un área montañosa

amuleto fetiche, objeto al cual se le atribuyen cualidades supernaturales

antojar encapricharse con algo; apetecerle a uno

apogeo punto culminante

atajar detener

aturdido atolondrado, espantado, sorprendido

B

barranco precipicio

beata persona superreligiosa; persona extremadamente devota; beatificada

bengala fuego artificial

bifurcarse dividirse, separarse

brío pujanza; fig. espíritu

C

cándido blanco; simple

canillita muchacho que reparte periódicos

cargadores tirantes para sostener los pantalones

carpa tienda (de campaña)

casta virtuosa, limpia, honesta

catadura acción de probar; fig. aspecto, semblante

cegador que quita la vista

churrasco carne asada en barbacoa o parrilla

clandestino secreto

codiciado muy deseado

cofre caja para guardar joyas; joyero

condescendiente con aires de superioridad

consecución acción de conseguir; alcanzar

consternación desánimo

D

dédalo laberinto

degollar acción de cortar la garganta o el cuello

delatar denunciar, acusar

desdén desprecio, indiferencia

despectivo despreciativo

diligencia aplicación, afán

dominio tierra que pertenece a un soberano; control sobre algo o alguien

don cualidad, talento especial

doncella mujer virgen

E

enaguas prenda (falda) interior de vestir que llevan las mujeres

encaramarse subirse, treparse

encarnado de color rojizo (rojo)

encina árbol de la familia del roble

enturbiarse enlodarse; fig. oscurecerse

era terreno para cultivar plantas comestibles; tierra donde se trillan las mieses

escarcha rocío de la noche en forma helada

estilóbato apoyo macizo para sostener una columna

etnia agrupación de individuos de una lengua y cultura; grupo étnico

F

finca predio, propiedad rural

fluvial perteneciente a los ríos

frivolidad cosa o comportamiento ridículo; cosa de poca importancia

fugaz efímero, transitorio

G

gabinete sala que contiene muebles e instrumentos para alguna profesión

gañán joven labrador; fig. hombre fuerte

gaveta cajón de una mesa o un escritorio

grave serio

H

halagar alabar

hálito aliento; fig. brisa

hipocondríaca que padece de una preocupación constante por la salud

hipócrita persona falsa

horizonte línea donde la tierra y el cielo parecen unirse

I

imperecedero eterno, inmortal

incienso resina aromática cuando se quema suelta un humo perfumado

indócil indisciplinado, rebelde; fig. desordenado, despeinado

inefable inexplicable; que no se puede explicar con palabras

inquisitivo curioso

insinuar dar a entender

intransigente inflexible

irrisorio insignificante, ridículo

J

jaca caballo/yegua de poca altura

K

kepis tipo de gorra militar

L

ladino descendiente de indios y españoles

lánguido inerte, falto de energía

lerdo lento, despacio

letanía oración en la cual se repite una serie de invocaciones; fig. lista

liviano que pesa poco, ligero; fig. inconstante

lozano verde (yerba), exhuberante

M

malecón terraplén o tipo de rompeolas que se construye a la orilla del mar

manada bandada (grupo) de animales

marejada oleaje (del mar); fig. sensación de profusión de algo (como memorias)

marisma pantano

maroma cuerda, cable

marrano cerdo, puerco, cochino

meditar reflexionar

milpa terreno para el cultivo del maíz; fig. cosecha de maíz

minucia menudencia, detalle pequeño

mirto árbol también llamado arrayán

modorra adormecido, sueño pesado, fatiga

modoso de buenos modales; modesto

mordaz cáustico; fig. ácido

muladar estercolero, basurero

N

noctámbulo persona que camina dormida; sonámbulo

noria aparato en forma de rueda para extraer agua de un pozo; pozo que tiene ese aparato

O

obstinado terco, testarudo

P

pedregosa rocosa

penumbra semioscuridad

perceptible que se puede percibir o notar

pericote rata grande

perspectiva representar objetos en una superficie plana que den la apariencia de distancia o posición; panorama; fig. estar a la vista, en consideración

pesquisa investigación

pignorar empeñar

plañir lamentar

plebe gente común, populacho, vulgo

pléyade grupo de personas ilustres; fig. grupo, cantidad

preponderancia superioridad

pretil saliente; parte que sobresale de una estructura

prodigioso maravilloso

pródigo malgastador; fig. generoso

progenitora madre, ascendiente

prosternarse arrodillarse

pulcritud esmero, cuidado

puñal daga, cuchillo

R

repudiar rechazar, dejar

repugnar causar repugnancia; enfermar (del estómago)

rezongar gruñir, gritar ferozmente

S

sable espada curva usada por la caballería principalmente

sarcasmo burla, ironía mordaz

sendero camino

senectud vejez

soez obsceno, sucio

sombrío oscuro; fig. melancólico

súbitamente de pronto, de repente

sumiso dócil

suspicacia sospecha, desconfianza, falta de confianza

T

tembladerales terreno pantanoso, ciénaga

tenaz obstinado; difícil de superar

terrateniente dueño de una hacienda o finca

tirano individuo que usurpa el poder del pueblo; déspota

tiritar temblar

tosco poco refinado, grosero

tuerto persona que no ve de un ojo

tupido tapado, obstruido; fig. espeso

turbión aguacero; fig. gran cantidad

U

umbral parte inferior a la entrada de una puerta

V

voracidad hambre intensivo

Y

yerma sin vegetación, sin cultivar, despoblada

Z

zaguán vestíbulo de un edificio

zalea vellón de oveja o carnero

Los textos

El arte y las fotos

Cover: "Landscape at Ceret", Juan Gris. Photo courtesy of Moderna Museet Stockholm

p. 1 *Archeological Reminiscence of Millet's Angelus*, Salvador Dali, (1933-35). Oil on panel. $12^{1}/_{2} \times 15^{1}/_{2}$ inches. Collection of the Salvador Dali Museum, St. Petersburg, Florida. Copyright 1999 Salvador Dali Museum, Inc.

p. 2 Digital imagery® copyright 1999 PhotoDisc, Inc.

p. 5 *The Sheep*, Salvador Dali, (1942). Watercolor conversion of painting by Schenck. $9 \times 13^{1}/_{2}$ inches. Collection of the Salvador Dali Museum, St. Petersburg, Florida. Copyright 1999 Salvador Dali Museum, Inc.

p. 9 Photo by David King, courtesy of Dorling Kindersley, Ltd.

p. 16 Digital imagery® copyright 1999 PhotoDisc, Inc.

p. 19 *Idilio Campero (Country Idyll)*, 1935, Pedro Figari, Uruguay (1861-1938). Oil on board, $13^{1}/_{4} \times 19^{1}/_{4}$ in. Inter-American Development Bank Art Collection, Washington, D.C. Photo: courtesy of the IDB Audiovisual Unit.

p. 26 © Hulton-Deutsch Collection/CORBIS

p. 29 Digital imagery® copyright 1999 PhotoDisc, Inc.

p. 30 Digital imagery® copyright 1999 PhotoDisc, Inc.

p. 32 Digital imagery® copyright 1999 PhotoDisc, Inc.

p. 34 Digital imagery® copyright 1999 PhotoDisc, Inc.

p. 36 © Roger Tidman/CORBIS

p. 40 *Caminando con su paraguas azul,* Victor Lewis-Ferrer. Collection of the Art Museum of the Americas, Organization of American States.

p. 41 Digital imagery® copyright 1999 PhotoDisc, Inc.

p. 44 *Café Tupinamba,* Caroline Durieux. Courtesy of the Louisiana State University Museum of Art.

p. 46 Vargas, Luis, *Naturaleza muerta (Still Life)*, 1924. Oil on canvas, 65×54 cm. Museo Nacional de Bellas Artes, Santiago.

p. 55 © Owen Franken/CORBIS

p. 57 *San Antonio de Oriente* by José Antonio Velásquez, 1967. Reproduced courtesy of the collection of the Art Museum of the Americas, Organization of American States.

p. 62 © CORBIS

p. 69 *El verano*, Antonio Ruiz. Colección Acervo Patrimonial de Hacienda y Crédito Público, México.

p. 70 D.E. Cox/Tony Stone Worldwide

p. 72 "Eye of Light", Oswaldo Viteri. Assemblage on wood. 1987. Courtesy of Viteri Centro de Arte.

p. 75 Courtesy of the OAS.

p. 81 Digital imagery® copyright 1999 PhotoDisc, Inc.

p. 86 Siqueiros, David Alfaro. *Echo of a Scream.* 1937. Enamel on wood, $48 \times 36''$ (121.9×91.4 cm). The Museum of Modern Art, New York. Gift of Edward M. M. Warburg. Photograph © 2000 The Museum of Modern Art, New York.

p. 90 © Jean-Marie Simon 1994

p. 96 Tamayo, Rufino. *Animals.* 1941. Oil on canvas, $30^{1}/_{8} \times 40''$ (76.5×101.6 cm). The Museum of Modern Art, New York. Inter-American Fund. Photograph © 2000 The Museum of Modern Art, New York.

p. 98 *Charming Allegory*, 1975. Luis Solari. Color etching and drypoint, 45.7×61 cm. Collection of the Art Museum of the Americas, OAS, Washington, D.C.

p. 107 © Pablo Corral V/CORBIS

p. 112 Bermúdez, Cundo. *Barber Shop.* 1942. Oil on canvas, $25^{1}/_{8} \times 21^{1}/_{8}$ (63.8×53.7 cm). The Museum of Modern Art, New York. Inter-American Fund. Photograph © 2000 The Museum of Modern Art, New York.

p. 124 © Reuters Newsmedia Inc/CORBIS

p. 126 *Field Marshall*, 1983. © Fernando Botero, courtesy, Marlborough Gallery, New York.

p. 132 © Colita/CORBIS

p. 136 Digital imagery ® copyright 1999 PhotoDisc, Inc.

p. 138 Rivera, Diego. *Agrarian Leader Zapata.* 1931. Fresoc, $7'9^{3}/_{4}'' \times 6'2''$ (238.1×188 cm). The Museum of Modern Art, New York. Abby Aldrich Rockefeller Fund. Photograph © 2000 The Museum of Modern Art, New York.

p. 147 *Self Portrait on the Borderline Between Mexico and the United States*, 1932. Oil on metal, $11^{3}/_{4} \times 13 \ ^{1}/_{2}''$. Collection of Mr. and Mrs. Manuel Rayero.

p. 149 *Window of Make Believe*, Alfredo Arreguín. Courtesy of the artist.

p. 150 *Vuelo mágico*, Remedios Varo. Courtesy of Christie's New York Photograph © Christie's Images, New York.

p. 154 do Amaral, Tarsila, *Lagoa Santa*, 1925. Oil on canvas $17 \times 20''$ (44×51 cm). Collection of Julio Bogoricin Imoveis, São Paulo.

p. 157 Borges, Jacobo, *For a Single Moment,* 1983, oil on canvas, 53×53 inches. Indianapolis Museum of Art, Alliance of the Indianapolis Museum of Art and James E. Roberts Fund.

p. 162 Urteaga, Mario. *Burial of an Illustrious Man.* 1936. Oil on canvas, $23 \times 32^{1}/_{2}''$ (58.4×82.5 cm). The Museum of Modern Art, New York. Inter-American Fund. Photograph © 2000 The Museum of Modern Art, New York.

p. 168 © Hubert Stadler/CORBIS

p. 169 © Macduff Everton/CORBIS

p. 171 Digital imagery® copyright 1999 PhotoDisc, Inc.

p. 178 Digital imagery® copyright 1999 PhotoDisc, Inc.

p. 179 CORBIS/Colita

p. 183 *Children's Dream*, 1965, Luis López-Loza, oil on canvas, $51'' \times 38^{1}/_{2}''$, private collection, photo: Quesada/Burke, courtesy of the Bronx Museum of the Arts.

p. 188 *Sin título*, Enrique Arnal, collection of the Art Museum of the Americas, OAS, Washington, DC.

p. 192 Rendón, Manuel. *Juego entre columnas (Game Between the Columns).* 1947. Oil on canvas, 100×81 cm. Museo de la Casa de la Cultura Ecuatoriana, Quito.

p. 194 Deodato, Pino. *Nocturnal Troubles.* Innocenti Art Gallery, Montecatini, Italy.

p. 200   Agudelo-Botero, Orlando. *Inquietos luceros,* 1991. Multi-media on papier d'arches, 40 × 60 inches. Ingman International, Laguna Beach, CA.

p. 207   *Lugar natal (Birthplace),* 1989. Eduardo Kingman, Ecuador (1913-1997). Oil on canvas, 40 × 53 in. Inter-American Development Bank Art Collection, Washington D.C. Photo: courtesy of the IDB Audiovisual Unit.

p. 210   *The Disintegration of the Persistence of Memory,* Salvador Dali, (1952-54). Oil on canvas. 10 × 13¹/₂ inches. Collection of the Salvador Dali Museum, St. Petersburg, Florida. Copyright 1999 Salvador Dali Museum, Inc.

p. 220   Merida, Carlos. *La puerta estrecha,* 1936. Courtesy of Mary-Anne Martin/Fine Art, New York.

p. 222   *Cattle Crossing the Magdalena,* Alejandro Obregón. 1955. Oil on canvas, 62⁷/₁₆ × 49⁵/₈ in. (158.6 × 126.0 cm). The Museum of Fine Arts, Houston; gift of Brown and Root Incorporated.

p. 225   UPI/CORBIS-Bettman

p. 233   Kahlo, Frida. *Self Portrait with Thorn Necklace and Hummingbird,* 1940. Art Collection, Harry Ranson Humanities Research Center, The University of Texas at Austin.

p. 234   © AFP/CORBIS

p. 238   © Jeremy Horner/CORBIS

p. 242   © Richard A. Cooke/CORBIS

p. 251   © Craig Lovell/CORBIS

p. 252   © John Noble/CORBIS

p. 255   Digital imagery® copyright 1999 PhotoDisc, Inc.

p. 258   Poleo, Héctor, *Andean Family.* Reproduced courtesy of the collection of the Art Museum of the Americas, Organization of American States.

p. 264   Lazarini, Gustavo. *Aunt Juliana.* 1941. Watercolor on paper, 19¹/₄ ×13³/₈" (48.8 × 33.3 cm). The Museum of Modern Art, New York. Inter-American Fund. Photograph © 2000 The Museum of Modern Art, New York.

p. 268   del Casal, Peláez, *Card Game.* 1936. Pencil on paper, 25³/₈ ×26³/₈" (64.4 ×67 cm). The Museum of Modern Art, New York. Inter-American Fund. Photograph © 2000 The Museum of Modern Art, New York.

p. 274   Digital imagery® copyright 1999 PhotoDisc, Inc.

p. 277   *Arachne,* Diego Velázquez. 64 × 58 cm. Dallas, Meadows Museum, Southern Methodist University.

p. 281   Sabogal, José. *Young Girl from Ayacucho.* 1937. The Museum of Modern Art, New York. Lent anonymously. Courtesy of the Museum of Modern Art, New York. Photograph © 2000 The Museum of Modern Art, New York.

p. 282   Maldonado, Rocio. *Sin título (Untitled),* 1985. Acrylic with collaged elements on canvas with painted frame 69 × 85 × 6" (175 × 217 × 14 cm). Collection of Sra. Teresa Serrano, through OMR Gallery, Mexico City.

p. 284   Picasso, Pablo. *Woman Ironing (La repasseuse),* 1904. Oil on canvas, 116.2 × 73 cm (45³/₄ × 28³/₂ inches). Solomon R. Guggenheim Museum, New York. Thannhauser Collection, gift, Justin K. Thannhauser, 1978. Photograph by David Heald © The Solomon R. Guggenheim Foundation, New York.

p. 286   *The Courtship,* Nívea González, courtesy of the Adagio Galleries, Palm Spring, CA.

p. 297   **Left:** Velázquez, Diego. *La fragua de Vulcano* Derechos reservados © Museo Nacional del Prado—

Madrid. **Right:** Velázquez, Diego. *Las hilanderas.* Derechos reservados © Museo Nacional del Prado—Madrid.

p. 300   Rivera, Diego. *Jacques Lipchitz (Portrait of a Young Man).* 1914. Oil on canvas, 25⁵/₈ ×21⁵/₈" (65.1 × 54.9 cm). The Museum of Modern Art, New York. Gift of T. Catesby Jones. Photograph © 2000 The Museum of Modern Art, New York.

p. 302   *Man Going to the Office,* 1969. © Fernando Botero, courtesy, Marlborough Gallery, New York.

p. 305   *Our Lady of New York,* 1966. © Fernando Botero, courtesy, Marlborough Gallery, New York.

p. 306   UPI/CORBIS-Bettman

p. 311   *Like Water for Chocolate,* Miramax. Courtesy of Kobal.

p. 314   *The Fruits of the Earth,* 1938. Frida Kahlo. Banco Nacional de México, S. A.

p. 322   *Indian Wedding in San Lorenzo,* Pablo O'Higgins, 1964. National Museum of Anthropology, Mexico City, Mexico. Consejo Nacional para la Cultura y las Artes de México.

p. 331   Tamayo, Rufino. *Women of Tehuantepec,*1939, oil on canvas, 33⁷/₈ × 57¹/₈", Albright-Knox Art Gallery, Buffalo, New York, Room of Contemporary Art Fund, 1941.

p. 333   © Paul Banks/CORBIS

p. 337   Digital imagery ® copyright 1999 PhotoDisc, Inc

p. 340   **Left:** © CORBIS; **Right:** Reuters/Bruce Young/Archive Photos

p. 341   **Top and bottom left:** © CORBIS/Mitch Gerber; **Right:** CORBIS/Greg Allen

p. 343   *Birth of a Divinity.* 1960. Oil on canvas, 36 × 26 cm. Mrs. Henry J. Heinz II Collection, New York.

p. 344   Digital imagery ® copyright 1999 PhotoDisc, Inc.

p. 348   © Nik Wheeler/CORBIS

p. 361   Digital imagery ® copyright 1999 PhotoDisc, Inc.

p. 372   Popperfoto/Archive Photos

p. 355   Modotti, Tina. *Elisa Kneeling.* Mexico, North America. 1924. Platinum print, 8⁷/₈ × 6³/₄" (22.6 × 17.2 cm). The Museum of Modern Art, New York. Gift of Edward Weston. Copy Print © 2000 The Museum of Modern Art, New York.

p. 373   © Manuel Zambrana/CORBIS

p. 380   Volpi, Alfredo. *Casas (Houses),* 1955. Tempera on canvas, 115.5 × 73 cm. Museo de Arte Contemporánea de São Paulo, São Paulo.

p. 383   Picasso, Pablo. *Gertrude Stein.* Oil on canvas, 38³/₈ × 32 in. (100 × 81.3 cm). The Metropolitan Museum of Art, Bequest of Gertrude Stein, 1947.

p. 399   Dalí, Salvador. *Girl Seated from Behind (Ana María),* 1925. Oil on canvas, 108 × 77 cm. Spanish Museum of Contemporary Art, Madrid.

p. 407   de Ribera, José. *The Repentant Magdalen.* Derechos reservados © Museo Nacional del Prado—Madrid.

p. 409   Miró, Joan. *The Donkey in the Vegetable Garden.* Photo: MODERNA MUSEET/Tord lund.

p. 416   *The Needlewoman,* Diego Velázquez, Andrew W. Mellon Collection, © 2000 Board of Trustees, National Gallery of Art, Washington. c. 1640/1650, oil on canvas, .740 × .600" (29¹/₈ × 23⁵/₈ cm).

p. 428   *The Betrothed,* Jacobo Borges. 1975. Acrylic on canvas, 120 × 120" (47¹/₄ × 47¹/₄ cm). Photo courtesy of CDS Gallery, New York.